치과라는 작은 공간에서 큰 경영을 실천하고 있는
주인공 8인의 성공 로드맵

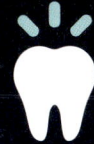

동네치과 경영 바이블

박경아 | 김영욱 | 최석태 | 서원교 | 성민재 | 장명진 | 문홍열 | 신인순

대|경|북스

1판 1쇄 인쇄 2025년 4월 2일
1판 1쇄 발행 2025년 4월 8일

기획 신인순
지은이 박경아 김영욱 최석태 서원교
성민재 장명진 문흥열 신인순

발행인 김영대
펴낸 곳 대경북스
등록번호 제 1-1003호
주소 서울시 강동구 천중로42길 45(길동 379-15) 2F
전화 (02)485-1988, 485-2586~87
팩스 (02)485-1488
홈페이지 http://www.dkbooks.co.kr
e-mail dkbooks@chol.com

ISBN 979-11-7168-090-0   03320

※ 이 책은 저작권법에 따라 보호받는 저작물이므로 무단전재와 무단복제를 금지하며, 이 책 내용의 전부 또는 일부를 이용하려면 반드시 저작권자와 대경북스의 서면 동의를 받아야 합니다.

※ 잘못된 책은 구입하신 서점에서 바꾸어 드립니다.

※ 책값은 뒤표지에 있습니다.

추 | 천 | 의 | 글

동네치과의 미래를 결정짓는 것은?

김 동 석
(춘천예치과 대표원장)

동네치과의 시대는 끝난 것이 아니라, 더 정교한 경영이 요구되는 시대로 변하고 있습니다. 환자와의 신뢰, 차별화된 서비스, 효율적인 운영 전략이 치과의 미래를 결정짓는 중요한 요소가 되었지요.

이 책은 단순한 운영법이 아닌, 현장에서 검증된 실전 노하우를 담고 있습니다. 동네치과에서 시작해 성장해온 제 경험에도 깊이 공감되는 내용이 많았습니다. 치과 경영을 고민하는 모든 원장님께 이 책을 추천합니다.

추 | 천 | 의 | 글

신선한 통찰과 실질적인 지침을 담은 책

강 익 제
(《병의원 개원일지》 저자)

과거에는 전문직, 특히 개인 의원에서 '경영'이라는 단어를 자주 사용하지 않았지만, 오늘날 동네 치과에서도 경영이 중요한 키워드로 떠오르고 있습니다. 그러나 많은 경우, 경영을 단순히 마케팅이나 매출 상승의 문제로만 보는 경향이 있습니다.

이 책은 치과 경영에 대한 8명의 다양한 시각을 담아내면서도, 그 안에서 공통된 공감대를 발견할 수 있도록 구성되었습니다. 개원을 준비하는 치과의사뿐만 아니라, 이미 운영 중인 원장들에게도 신선한 통찰과 실질적인 지침이 될 것입니다. 재미있지만 결코 가볍지 않은 이 책이, 여러분의 치과 경영에 새로운 방향을 제시해 주리라 확신합니다.

추 | 천 | 의 | 글

진료에 경영 더하기

안 병 민
(열린비즈랩 대표)

"진료만 잘하면 환자가 넘쳐날 줄 알았다. 오산이었다. 직원은 떠나고, 매출은 요동쳤다. 그제야 깨달았다. 치과 원장의 진짜 역할은 '경영'이라는 것을."

시선의 높이가 높다! '어떻게 하면 돈을 더 벌 수 있을까?'를 넘어선다. 어떻게 하면 환자와 직원이 행복한 치과를 만들 수 있을까?'에 다다른다. 단순한 성공담이 아니다. 힘겨운 시행착오 끝에 길어 올린 치열한 생존기다.

"내 일의 목적과 내 삶의 이유를 실재화하는 혁신의 과정." 경영의 정의다. 치과도 다를 바 없다. 우리가 하고 있는 일의 목적과 우리 병원의 존재 이유를 생생한 현실로 실재화하는 것이 치과 경영이다.

"우리는 왜 이 일을 하고 있지?"
"우리 병원은 왜 존재해야 하지?"

이 질문들에 대한 답을 찾아야 한다는 얘기다. 결국 '세상에 어떤 가치를 더해주려고 하는지'가 뿌리이고, 고갱이다. 딴 것 없다. 직원과 환자의 행복이다.

치과는 '구멍가게'가 아니다. 그럼에도 구멍가게처럼 운영하는 원장들이 많다. 이 책의 저자들은 다르다. 의사로서의 역할로 끝나지 않는다. 마케팅과 브랜딩, 리더십과 조직 문화, 비전과 미션에, 병원의 미래까지 아우른다. 경영의 본질을 꿰뚫는다. 진짜 경영자다. 진짜 CEO다. 핵심은 '돈 잘 버는 병원'이 아니다. '직원과 환자, 원장 모두가 행복한 병원'이다.

책이 빛나는 이유? 박제된 이론이 아니라서다. 펄떡이는 리얼 스토리라서다. 직원과의 갈등, 환자의 불만, 불안정한 매출 속에서 고민하고 성장하는, 날 것 그대로의 과정이 담겼다. 진정성 넘치는 그 드라마가 주는 울림이 크다. 병원의 행복한 성장을 꿈꾸는 원장들에게, 아니 행복한 경영자로 거듭나고 싶은 모든 이들에게 권하고픈 책이다.

추 | 천 | 의 | 글

《동네 치과 경영 바이블》을 미리 읽고

윤 홍 철
(주식회사 아이오바이오 대표이사)

《동네 치과 경영 바이블》는 단순한 성공담이 아니다. 시행착오를 거쳐 배우고 성장한 원장들의 솔직한 경험과 철학이 담긴 책이다. 특히, 외부에서 바라보는 컨설팅적 시각이 아니라, 실제 치과를 운영하는 수행자적인 관점에서 서술되었다는 점이 기존의 경영 서적과 차별화되는 특징이다.

이 책은 치과 경영이 단순히 경영 기술이나 진료 실력만으로 이루어지는 것이 아니라, 사람과 기술, 지식이 조화를 이루어야 비로소 완성되는 아름다운 최종 산물이라는 점을 강조한다. 환자와의 신뢰, 직원과의 협력, 조직 문화, 경영 전략이 유기적으로 연결될 때 비로소 지속 가능한 성공을 이룰 수 있음을 보여준다.

작은 치과를 운영하더라도 올바른 경영 철학과 조직 문화를 구축하면 환자와 직원이 모두 행복한 치과를 만들 수 있다. 치과 경영이 어렵다고 느끼는 모든 원장들에게 이 책이 작은 변화의 시작이 되기를 바란다. 무엇보다 저자들의 솔직한 경험이 감동적이며, 경험에서 나오는 깊은 통찰이 기존의 이론적 지식을 넘어선다.

추 | 천 | 의 | 글

성장을 위한 신뢰할 수 있는 동반자

박 광 범
((주)메가젠 임플란트 대표)

문득, 이 책을 읽으며 과거의 많은 과정들이 꿈처럼 지나갑니다. 저 또한 동네치과에서 더 큰 병원으로의 여정을 겪어봤기에, 되돌아보면 각 단계에서 맞게 되는 난관과 치과의 성장에 따른 어려움을 이해합니다. 각 단계에는 기술과 헌신뿐만 아니라 수많은 변수와 고민들이 많아 때로는 먼저 길을 걸었던 사람들의 경험과 지혜에 귀를 기울여야 할 필요가 있습니다.

이 책에는 여러분이 자신의 업무를 만들어내고 확장할 때 참고할 수 있는 여러 원장님들의 실제 경험, 실용적인 통찰력, 귀중한 교훈이 가득 차 있습니다.

또한 각자의 상황에 따른 생각, 마음이 서로 다른 원장님들의 시각에서 쓰여져 있고, 컨설팅해주는 입장에서 원장님과의 질의 응답 등 신선한 내용까지 있어 흥미로웠습니다.

이제 막 시작하는 분이든 아니면 성장을 모색하는 분이든 이 책이 신뢰할 수 있는 동반자가 되어 동네치과의 성장과 꿈을 이뤄나가는 데 도움이 될 거라 생각하여 이 책을 추천드립니다.

프롤로그

작은 공간에서 펼쳐지는 큰 경영 이야기

이 책을 집필하게 된 동기

대한민국 곳곳에서 동네치과를 운영하는 수많은 원장님들은 매일 같은 고민을 한다.

"어떻게 하면 환자들이 믿고 찾는 치과를 만들 수 있을까?"

"어떻게 하면 직원 고민 없는, 매출 고민 없는 치과를 만들 수 있을까?"

"치과 경영과 진료의 균형을 맞추려면 어떻게 해야 할까?"

대한민국 곳곳에 자리 잡은 동네치과들은 단순히 진료만 하고, 밥벌이 수단으로만 존재하는 것은 아니다. 환자들에게는 건강한 치아를 돌보는 필수적인 의료 기관이며, 원장들에게는 생계를 꾸리고 꿈을 펼치는 삶의 터전이다.

개원 초기에는 '진료만 잘하면 된다.'고 생각하기 쉽지만 시간이 지나면서 깨닫는다. 진료만큼 중요한 것이 경영이며, 매출부터 직원 관리, 환자 관계 관리, 마케팅, 운영 시스템까지 원장 한 사람이 모두 책임져야 한다는 것이다. 그렇기 때문에 환자가 줄거나, 직원들이 자주 바뀌거나, 매출이 불안정할 때, 원장들은 불안하고 힘들어진다. 그럴 때 누군가가 문제를 해결해 줬으면 하는 마음, 가끔은 누군가에게 기대고 싶은 마음이 들 때가 있을 것이다. 이 책은 바로 그런 고민을 해봤던 치과원장 7명과 그런 문제를 자주 접하는 치과 경영 컨설턴트 1명이 집필한 책이다. 치과원장들은 대부분 경영 전문가가 아니다. 의대나 치대에서 진료 기술은 배웠지만, 환자를 늘리고 직원과 신뢰를 쌓으며 조직을 운영하는 법은 배우지 못했다.

그 결과 많은 원장들이 진료와 경영의 균형을 잡지 못하고 스트레스를 받거나 시행착오를 겪으며 스스로 방법을 찾아 나서야 한다. 이 책은 그런 시행착오의 과정에서 원장들이 깨닫고 배운 것들을 기록한 치과 경영 실전서다. 치과 운영에서만 경험할 수 있는 현실적인 문제와 해결 방법을 담아 동네치과 원장님들이 실질적으로 도움을 받을 수 있도록 구성했다.

특히 이 책의 차별점은 치과 경영에 특화된 전문서적이라는 점이다. 기존에 출간된 의료 경영서를 보면《피터 드러커가 살린 의사들》과 같이 의료계 전반을 다루는 책들이 많다. 하지만 이 책은 치과에만 집중한 특화된 주제를 다룬다는 점에서 더욱 실용적이다. 치과병원 운영은 일반 병원과는 다른 특성을 가진다. 단순히 '의료 경영'이라는 큰 틀에서 해결할 수 없는 문제들이 많다. 환자와의 상담 방식, 치과 내 직원들의 역할, 보험 진료와 비급여 진료의 균형, 동네에서 신뢰를 얻는 법 등 치과에서만 발생하는 특수한 경영 이

슈들을 깊이 있게 다루었다. 그렇기에 이 책은 치과 병원장들에게 더욱 현실적인 가이드가 될 것이다.

이 책을 꼭 읽어보셨으면 하는 분들

이 책은 단순한 성공담이 아니다. 경영의 어려움을 겪으며 좌충우돌했던 원장들의 솔직한 경험담과 실제로 효과를 본 노하우를 정리한 책이다. 그래서 다음과 같은 고민을 하고 있는 원장님들에게 추천한다.

- 진료만 잘하면 된다고 생각했는데, 경영이 더 큰 고민거리다.
- 직원들이 자주 바뀌어 진료의 연속성이 깨진다. 좋은 해결 방법이 있을까?
- 매출이 불안한데 어떻게 해야 안정적으로 운영할 수 있을까?
- 치과 운영에도 전략이 필요하다는데, 무엇부터 시작해야 할까?

특히 개원 1~5년 차의 젊은 치과원장님들이나, 진료와 운영을 균형있게 하고 싶은 원장님들에게 가장 적합하다. 또한 오랜 운영 경험이 있지만 조직 문화, 직원 관리, 마케팅 등 비임상적인 부분에서 어려움을 느끼는 원장님들도 이 책을 통해 실질적인 도움을 받을 수 있다.

이 책의 주요 구성

이 책은 7명의 원장과 1명의 컨설턴트가 각자의 강점과 경험을 바탕으로 직접 쓴 이야기를 담았다. 단순한 이론이 아니라 현장에서 실제로 효과를 본 실전 사례들을 중심으로 구성되었다. 원장님들이 가장 고민하는 핵심적인 경영 문제를 다루면서, 각 장마다 바로 적용할 수 있는 실전 사례를 통해 방향성을 제시한다.

이 책에서 다루는 주요 내용
- 직원과 함께 성장하는 조직문화 만들기 – 직원들이 오래 머무르고 함께 성장하는 치과 운영법
- 환자와 신뢰를 쌓는 상담 노하우 – 진료 외에도 중요한 '환자와의 소통을 통한 환자 경험 관리법'
- 직원 채용과 장기 근속을 위한 인사 관리 전략 – 좋은 직원을 뽑고 오래 함께하기 위한 직원 경험 관리 실전 팁
- 치과의 비전을 공유하는 경영 마인드 – 원장과 직원이 같은 목표를 향해 같은 방향으로 나아가는 방법
- 위기 속에서도 흔들리지 않는 경영 노하우 – 매출 하락, 직원 문제, 환자 불만 등 위기를 관리하는 법
- 작은 치과라도 강력하게 브랜딩을 할 수 있는 마케팅 전략 – 지역 사회에서 신뢰를 얻고 충성 고객을 만드는 법

이 책은 단순한 매뉴얼이 아니라, 실패와 성공을 경험한 원장들의 생생한 이야기를 통해 현실적인 경영 가이드를 제공하는 것이 특징이다. 읽다 보면 "이거 우리 치과에서도 한 번 적용해 봐야겠다."는 생각이 들 만큼 실제 운영에 바로 적용할 수 있는 팁들이 가

득하다.

이 책이 전하는 핵심 메시지

이 책을 통해 전하고 싶은 가장 중요한 메시지는 "치과경영! 어렵지만, 답은 있다.", "원장이 존경받고, 직원이 존중받는 치과를 만들다."이다. 많은 원장님들이 '나는 경영자가 아니라 의사'라고 생각하며 치과 개원을 하지만, 치과가 성장하려면 결국 경영 마인드가 필요하다. 원장 혼자서 모든 것을 짊어지는 것이 아니라 좋은 조직문화를 만들고, 직원과 함께 성장하며, 환자와 신뢰를 쌓는 과정이 중요하다.

- 잘되는 치과는 원장의 철학이 스며든 조직에서 만들어진다.
- 직원이 행복해야 환자도 행복하고 만족도도 올라간다.
- 원장은 진료만큼 경영도 중요하게 생각해야 한다.
- 작은 차이가 고객을 만족시키고 명품 치과를 만든다.
- 결국 직원이 행복하고, 환자가 행복해야 원장도 행복하다.

이 책은 '어떻게 하면 성공적으로 치과를 운영할 수 있을까?'라는 거창한 질문에 이론을 내세워 동네치과에서 실행하기 어려운 해답을 주는 것이 아니다. 대신 실제로 시행착오를 겪으며 깨달은 '실전 경영 노하우'를 나누고, 작은 변화만으로도 치과가 더 건강해질 수 있다는 확신을 심어주고자 한다.

마지막으로 드리고 싶은 말씀

이 책을 통해 여러분과 같은 고민을 나누고 싶었고, 도움이 되고 싶었다. 또한, 힘들때, 잘~하고 싶을때, 한 번씩 꺼내볼 수 있는 책이 되었으면 한다. 이 책은 '잘 되는 치과의 성공담'이라기보다 실패도 하고 좌절도 했지만, 그 과정을 통해 성장한 이야기다.

어떤 부분은 공감이 될 것이고, 어떤 부분은 "우리 치과에는 맞지 않을 것 같은데…."라고 느껴질 수도 있다. 하지만 중요한 것은 자신의 치과에 맞는 답을 찾아가는 과정이다. 이 책이 여러분의 치과 경영에 작은 변화의 씨앗이 된다면, 그것만으로도 충분한 의미가 있을 것이다.

- 좋은 치과를 만들고 싶은 원장님과 중간리더들
- 직원과 함께 성장하는 치과를 꿈꾸는 원장님과 중간리더들
- 진료와 경영의 균형을 찾고 싶은 원장님과 중간리더들

본서가 이런 분들께 도움이 되길 간절히 바란다. 함께 고민하고, 함께 성장하는 동료 원장님들이 있다는 사실을 잊지 마시길 바란다. 이제 작은 치과에서 펼쳐지는 큰 경영 이야기를 시작해보자.

2025년 봄의 문턱에

저자 일동

차/례

추천의 글 _ 동네치과의 미래를 결정짓는 것은?(김동석) _3
추천의 글 _ 신선한 통찰과 실질적인 지침을 담은 책(강익제) _4
추천의 글 _ 진료에 경영 더하기(안병민) _5
추천의 글 _《동네 치과 경영 바이블》을 미리 읽고(윤홍철) _7
추천의 글 _ 성장을 위한 신뢰할 수 있는 동반자(박광범) _9
프롤로그 _ 작은 공간에서 펼쳐지는 큰 경영 이야기 _11

제1장 | 사람이 행복한 치과를 꿈꾸다 박경아 원장 _21

사람이 행복한 치과를 꿈꾸다 _25
원장과 직원이 원원(Win-Win)하는 조직문화 _32
모두가 참여하는 회의 문화 만들기 _46
성과와 성장을 이끄는 1 on 1 미팅 _64
알프스 틀니가 만든 가슴 뛰는 이야기 _72

제2장 | 직원의 미소, 환자의 만족을 만든다 김영욱 원장 _89

직원의 미소, 환자의 만족을 만든다 _93

새로운 시작 : 직원이 일하고 싶은 치과 _99

행복한 출근길 : 직원이 머무르고 싶은 치과 _105

비전 워크샵 : 함께 그리는 치과의 미래 _116

환자와의 첫 만남 : 라포 형성과 상담의 힘 _123

충성고객을 만드는 환자 관계 관리 _133

제3장 | 신뢰는 마음에서 시작된다 **최석태 원장** _143_

신뢰는 마음에서 시작된다 : 환자와의 진솔한 소통 _146

치과 운영은 팀워크 : 끊임없는 의사소통과 협업 _148

치의학전문대학원 후배들에게 _151

학이불염(學而不厭) _154

환자의 말에 집중, 진료에 집중, 기록에 집중 _158

결국은 사람 _162

제4장 | 흔들리지 않는 마음이 위기를 기회로 만든다 **서원교 원장** _167_

적응력과 유연성 _173

위기의 순간, 흔들리지 않는 마음의 힘 _179

아날로그와 디지털의 조화 _184

페이닥터 시절, 담금질했던 나만의 분출구 _189

2차 병원에서 쌓은 나 자신만의 경험 및 무형 자산 _192

인파워 강의와 보험 청구 공부 및 성과,

　　학회 강의를 통한 성장 _194

제5장 | 대표원장이 겪는 고통의 진단과 치료법 성민재 원장 _201

CC(주된 증상) : 우울감, 스트레스와 함께 사는 숙명,

　　치과원장. _205

PI(증상) : '나는 불안하다'를 인정하기 _213

Dx.(진단) : 존경으로 둔갑한 인정중독 _217

Tx.plan(치료계획) : 치과의사 필수 능력, 리더쉽 _225

Tx.(치료) : 가장 확실한 성과, 말하기 훈련 _228

처방전: 메타인지= 3가지 자아 _233

제6장 | 홀로, 그러나 함께 가는길 - 시스템의 힘 장명진 원장 _245

치위생과와의 인연의 시작 _249

16년간의 공직 치과 생활을 마치고 개업의의 길로 _253

새로운 길을 선택하다. _257

치과의 시스템을 갖추다. _263

나 자신을 알고 다스리는 방법들 _267

지속 발전가능한 성장을 위하여 _272

결론 : 조화와 배움으로 나아가는 길 _277

제7장 | 가장 좋은 마케팅은 '진정성'이다 문홍열 원장 _281

직원의 성장이 곧 치과의 성장이다 _284

평가와 보상 : 직원 성장을 위한 시스템 _300

작은 치과를 키우는 마케팅의 비밀 _305

지역사회를 기반으로 성장하는 치과 전략 _317

제8장 | 원장님들의 고민을 함께 나누다 신인순 대표 _323

주변에 혹시 괜찮은 직원 없나요? _326

직원들이 내 마음 같지 않아요. _332

다른 치과에서는 환자관리 어떻게 하나요? _339

이번 달 다른 치과 매출은 어떤가요? _345

인센티브는 어떻게 주는 게 좋을까요? _351

조직문화 같은 거 말고,
　　바로 성과 낼 수 있는 거부터 해주세요. _356

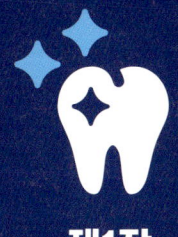

제1장

사람이 행복한 치과를 꿈꾸다

박경아 원장

박경아 원장

    30년 넘게 치과를 경영하며 환자 중심의 진료와 지속적인 성장을 추구해왔다. 1991년, 인천 작전동에 개원한 '박경아치과'를 시작으로 현재는 '알프스치과'를 운영 중이며, 알프스 틀니와 임플란트 시술을 통해 환자들의 삶의 질 향상에 기여하고 있다.
    통합치의학 전문의로서 임상과 경영에서 역량을 발휘하기 위해 10여 년 전부터 치과 경영을 공부하며, 직원들과 함께 성과를 만들어가는 조직문화를 구축하고자 노력해왔다.
    치과계에 긍정적이고 건강한 조직문화를 널리 퍼뜨리기 위해 치과의사 커뮤니티 '인파워 닥터스'의 운영진과 강사로 활동하고 있다. 이를 통해 치과 경영과 조직문화 개선에 대한 노하우를 다른 치과의사들과 나누며 더 나은 치과 환경을 만들어 가고자 한다.

건강한 치과 경영뿐만 아니라 개인의 건강에도 관심을 두고 있다. 2008년부터 아침 운동을 꾸준히 실천해 오고 있으며, 최근 5년간은 필라테스를 통해 몸과 마음의 균형을 유지하고 있다. 또한 태극권에도 관심을 가지고 있으며, 이런 활동을 통해 치과 경영과 진료에서의 집중력과 안정감을 키워나가고 있다.

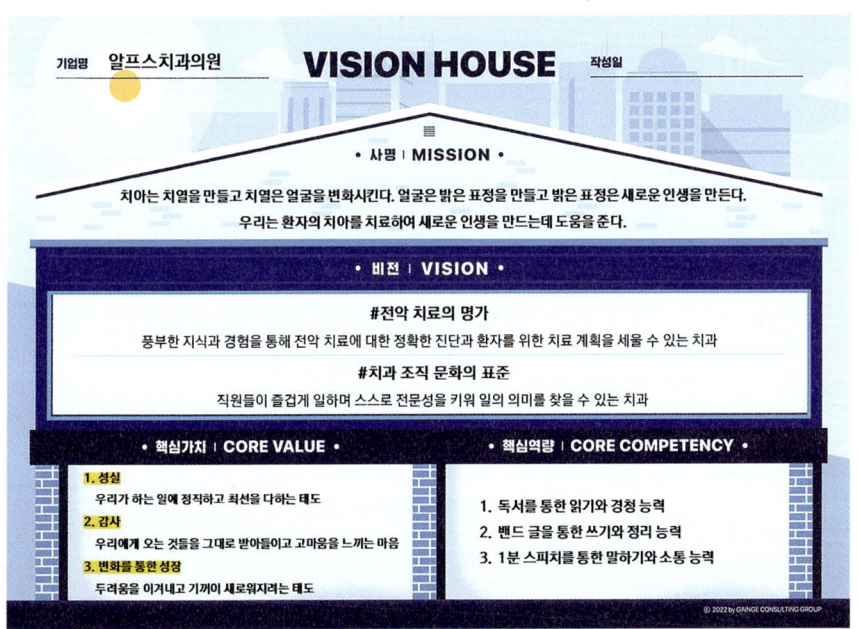

치과는 단순히 치아를 치료하는 공간이 아닙니다. 우리는 치아를 통해 삶을 변화시키고, 더 나은 미래를 선물할 수 있는 특별한 역할을 하고 있습니다. 알프스치과는 바로 이러한 믿음에서 출발했습니다.

"치아는 치열을 만들고, 치열은 얼굴을 변화시킨다. 얼굴은 밝은 표정을 만들고, 밝은 표정은 새로운 인생을 만든다."

알프스치과의 미션은 단순히 치아를 치료하는 것을 넘어 환자들의 삶을 변화시키는 데 있습니다. 그러나 이러한 변화는 임상 기술만으로 이루어지지 않습니다. 환자들의 신뢰를 얻으려면 직원들의 따뜻한 미소와 세심한 배려, 친절한 응대가 중요합니다. 결국 좋은 조직문화가 뒷받침되어야 환자와 직원 모두가 행복한 치과를 만들 수 있습니다.

이러한 신념 아래 알프스치과는 세 가지 핵심가치, 즉 성실, 감사, 변화를 통한 성장을 정립했습니다. 성실은 매 순간 정직하게 최선을 다하는 태도, 감사는 주변의 모든 일에 고마움을 느끼는 마음, 변화는 새로운 도전을 두려워하지 않는 용기입니다. 이 가치는 환자와 직원 모두가 성장할 수 있는 치과 문화를 만들어 가는 원동력입니다.

"사람이 행복한 치과를 꿈꾼다."

이 문장은 알프스치과가 나아갈 방향을 담고 있습니다. 이 책을 통해 독자들이 우리 미션과 가치를 이해하고, 자신만의 행복한 조직과 삶을 만들어 가길 바랍니다.

사람이 행복한 치과를 꿈꾸다

1991년, 인천 외곽의 아파트 상가에 작고 단순한 치과가 문을 열었다. 치과용 유니트체어 두 대와 직원 두 명으로 시작한 '박경아치과'이다. 치과의 크기와 규모는 미미했지만, 나에게는 치과원장으로서 첫 시작이었다. 치과대학을 졸업한 지 2년, 원장으로서 준비가 충분하지 않은 상황에서 개원을 했던 나는 오로지 환자를 잘 치료하는 것을 목표로 삼았다. '환자를 잘 치료하자'는 그 단순한 목표는 내가 치과의사로서 지켜야 할 전부라고 생각했다. 개원을 했으니, 원장은 자연스레 의사와 CEO라는 두 가지 역할을 동시에 해야 했다. 하지만 나는 그것을 몰랐다. 나는 그저 진료에만 몰두했고, 환자와 마음을 나누는 법도 알지 못했다. 치아에 집중했을 뿐 그 치아를 가진 사람에 대해서는 무심했다. 환자들은 아마 그 시절 여자 치과의사가 드물었던 탓에, 환자의 말을 잘 들어주는 부드럽고 친절한 소통을 기대했을 것이다. 하지만 나는 무심했다. 정확한 진료만이 전부라 여겼기에, 환자들은 나를 차갑고 냉정하다고 느꼈던 것 같다.

그럼에도 시간이 지나면서 내 진료가 인정받기 시작했다. '실력 있는 치과'라는 입소문이 퍼지면서 환자들이 점차 늘어났고, 나는 자료를 찾아 공부를 하고 세미나에 참석하며 실력을 쌓아갔다. 하지만 여전히 환자들과 진정한 소통을 시도하지 못했다. 그저 좋은 실력으로 잘 치료하는 것만이 중요하다고 생각했던 당시의 나는 관계의 중요성을 너무 몰랐었다. 그 시절의 나는 의술만이 치과의 본질이라 여겼던 것이다.

2000년대 초반, 치과계에 큰 변화의 바람이 불기 시작했다. 치아가 빠진 자리에 임플란트를 심어서 치아를 대체하는 임플란트 치료가 도입되었는데, 나에게 그 치료방법은 무척 새로운 것이었다. 임플란트라는 개념조차 생소했고, 두려운 마음이 들었다. 치과 대학에서도 배운 적 없던 치료 방법을 이제 와서 익혀야 한다는 부담이 있었다. 그러나 변화하는 치과 환경을 무시할 수는 없었기에 결단을 내렸다. 더 늦장 부리지 않고, 임플란트 치료법을 배우기 위해 캐나다로 유학을 떠났다.

유학 중 나는 새로운 치과 학문을 배우는 것에 그치지 않고, 그곳에서 치과 운영의 본질에 대해 깊이 생각하게 되었다. 치과는 더 이상 치료만을 제공하는 공간이 아니었다. 환자의 신뢰를 얻고, 마음을 나누는 곳이어야 했다. 그때 비로소 깨달았다. 치과가 단순한 진료실을 넘어, 사람과 사람의 관계로 이루어진 공간이 되어야 한다는 사실을.

유학을 마치고 돌아온 나는 더 이상 이전의 내가 아니었다. 임플란트라는 새로운 치료법을 익혔고, 그와 함께 치과의 운영 방식에 대한 새로운 시각도 갖게 되었다. 시대는 빠르게 변하고 있었고, 치과 역시 그 흐름을 따라가야 했다. 진료만 잘하는 것만으로는 충분하지 않았다. 환자와의 진정한 소통과 신뢰 구축이 필요했다. 그때부터 나는 치과 시스템 구축, 조직 관리, 브랜딩과 같은 전반적인 치과경영에 대해 계속 공부해 오고 있다.

처음에는 이런 것들이 나 혼자만의 힘으로는 어려울 것이라 생각했다. 그래서 당시 유명했던 '○치과' 그룹과 손을 잡고 치과의 이름을 '계양○치과'로 바꾸었다. 유명 치과 그룹과의 협력이 새로운 길을 열어줄 것이라 기대했지만, 내게는 어울리지 않은 옷을 입은 듯한 불편함이 느껴졌다. 이름만 바꾼다고 모든 것이 해결되는 것은 아니었던 것이다. 브랜드 이름에 걸맞게 나 자신도 변해야 함을 절감했다 그래서 나는 본격적으로 치과 경영 공부에 몰두했다. 진료 기술만큼이나 조직을 이끄는 법을 배워야 했다.

또한 틀니 치료에도 관심을 가졌다. 임플란트가 보편화되기 전, 여러 개의 치아를 잃은 환자들은 틀니에 의존할 수밖에 없었다. 그러나 틀니는 단지 치아를 대체하는 도구가 아니다. 틀니는 사람의 얼굴을 만들고, 인상을 바꾸고, 더 나아가 삶을 변화시키는 중요한 요소이다. 우연한 기회에 일본 알프스치과의 틀니시스템을 알게 되었고, 그 시스템을 배워서 우리 치과에 도입하여 '알프스 틀니'라는 이름으로 브랜딩했다. 알프스 틀니는 단순한 진료의 도구가 아니라, 환자들에게 새로운 삶의 질을 선물하는 것이다. 알프스 틀니를 통해 환자들은 더 나은 삶의 질을 경험했고, 우리는 그들에게 더 나은 미래를 제공했다. 그렇게 우리 치과는 알프스 틀니라는 명품 틀니 진료를 하는 치과로 자리매김했다.

그리고 진정한 변화는 그 즈음에 함께 찾아왔다. 그 무렵부터 나는 치과의 존재 이유에 내해 다시금 고민하기 시작했다.

'우리 치과는 왜 존재하는가? 이곳에서 가장 중요한 가치는 무엇인가?'

그 질문을 던지며 치과의 본질을 다시 바라보게 되었다. 환자들이 단순히 치료만 받는 것이 아니라, 치과에서 할 수 있는 경험에서 신뢰와 안심을 찾고 있음을 깨달았다. 진료 기술이 아무리 뛰어나도, 직원들과의 관계가 소홀하면 환자들에게 제대로 된 신뢰를 줄 수 없다. 그제야 나는 치과에도 미션과 핵심 가치가 필요하다는 사실을 알게 되었다. 처음 개원할 때는 단지 환자를 치료하는 것만이 전부였다. 진료실 안에서의 일만을 생각했지, 치과의 철학이나 가치는 중요하게 생각하지 못했다. 하지만 시간이 흐르고 고민이 깊어지면서, 치과의 존재 이유에 대해 진지하게 생각하게 되었다. 그 과정에서 알프스치과의 미션과 핵심 가치가 비로소 뿌리내릴 수 있게 되었다. 치과가 문을 연 지 20년이 지나서야 얻은 깨달음이었다.

내가 진정한 미션을 찾기까지는 오랜 시간이 필요하지 않았다. 우리 치과는 주로 전체보철, 임플란트 치료와 알프스 틀니 치료를 받으러 오는 환자들이 많다. 이들에게 치아는 단순한 신체 일부 그 이상이다. 치아는 삶의 질을 좌우하고, 얼굴을 형성하며, 나아가 사람의 인상과 외모를 결정짓는 중요한 요소다. 치아 몇 개가 불편할 때는 적응하며 살아갈 수 있지만, 전체 치열이 어긋나면 인생 자체가 흔들리게 된다. 음식을 씹고, 대화를 나누며, 나를 표현하는 모든 순간에 치아는 핵심적인 역할을 한다.

환자들은 치료가 끝난 후 이렇게 말하곤 한다.

"치료받고 나서 자신감이 생겼습니다. 새로운 삶을 사는 기분입니다."

이제는 이 말이 무엇을 뜻하는지 충분히 이해하게 되었다.

"치아는 치열을 만들고, 치열은 얼굴을 변화시킨다. 얼굴은 밝은 표정을 만들고, 밝은 표정은 새로운 인생을 만든다. 우리는 환자의 치아를 치료하여 새로운 인생을 만드는 데 도움을 준다."

이것이 우리 알프스치과의 미션 문구이다. 우리는 단지 치아를 치료하는 것이 아니라, 환자의 삶을 변화시키는 일을 하고 있다. 미션을 달성하는 것은 단순히 치과 임상 기술로만 이루어지지는 않는다. 개업 초기에는 이 부분을 간과했었다. 환자들은 제대로 된 치료뿐만 아니라, 그 이상의 경험을 원한다. 직원의 친절한 응대, 따뜻한 미소, 지금까지의 그 환자의 삶에 대한 공감 세심한 설명, 이 모든 것이 환자들에게 신뢰를 주는 중요한 요소다.

내가 진료실에서 아무리 완벽한 치료를 해도, 직원들이 환자를 홀대한다면 그 신뢰는 무너지기 마련이다. 결국 좋은 조직문화가 있어야 한다는 것을 알게 되었다. 좋은 조직문화 속에서 일할 때 직원들은 자부심을 가지고 행복하게 일할 수 있다. 직원들이 행복해야 그 에너지가 환자들에게 전해지고, 그로 인해 환자들이 치과에서 더 나은 경험을 할 수 있다. 결국 좋은 조직 문화가 치과의 성장으로 이어진다. 사람이 가장 중요하다.

좋은 조직문화를 만들기 위해 핵심가치가 필요했다. 그동안 내가 치과를 해오면서 가장 중요하게 생각하는 가치가 무엇인지, 또 우리 치과를 지속하기 위해 구성원 모두가 지켜야 할 가치는 어떤 것인지 심사숙고하여 정하게 되었다.

알프스치과의 핵심가치는 '성실, 감사, 변화를 통한 성장'이다.

성실은 우리가 하는 일에 정직하고 한결같이 최선을 다하는 태도이다. 우리에게는 게을러지려는 순간마다 옳은 것을 선택하고 노력할 힘이 있다. 성실함이야말로 치과를 지금의 모습으로 만든 가장 큰 원동력이다. 환자들에게, 그리고 함께 일하는 동료들에게 매일 성실하게 다가가는 것이 알프스치과의 성공 비결이다.

감사는 우리에게 오는 것들을 그대로 받아들이고 고마움을 느끼는 마음이다. 우리에게는 매일 주변에서 일어나는 작은 일들에 만족하고 감사할 힘이 있다. 환자에게 감사하고, 함께 일하는 직원에게 감사하는 마음이 치과의 문화를 지탱하는 기둥이 되었다.

변화는 두려움을 이겨내고 기꺼이 새로워지려는 용기 있는 태도에서 나온다. 새로운 시도와 실수를 두려워하지 않는 마음속의 힘은 우리를 성장하게 한다. 우리는 변화를 두려워하지 않는다. 빠르게 변화하는 세상에 맞추어, 치과도 끊임없이 변화하며 성장해야 한다.

미션과 핵심가치를 정하고 조직문화를 만들어 가면서 직원들은 치과와 하나가 되었다. 치과의 목표와 직원의 목표가 일치하게 되고 우리는 한 배를 탄 동지가 되었다. 그러자 치과는 점점 성장을 거듭했다. 그러면서 나는 치과의 이름을 알프스 틀니의 이름을 따서 '알프스치과'로 바꾸었다. 옆 건물로 확장 이전하였고, 직원도 18명으로 늘어났다. 두 명의 직원과 시작했던 작은 치과는 이제 하나의 조직으로 자리잡았다. 이제 나 혼자만의 치과가 아니라, 직원들과 함께하는 치과가 되었다.

치과가 성장하면서 원장의 실력뿐 아니라 직원들의 실력과 행복도 중요한 요소가 되었다. 직원들이 자부심을 가지고 즐겁게 일할 수 있는 환경이 환자들에게도 전달되어 더 나은 경험을 제공할 수 있다. 알프스치과는 원장과 직원 모두가 함께 성장하는 치과로 발전하고 있다.

첨단 기술의 도입은 환자들에게 더 나은 진료를 제공하는 데 큰 도움이 된다. 특히 AI 기반의 소프트웨어는 진료의 정확성을 높이고 환자 관리를 효율적으로 만들어 준다. 시대가 변함에 따라 새로 나오는 장비와 진료 방법에 관한 관심의 끈을 놓지 않아야 한다. 또한 기술이 아무리 발전해도, 그 중심에는 항상 사람이 있어야 한다. 기술은 사람을 위해 존재하는 것이다. 알프스치과는 사람 중심의 조직 문화를 통해 환자와 직원 모두가 행복한 치과를 만들기 위해 끊임없이 노력하고 있다.

이 모든 과정은 단순히 치과의 성장만을 위한 것이 아니다. 환자들과 직원들이 행복할 수 있는 공간을 만들기 위한 노력이다. "사람이 행복한 치과를 꿈꾸다." 이 말은 내가 이끄는 치과의 비전과 핵심 가치를 가장 잘 나타내는 표현이다. 나는 앞으로도 알프스치과를 이끌며, '사람이 행복한 치과'를 만들기 위해 끊임없이 배우고 성장할 것이다. 나와 직원들에게 우리 치과는 단순한 진료 공간을 넘어, 삶을 함께하는 공간이다. 이 이야기는 내가 살아온 시간의 기록이며, 앞으로도 계속될 이야기이다.

원장과 직원이 윈윈(Win-Win)하는 조직문화

조직이란 혼자서 하기 힘든 일을 이루기 위해 여러 사람이 함께 모여 일하는 곳이다. 치과도 다르지 않다. 환자를 치료하면서 환자와 소통하고, 치과의 목표를 달성하기 위해서는 다양한 역할을 하는 사람들이 필요하다. 그렇다면 치과에는 어떤 '조직문화'가 필요할까?

조직문화는 각 개인이 조직내에서 일하는 방식, 행동하는 습관, 그리고 서로 소통하는 태도를 포함한다. 쉽게 말해, 치과 안에서 원장과 직원들이 어떤 마음가짐으로 일하는지를 결정하는 규범이 바로 조직문화이다. '이 치과의 조직문화가 이렇다.' 하고 한마디로 정의할 수는 없지만 그 치과의 분위기로 나타난다고 할 수 있다.

조직문화가 왜 중요할까? 조직문화가 없는 조직은 사실상 존재하지 않는다. 모든 조직에는 각자의 문화가 있다. 그 문화가 얼마나 효과적인지, 얼마나 구성원에게 긍정적인 영향을 미치는지가 핵심이다. 좋은 조직문화란, 구성원들을 성장하게 하고, 결국 그 결과로 조직 자체도 함께 성장하는 문화를 의미한다. 반면 나쁜 조직문화는 구성원들의 창의성과 열정을 억누르고, 단순한 규칙과 형식에 갇히게 하여 결국 조직의 발전을 저해한다. 치과에서 목표를 달성하기 위해서는 구성원들이 같은 방향으로 나아가야 하며, 생각과 행동이 일치해야 한다. 생각이 다르면 행동도 달라지기 마련이고, 그렇게 되면 조직의 목표를 이루기 어렵다. 따라서 조직문화는 목표를 향해 나아가는 데 중요한 역할을 한다.

여기서 중요한 질문 하나. 그렇다면 조직문화는 어디에서 시작되는가? 치과의 경우, 조직문화의 중심에 원장이 있다. 치과의 조직문화는 원장의 마인드와 철학에서 출발한다. 원장이 사람에 대해 어떤 관점을 가지고 있는지, 그리고 그 가치관이 치과의 가치와 일치하는지가 중요한 요소다. 이를테면 치과가 환자들에게 제공하려는 가치, 직원들이 치과에서 보여주는 행동, 그리고 직원과 환자 모두에게 치과가 어떤 의미를 가지는지에 대한 원장의 인식이 모두 일치할 때, 조직문화는 진정한 힘을 발휘한다. 즉 치과의 비전, 직원들이 환자를 대하는 태도, 그리고 그 과정에서 직원들이 느끼는 자부심과 환자들이 경험하는 서비스 간에는 간극이 없어야 한다.

빅터 프랭클은 저서 《죽음의 수용소에서》에서 "삶의 의미를 찾는 데 성공하면 행복해질 뿐만 아니라 역경을 딛고 일어서는 능력까지 갖추게 된다."고 말하며, 삶의 목적을 찾고 의미 있는 삶을 발견하면 고난에 대처하는 법을 포함하여 모든 것이 달라진다고 강조한다. 직원들이 출근하는 이유는 단순히 돈을 벌기 위해서가 아니라, 조직에서 느끼는 즐거움과 성취감, 그리고 의미 때문이다. 조직이 이런 내직 동기를 제공할 때, 직원들은 그 어느 때보다 더 높은 성과를 낼 수 있다. 반면 조직문화가 정서적 압박이나 타성에 젖어 있다면, 직원들은 점차 일에서 의욕을 잃고 성과도 크게 떨어지게 된다. 결국 사람들은 자신이 하는 일에서 직접적인 동기를 느낄 때, 즉 그 일이 스스로에게 의미 있고 가치 있을 때 비로소 새로운 방식으로 일하기 시작한다.

나는 사람들이 일을 좋아하고, 잘하고 싶어하고, 의미 있는 방식으로 자신의 역량을 발휘하고 싶어하는 본성을 가지고 있다고 생각한다. 이러한 본성을 잘 이해하고 존중하는 조직문화가 있을 때, 직원들은 업무에 더 큰 열정을 불태우고 조직에 기여하고자 한다. 특히 자신이 치과에 중요한 기여를 하고 있다고 느낄 때, 그리고 치과가 원하는 것과 자신의 목표가 일치할 때, 더욱 큰 성과를 낼 수 있다. 조직문화는 단순한 통제와 관리의 차원을 넘어서 직원들이 더 나은 환경에서 일할 수 있도록 지원하는 방식으로 설계되어야 한다.

좋은 조직문화를 만드는 첫걸음은 원장과 직원 간의 신뢰 형성이다. 신뢰는 한순간에 쌓이지 않는다. 원장이 일관성 있는 태도로 직원들과 소통하며, 말한 것을 지키고 솔선수범하는 모습을 보여줄 때 신뢰가 형성된다. 그 시간이 쌓여야 한다. 직원들은 원장의 말과 행동을 예측할 수 있어야 심리적 안전감을 느끼며, 그 안정감 속에서 더 나은 성과를 낼 수 있다.

치과에서 새로운 일을 추진할 때도 마찬가지다. 그 일의 의도와 배경을 충분히 설명하고, 직원들이 이해할 수 있도록 해야 한다. 이를 통해 직원들은 자신이 단순한 지시를 받는 것이 아니라, 치과의 발전에 중요한 역할을 하고 있다는 자부심을 느끼게 된다. 또한 원장이 직원들의 이야기를 귀 기울여 듣고, 그들의 문제나 어려움을 해결해주는 '해결사' 역할을 할 때, 직원들은 더욱 그 원장을 믿고 따르게 된다. 좋은 조직문화를 유지하기 위해서 원장은 단순히 결과만을 중시해서는 안 된다. 과정에서의 노고와 노력을 진심으로 인정하고, 직원들이 어려움 속에서도 최선을 다했다는 점을 놓치지 말아야 한다. 그 과정에서 성과가 기대에 미치지 못하더라도 직원들이 얼마나 열심히 노력했는지 원장이 진심으로 인정해 줄 때, 직원들은 그 원장을 더욱 믿고 따르게 된다. 이는 직원들이 성과를 내는 데 중요한 내적 동기를 부여하고, 그들이 스스로의 성장에 대한 자부심을 느낄 수 있도록 돕는다.

여기에서 중요한 한 가지 원칙은 "사람을 탓하지 않고 시스템을 개선하라."는 것이다. 알프스치과는 이 원칙을 바탕으로 성장해온 치과다. 알프스 치과에서는 단순히 직원 개인의 잘못을 지적하거나 책임을 묻지 않는다. 그보다는 그 문제가 발생하는 구조적 원인을 분석하고, 그 환경을 개선함으로써 직원들이 더 나은 성과를 낼 수 있도록 돕는 데 중점을 둔다. 이 철학은 직원들에 대한 깊은 신뢰와 존중에서 비롯된 것이다. 직원 개개인이 스스로 더 잘할 수 있는 능력을 가지고 있으며, 단지 시스템이 그들의 능력을 충분히 발휘할 수 있는 환경을 제공하지 못했을 뿐이라는 인식이 바탕에 깔려 있다.

예를 들어, 직원 A와 B가 업무 중 갈등을 겪는 상황을 생각해 보자. 일반적으로는 이 문제를 단순히 두 사람 간의 성격 차이나 소통의 문제로 축소해 버리기 쉽다. 하지만 알프스치과는 이러한 문제를 개인의 문제로만 바라보지 않는다. 두 사람이 갈등을 겪는 구체적인 업무 상황을 면밀히 살펴보고, 업무 절차나 소통 방식에서 개선해야 할 점이 있는지 탐구한다. 직원 A가 B와 일할 때 문제가 발생하는 순간들을 세심하게 살펴보고, 같은 상황에서 다른 직원들과는 문제가 없는지를 비교해 본다. 이를 통해 단순히 두 사람의 문제가 아니라 더 큰 시스템상의 문제를 발견할 수 있는 기회를 얻을 수 있다. 업무 절차가 불분명하다거나 특정 상황에서 필요한 소통의 방식이 제대로 갖춰지지 않았다면, 그 부분을 개선할 수 있는 방법을 모두가 함께 모색한다. 그 결과 업무 절차나 소통의 방식이 명확해지고, 두 사람 간의 갈등도 자연스럽게 해결되며 조직 전체의 업무 효율성을 높이는 계기가 된다.

비품이 자주 없어지는 문제 역시 시스템 개선의 좋은 예다. 치과에서의 비품 관리 문제는 많은 치과가 직면한 공통적인 고민이다. 치과에서 사용하는 소모품이나 비품이 자주 사라진다면, 흔히 우리는 '누가 이것을 잃어버렸을까?' 하고 생각한다. 그러나 알프스치과에서는 이와 같은 방식으로 문제를 해결하지 않는다. 물품을 잃어버린 '범인'을 찾기보다는 그 물품이 왜 없어지게 되었는지, 어떤 과정에서 빠져나갔는지를 살핀다. 예를 들어, 물품이 세척 중에 없어지는 경우라면, 그 물품이 세척 과정에서 빠져나가는 것을 방지할 수 있는 장치를 마련한다. 더 촘촘한 세척망을 준비하거나, 비품 관리 절차를 더 철저하게 만들어 물품을 잃어버리지 않도록 시스템을 개선하는 것이다. 이는 누군가의 개인적인 실수를 문제 삼기보다는 그러한 실수가 발생할 수밖에 없는 구조적인 문제를 파악하고 이를 해결하는 데 중점을 두는 방식이다. 실수는 누구나 할 수 있다. 그러나 그 실수가 반복되는 것이 문제다. 그 실수를 줄이기 위한 시스템을 개선한다면 그 실수가 더 이상 문제가 되지 않도록 할 수 있다.

다음은 최근 알프스치과에서 있었던 사례이다.

원장 아니, 임플란트 드라이버와 가이드 드릴이 또 없어졌어요. 이거 어떻게 하지? 재고가 이제 하나밖에 안 남았어요. 이거 CCTV를 설치해서 어디로 가는지 확인해야 할까요? 계속 이러면 안 되지 않나요?"

진료실 직원 A 맞아요, 원장님. 드라이버와 드릴이 한두 번 없어지는 것도 아니고…. 어쩌다 진료 중에 급하게 찾아야 할 때는 막막할 때가 많아요.

진료실 직원 B 그렇죠. 적출물 더미에서 찾을 때도 있고, 아예 안

나오는 경우도 많고…. 누가 일부러 숨기거나 하는 건 아닐 텐데 말이죠.

소독실 직원 A 소독실에서도 잘 정리해서 한다고 하는데 바쁘다 보면 선생님들이 아무데나 놓고 가실 때도 있고…. 적출물 상자를 매일 뒤질 수도 없고 저도 힘이 빠져요.

원장 그럼 어떻게 해야 하죠? 매일 순번을 정해서 돌아가면서 적출물 상자를 뒤엎어야 하나요? 아님 정말로 CCTV를 달면 안 없어질까?

(직원들끼리 서로 눈치를 보며 고민하는 분위기. 이윽고 실장이 입을 연다.)

실장 원장님, 제 생각엔 CCTV보다 시스템을 좀 정비하는 게 좋을 것 같아요. 물품이 없어질 때마다 사람을 의심하기보다는, 그 물품들이 어디서 자주 사라지는지 먼저 파악하는 게 좋을 것 같거든요.

원장 그래요 나도 CCTV 설치는 답이 아니라고 생각해요. 그걸 매일 돌려보는 것도 일이고요.

실장 우선 재고를 제대로 파악해보는 게 어떨까요? 저희가 지금 몇 개씩 가지고 있는지 언제 없어졌는지 전혀 모르잖아요. 재고 확인을 자주 안 해서 문제가 커진 것 같아요.

진료팀장 맞아요. 담당을 정해서 매일 재고를 확인하고, 없어진 걸 알게 되면 바로 찾을 수 있을 것 같아요. 소독실로 물품을 옮길 때 실수로 버리는 경우도 있고, 적출물과 섞여서 버려질 수도 있거든요.

원장 흠, 그렇군요. 그럼 재고 확인을 매일 하면서, 또 진료실에서 사용한 기구는 진료실에서 소독실로 옮길 때 한곳에 따로 모아놓고 한 사람만 맡아서 관리하는 건 어때요? 그 사람이 최종 점검을 해서 빠뜨리는 일이 없도록.

진료팀장 네, 좋은 생각이에요. 한 명이 책임지고 정리하면 빠질 확률도 적어지겠죠.

원장 좋아요. 그럼 그렇게 하죠. 오늘부터 재고 확인을 매일 하기로 하고, 소독실로 넘어갈 때는 한곳에 모아두고, 소독실 선생님이 철저히 확인하는 걸로. 앞으로 이런 문제는 우리 시스템으로 막아보아요. CCTV 따위는 잊어버리고요.

모두 함께 웃으며 회의를 마치고, 그날부터 재고 관리와 물품 이동 과정은 체계적으로 개선되었다. 직원들은 더 이상 물품이 없어지는 문제로 고민하지 않게 되었고, 시스템의 힘을 다시 한번 실감했다.

매일 아침 열리는 알프스치과의 회의는 이런 시스템 개선의 가장 중요한 장치다. 이 회의에서는 모든 직원들이 자유롭게 문제를 이야기할 수 있다. 한 직원이 업무상 겪는 문제를 솔직하게 이야기하면, 그 문제는 더 이상 개인의 문제로 끝나지 않고, 치과 전체의 문제로 공유된다. 이를 통해 직원들은 문제를 해결하는 과정에 스스로 참여하게 되고, 그 과정에서 자부심을 느낀다. 단순히 누군가의 지시에 따라 움직이는 것이 아니라, 자신이 조직의 한 일원으로서 책임을 가지고 문제를 해결해 나가고 있다는 생각을 하게 된다. 이 과정은 단순한 업무 해결 이상의 가치를 지니고 있다. 직원들은 자신들의 의견과 생각이 조직의 발전에 기여하고 있다는 확신을 가지며, 그로 인해 더욱 열정적으로 일에 몰두할 수 있게 된다.

이처럼, 알프스치과의 문제 해결 방식은 사람을 탓하지 않고 시스템을 개선하는 데 중점을 두고 있다. 이는 개인의 문제를 넘어서 조직 전체의 성장과 발전으로 이어진다. 시스템이 개선될 때, 직원들은 더 나은 환경에서 일할 수 있고, 그 과정에서 서로를 지지하며 조직을 함께 성장시킨다. 이러한 조직문화는 단순히 일을 효율적으로 처리하는 것 이상의 가치를 지닌다. 직원들이 자부심을 가지고 일하며, 치과의 발전에 기여한다는 확신을 갖게 되어 치과의 미래를 더욱 밝게 만드는 원동력이 된다.

원장이 솔직하고 투명하게 문제를 다루며, 개인이 아닌 시스템의 개선에 중점을 둘 때 조직은 더욱 견고해진다. 그리고 조직 내에서 발생하는 불편한 문제들에 대해 솔직하게 대화하는 것도 원장의 중요한 역할이다. 깨진 유리창을 방치하지 않고 즉각적으로 수리하는 것처럼, 조직 내 작은 문제들을 신속하게 바로잡아야 더 큰 문제로 번지지 않는다.

예를 들어 지각과 같은 사소해 보이는 문제라도 그냥 넘겨서는 안 된다. 지각하는 직원이 있다면, 그 문제는 단순히 개인의 태도 문제가 아니다. 치과내 다른 직원들에게도 영향을 미치고, 전체적인 조직 분위기를 망칠 수 있는 작은 균열이 된다. 이는 '깨진 유리창의 법칙'과 같은 원리로 설명할 수 있다. '깨진 유리창의 법칙(Broken Windows Theory)'은 원래 범죄 심리학에서 시작된 개념으로, 한 번 깨진 유리창을 방치하면, 그 주변 환경도 점차 더 나빠진다는 이론이다. 작은 무질서를 방치하면 더 큰 무질서로 이어진다는 내용을 담고 있다. 이 이론을 조직문화에 적용하면, 조직 내에서 작은 문제가 발생했을 때, 이를 즉시 바로잡지 않으면 더 큰 문제로 확대될 수 있음을 의미한다. 지각하는 직원이 한두 명 있을 때 이를 방치하면, 시간이 지나면서 다른 직원들 또한 '지각해도 괜찮다'는 신호로 받아들일 수 있다. 그렇게 되면 결국 조직의 규율이 무너지고, 전체적인 성과에도 악영향을 미친다. 원장이 이 작은 문제에 대해 단호하게 대응하지 않으면 조직 전체의 성과와 분위기는 자연스럽게 나빠지게 된다.

따라서 지각하는 직원이 있을 경우, 원장은 그 직원을 불러 솔직하게 이야기할 필요가 있다.

"지각을 자주 하는데 특별한 이유가 있어요? 이곳은 일하는 직장이고, 이렇게 자주 지각하게 되면 치과 전체에 안 좋은 영향을 끼쳐요. 힘들어도 아침에 조금 서둘러서 지각하지 않았으면 좋겠어요."

이를 통해 원장은 조직 내 규칙을 재확인하고, 직원들에게 일관된 메시지를 전달할 수 있다. 규율이 명확하게 잡히지 않으면, 나머지 직원들도 '굳이 시간 맞춰 출근하지 않아도 괜찮다'는 생각을 하게 될 수도 있다. 이렇게 되면 조직의 기강은 해이해지고, 전체적인 성과는 자연스럽게 하락하게 된다.

사실 이보다 더 좋은 방법은 원장 스스로가 평소에 지각을 하지 않고 약속 시간을 잘 지키는 것이다. 그러면서 직원들에게 '나는 시간 약속을 중요하게 생각한다'는 메시지를 여러 가지 방법으로 계속 전달한다면 애초에 특별한 경우가 아니라면 지각하는 사람이 없는 조직이 된다.

원장의 역할은 이러한 사소해 보이는 문제에도 신속하고 확실하게 대응하는 것이다. 지각 문제를 그냥 넘어가면, 일찍 출근하는 직원들 사이에 불만이 생기고, 그 불만은 조직 내 갈등으로 이어질 수 있다. "왜 저 사람은 지각해도 아무 문제없이 넘어가는 걸까?"라는 생각이 직원들 사이에 퍼지면, 그동안 성실하게 근무해 온 직원들의 사기가 떨어지기 시작한다. 이러한 상황을 방치하면 조직 내 갈등은 불가피해지고, 그 결과는 직원들의 성과와 치과의 성장에 악영향을 미치게 된다.

따라서 원장은 어떤 사안이든 확실하게 말해야 한다. 불편한 진실을 피하지 않고, 모든 직원들이 이해할 수 있는 명확한 메시지를 전달해야 조직이 올바르게 운영될 수 있다. 솔직한 대화는 때로는 원장에게도 부담이 될 수 있다. 그러나 원장의 솔직하고 일관된 태도는 직원들에게 신뢰를 준다. 그 신뢰가 쌓일 때, 직원들은 조직의 규율을 존중하게 되고, 스스로 지켜야 할 규칙과 책임감을 느끼게 된다. 직원들은 모두가 공정하고 신뢰할 수 있는 환경 속에서 일하기를 원한다. 이런 건강한 조직문화 속에서 직원들은 더 나은 성과를 내며, 조직은 더욱 견고해진다.

　조직문화는 단 한 번의 노력으로 완성되는 것이 아니다. 마치 살아있는 생명체처럼 늘 우리의 관심과 애정을 요구한다. 나는 10년 전부터 치과 내에 좋은 조직문화를 만들기 위해 노력해왔다. 아마도 알프스 틀니를 시작하면서부터인 것 같다. 물론 공들여서 함께 일해온 직원이 퇴사한 적도 있었고 알프스치과에서 하는 여러 일들(글쓰기, 말하기, 회의하기 등)이 다른 치과에서 하는 일과 다르다고 반발하는 직원도 있었다. 그러나 나는 멈추지 않았다. 그리고 나와 같은 생각을 하는 직원들을 키워 나갔다. 알프스치과의 성장을 위해서는 내가 지향하는 가치와 비전을 함께 실천할 핵심 인재들이 필요했다. 조직문화는 혼자 만드는 것이 아니다. 진정한 변화는 나와 마음을 나누고 나의 뜻을 믿고 따르는 사람들이 있을 때 비로소 가능해진다. 그런 인재들이 있기에 내가 이끄는 조직은 하나의 유기체처럼 자라날 수 있었고, 힘든 시기에도 치과는 흔들림 없이 걸어올 수 있었던 것이다.

　함께 성장해 온 여섯 명의 인재(부원장, 기공소장, 총괄부장, 실장, 진료팀장, 부팀장)들은 알프스치과의 건강한 뿌리라고 말할 수 있다. 매달 핵심 인재와 함께하는 경영 회의는 단순한 업무 회의를 넘어선다. 이 시간에는 치과가 나아가야 할 방향을 진지하게 고민하고, 서로의 생각을 솔직히 나눈다. 이 대화에서 우리는 치과의 현재와 미래에 대한 신념과 의지를 다지고, 치과 내에 긍정적인 에너지가 깃들 수 있는 기반을 만들어 간다. 조직문화는 그저 원장 혼자 힘으로 형성되는 것이 아니다. 원장과 함께 고민하고 열정을 쏟아 부으며, 이 치과를 더 나은 곳으로 만들어 가는 이들의 존재가 있기에 가능하다. 치과가 성장하는 순간순간마다 이들과 함께였고, 함께라서 든든하다.

핵심인재들은 본인들만 성장하는 것이 아니라 후배들도 같이 성장하도록 이끌고 그 과정에서 다시 본인들이 성장한다. 그렇지 않다면 결국 성장은 정체되어 버린다. 인기 드라마 〈정년이〉 속 국극 배우 문옥경과 서혜랑의 대비는 이를 잘 보여준다. 문옥경은 후배가 성장하는 모습을 진심으로 응원하며, 후배가 실력을 쌓고 더 나아지기를 바라는 마음으로 그들을 지원하는 인물이다. 그는 후배들이 자신의 역할을 잘 해낼수록 국극 전체가 더욱 빛날 것이라고 믿는다. 후배들이 성장하는 과정을 보며 자신도 함께 성장할 수 있다고 느끼고, 이를 기꺼이 기회로 삼아 자신을 발전시키고자 한다.

반면 서혜랑은 자신의 자리를 지키기 위해 후배들의 성장을 막는 태도를 보인다. 그는 후배들이 자신을 넘어설까 봐 두려워하고, 그들이 자신보다 더 나은 평가를 받는 것을 경계한다. 후배들에게 자신의 노하우를 전수하기보다는 그들이 실수하거나 부족한 점을 부각시키며 자신의 입지를 유지하려 한다.

이 두 태도의 차이는 치과 조직 내에서도 큰 영향을 미친다. 문옥경처럼 후배들의 성장을 진심으로 지지하는 원장과 선배가 있는 치과에서는 서로 배우고 격려하는 문화가 생겨나며, 치과가 지속적으로 성장할 수 있는 기반이 된다. 후배들이 새로운 기술과 지식을 익히며 경험을 쌓고, 시행착오를 통해 발전할 수 있는 환경에서 결국 치과 전체의 역량도 함께 커지게 된다. 반면 서혜랑처럼 자신의 자리보존을 위해 후배를 견제하는 이들이 있는 조직에서는 발전보다는 경쟁이 우선시되고, 서로를 믿고 의지하는 긍정적인 조직문화가 자리잡기 어렵다.

후배의 성장을 돕고자 하는 마음은 곧 조직의 성장을 위한 원동력이 된다. 각 직원들이 치과의 한 부분으로 성장하며 자신이 기여하고 있음을 느낄 때, 그 치과는 진정으로 모두가 함께 발전해가는 건강한 공간이 될 수 있다. 따라서 치과내에 문옥경 같은 직원이 더 많이 생겨날 수 있는 방향으로 조직문화가 형성되어야 한다.

직원들이 성장해야 치과도 성장하는 것이다. 알프스치과는 직원들이 각자의 전문성과 역량을 키울 수 있도록 지원을 아끼지 않는다. 치과가 단순한 일터를 넘어 직원들에게도 성장의 터전이 되기를 바라기 때문이다. 작은 칭찬과 따뜻한 위로, 진심이 담긴 격려의 한마디는 직원들에게 큰 힘이 되고, 그 긍정적인 에너지가 조직 구석구석에 퍼져 나간다. 결국 이렇게 축적된 긍정의 기운이 전체 조직 분위기를 바꾸어 놓는 것이다.

알프스치과의 긍정적인 조직문화는 원장인 나에게도 큰 위로가 된다. 치과 경영이 결코 쉬운 길은 아니지만, 내가 기울인 노력의 결과가 직원들의 성장으로 이어지고, 그 성장이 다시 치과의 발전으로 선순환하는 모습을 볼 때 깊은 보람을 느낀다. 어려운 상황에서도 핵심 인재들과 함께 나아갈 수 있기에 혼자가 아니라는 든든함을 느끼며 큰 힘을 얻는다. 이들이 나에게 중요한 이유는 그저 내 말을 듣는 사람들이라서가 아니다. 나의 생각을 믿고, 나와 함께 성장하려는 진정한 마음을 가진 이들이기 때문이다. 그런 이들과 함께라면 우리는 더 나은 치과, 더 건강한 조직문화를 계속 만들어 갈 수 있을 것이라고 믿는다.

우리 치과의 조직문화는 나 혼자 꾸는 꿈이 아니다. 알프스치과는 모든 구성원이 함께 만들어 나가는 치과다. 우리 모두가 서로에게 긍정의 에너지를 전달하고, 따뜻한 격려와 응원을 나누는 사람들이 있을 때, 우리 치과는 진정으로 건강하고 행복한 공간이 될 수 있다.

우리 치과의 비전 중 하나가 '**치과 조직문화의 표준**'이다. 즉 알프스치과의 조직문화가 전 치과계에 퍼져 나가는 것이 우리 치과의 비전이다.

모두가 참여하는 회의 문화 만들기

치과에서 회의란 단순히 일정을 조율하고 정보를 전달하는 자리가 아니다. 회의는 모든 구성원이 각자의 자리에서 맡은 일을 함께 고민하고, 서로의 의견을 나누며 성장하는 과정이다. 이 과정은 그저 책임을 나누는 절차가 아니라 더 나은 해결책을 모색하고 치과의 발전을 도모하는 중요한 장이다. 하지만 현실은 그리 녹록치 않다. 많은 직원들이 회의에 소극적이거나 자신의 의견을 내는 것을 망설인다. 왜 그럴까? 문제의 근본 원인은 회의에서 다루는 주제를 자신과는 무관한 일로 여기기 때문이다. '환자 문제, 매출관리, 직원간 갈등' 같은 주제들은 자연스럽게 원장이나 실장, 혹은 팀장이 주도해야 할 일로 간주하기 쉽다. 더 나아가 의견을 냈다가 그것이 책임이나 추가 업무로 돌아올까 두려워 쉽게 말을 꺼내지 못하는 분위기도 있다.

심리적 안전감을 주는 회의 분위기 형성

이러한 상황을 바로잡기 위해서는 원장이 회의의 분위기와 문화를 주도적으로 형성하는 것이 무엇보다 중요하다. 모든 구성원이 심리적 안전감을 느끼고 자유롭게 생각을 나눌 수 있을 때에야 비로소 치과내 회의에서 진정한 참여 문화가 형성될 수 있다. 원장이 앞장서서 구성원들이 각자 의견을 자유롭게 내놓을 수 있는 환경을 조성해야 하며, 나아가 구성원들이 책임감을 가지고 회의에 임할 수 있도록 해야 한다. 직원들이 주도적으로 참여하는 회의 문화를 만들고 그 속에서 심리적 안전감을 뿌리내릴 때, 회의는 실질적인 효과를 발휘하는 소통의 장으로 자리 잡는다.

심리적 안전감을 바탕으로 한 회의 문화 만들기

모두가 진정으로 참여하는 회의 문화를 만들기 위해서는 무엇보다도 심리적 안전감이 필수적이다. 여기서 말하는 심리적 안전감이란, 자신의 의견을 말해도 불이익이 없을 것이라는 믿음에서 비롯된 내면의 안정감을 의미한다.

이는 하버드 경영대학원의 에이미 에드먼슨 교수가 연구를 통해 강조한 바 있다. 25년간의 연구 결과에 따르면 심리적 안전감이 높은 조직은 구성원들이 실수를 두려워하지 않고, 문제 해결에 더 적극적으로 참여하게 된다고 한다. 이런 환경이 구축되면 실수는 배움의 기회가 되고, 더 나은 아이디어와 해결책이 도출될 수 있다. 에드먼슨 교수의 연구는 실수를 부끄러워하기보다는 학습의 기회로 삼는 문화가 혁신을 촉진한다고 강조한다.

구성원들이 실수를 통해 배우고 성장할 때 더 높은 수준의 창의성과 성과를 발휘하게 된다. 이런 문화는 치과와 같은 작은 조직에서도 충분히 적용 가능하다. 예를 들어, 1년 차 직원이 진료실에서 자신이 부족한 부분을 솔직하게 물어보고, 그 부분에 대한 선배의 정확한 피드백이 있다면 1년 차 직원은 자신의 부족함을 메꿔 실력을 향상시킬 수 있다. 또한 진료 도중의 실수나 개선점을 숨기지 않고 서로 솔직하게 나눈다면 더 나은 진료 방법을 발견할 수 있다. 이는 단순한 스킬 향상을 넘어서 조직 전체가 한 단계 성장할 수 있는 기회가 되는 것이다.

특히 원장이 회의에서 솔직하고 겸손한 태도로 직원들의 의견을 존중하면, 직원들은 자신의 의견이 존중받고 있다는 느낌을 받게 되고 이는 심리적 안전감으로 연결된다. 나는 내가 먼저 스스로의 실수를 인정하고 개선하려는 모습을 보이는 편이다. 또 직원들이 하기 부담스러워하는 말, 즉 직원이 했을 때 원장이 싫어할 것 같은 말을 직원 입장에서 내가 먼저 한다. 그러면 직원들도 안심하고 자유롭게 발언할 수 있는 분위기가 된다. 이런 심리적 안전감이 뒷받침될 때 회의는 단순히 정보를 전달하는 자리가 아니라, 서로가 함께 고민하고 문제를 해결해 나가는 과정이 된다.

더 나아가 원장은 구성원들에게 '본인의 의견이 실제 치과의 발전에 기여하고 반영될 수 있다.'는 자부심을 심어줄 수 있어야 한다. 의견을 제시한 직원들에게 진심 어린 피드백을 제공하며, 그 피드백이 치과의 실질적인 변화로 이어지는 모습을 보여줄 때, 구성원들은 자연스럽게 주인의식을 가지고 회의에 임하게 된다. 이는 조직의 생산성과 효율성을 높이며, 궁극적으로 치과 내 모든 구성원들이 자신의 일에 자부심을 느끼는 환경을 조성하게 된다.

모든 구성원이 참여해야 하는 이유

회의는 치과 내 모든 구성원이 반드시 참여해야 하는 중요한 시간이다. 그 이유는 치과의 모든 업무는 긴밀하게 연결되어 있어서 하나의 문제라도 구성원 전체에 영향을 미치기 때문이다. 예를 들어, 데스크 팀의 일정 조율이 진료 시간에 직접적인 영향을 미치고, 예약 관리의 변화가 매출에까지 영향을 미친다. 따라서 치과의 모든 구성원은 자신의 업무뿐 아니라 동료들의 업무에도 관심을 기울여야 한다. 그리고 이러한 이해를 바탕으로 협력해 나가기 위해서는 모든 구성원이 회의에 참여해야 한다.

모든 구성원이 회의에 참여할 때 자연스럽게 각 구성원은 자신이 조직에서 차지하는 역할이 얼마나 중요한지 인식하게 된다. 이는 단순한 인식의 차원이 아니라, 실질적으로 자신의 일이 되며, 각자가 책임감을 가지고 서로 협력할 동기를 얻게 만든다. 그리고 이러한 주인의식이 자리잡을 때, 결국 치과 전체의 서비스 질과 업무 효율성은 더욱 향상되며, 구성원들은 함께 성장하고 치과는 하나의 유기적인 팀으로 발전해 나갈 수 있게 된다.

원장이 해야 할 역할

모두가 참여하는 회의 문화를 위해 원장이 해야 할 역할은 단순히 회의를 주재하는 것만이 아니다. 원장은 직원들에게 심리적 안전감을 조성하고, 그들이 책임감을 가지고 문제 해결에 나설 수 있는 환경을 만들어야 한다. 이를 위해 원장은 다음과 같은 구체적인 역할을 통해 회의의 방향을 이끌어야 한다.

직원들의 의견을 경청하고 존중하기

원장은 모든 직원이 자유롭게 의견을 제시할 수 있는 분위기를 조성해야 한다. 직원들의 의견을 단순히 듣는 데 그치지 않고, 그 의견에 대해 긍정적이고 구체적인 피드백을 제공해야 한다. 원장이 먼저 "좋은 의견입니다. 좀 더 구체적으로 설명해 주시겠습니까?"와 같이 진정성을 담아 경청하면, 직원들은 본인의 의견이 존중받고 있다는 느낌을 받게 된다. 이러한 경청과 존중의 태도는 직원들로 하여금 회의에 신뢰를 가지고 참여하게 만들어, 회의가 더 깊이 있는 소통의 장이 되도록 한다.

문제의 본질에 집중하기

원장은 회의가 특정 직원의 실수를 지적하는 자리로 흐르지 않도록, 문제 자체에 집중하는 분위기를 이끌어야 한다. 예를 들어, 진료 기구 정리가 미흡한 상황이라면, 누구의 실수인지 추궁하기보다 효율적으로 기구 정리를 할 방안을 논의하는 방향으로 이끌어야 한다. 실수는 누구에게나 발생할 수 있으므로 직원들이 방어적인 자세를 취하지 않고 문제 해결을 위해 의견을 편안하게 나눌 수 있는 분위기를 조성하는 것이 중요하다. 문제 해결에 집중하는 원장의 태도는 실수를 인정하고 개선하려는 문화를 만드는 데 핵심적인 역할을 한다.

회의 목적을 명확히 설정하고 공유하기

회의의 목적과 기대하는 결과를 명확히 설정하고, 이를 사전에 구성원들에게 공유하는 것이 좋다. 예를 들어 "오늘 회의는 신규 환자 증가를 위한 프로토콜 개선 방안을 논의하고, 필요에 따라 각 팀별 역할을 재확인하는 데 중점을 두겠습니다."라고 회의의 목표를 구체화하면, 직원들은 회의의 방향을 명확히 인식하게 되어 한결 집중할 수 있다. 이렇게 명확한 목적 설정과 공유는 회의의 생산성을 높이고, 실질적인 결과를 도출하는 데 도움을 준다.

소통의 선두주자가 되기

원장은 회의 중 직원들이 활발히 의견을 나눌 수 있도록 소통을 촉진하는 선두주자가 되어야 한다. 직원들의 노고를 인정하며 "어제 환자가 많아서 힘들었을 텐데도, 모두들 팀워크를 이루어서 잘해주어서 고맙습니다."와 같은 진심 어린 말을 통해 회의 분위기를 부드럽게 만들 수 있다. 소극적인 직원에게는 "선생님 생각은 어때요? 혹시 다른 의견이 있다면 말해주겠어요?"라고 발언 기회를 주어 모든 구성원이 자유롭게 의견을 나눌 수 있도록 독려한다. 이러한 원장의 태도는 직원들이 심리적 안전감을 갖고 자신의 의견을 주저하지 않고 내놓을 수 있는 분위기를 형성하는 데 중요한 역할을 한다.

실행 가능한 결론을 도출하고 후속 조치를 통해 관리하기

회의가 실질적인 효과를 발휘하려면 논의된 사항들이 실행 가능한 결론으로 이어지고, 원장이 이를 후속 조치로 관리해야 한다. 원장은 회의 후 결정된 사안을 실행에 옮기고 이를 꾸준히 점검하며, 필요시 구성원들과 수정사항을 공유해야 한다. 예를 들어, 회의에서 기구 정리 장소를 새로 지정하기로 했다면, 원장은 후속 조치를 통해 각 팀이 새로운 시스템에 잘 적응할 수 있도록 피드백을 주고받는 것이 중요하다. 이러한 과정은 직원들에게 회의에 대한 신뢰감을 형성하고, 회의에서 내놓은 의견이 실제로 반영된다는 만족감을 준다.

다양한 회의와 그 목적

우리 치과는 하루를 여는 아침 미팅부터 하루를 마무리하는 저녁 마감 회의, 그리고 한 달에 한 번씩 진행되는 인재 교육 회의와 경영 회의, 간부 회의까지 다양한 형태의 회의를 통해 서로의 목소리를 듣고 문제를 해결하며, 치과의 미래를 함께 그려 나가고 있다. 이들 회의는 각기 다른 목적을 지니고 있으며, 그 목적을 구성원들이 충분히 이해하고 공감하고 있다. 다양한 회의를 업무 특성에 맞춰 나누어 진행하는 이유는 오직 하나다. 치과가 더욱 나은 방향으로 발전하고, 모든 직원이 그 과정에서 자신의 역할을 충실히 다할 수 있도록 하기 위해서다. 회의가 그저 말로 끝나지 않고 실제 변화로 이어지려면, 원장을 비롯한 모든 직원이 책임감을 가지고 적극적으로 참여해야 한다.

아침 미팅

우리 치과의 출근 시간은 8시 50분이다. 이 시간이면 이미 유니폼을 갈아입고 진료실에 모여 각자의 아침 일과를 시작한다. 그리고 9시 10분, 아침 미팅을 위해 모두 세미나실로 모인다. 아침 미팅은 미션과 핵심가치 낭독으로 시작한다. 처음에는 미션과 핵심가치 읽는 것이 어색했지만 오랜 시간 하다 보니 지금은 당연한 순서가 되었다. 매일의 진료에 앞서, 환자의 치아를 치료하여 새로운 인생을 만드는 데 도움을 준다는 미션을 되새기는 것이다. 이로써 모두가 같은 마음으로 업무에 임할 수 있도록 하고, 각자의 역할을 상기하게 된다. 이후에는 전날의 주요 이슈를 점검하고 공지사항을 함께 확인하며, 작은 문제들도 체계적으로 해결해 나가기 위한 방안을 논의한다. 비록 일상적인 문제들일지라도 하나하나의 실천이 쌓

아침회의를 시작하며 미션을 읽는 모습

여 갈 때 치과는 오늘보다 내일 하루하루 더 단단해진다.

실제로 아침 미팅에서 나누는 공지사항은 사소하지만 결코 가볍지 않다. 예를 들어, 환자 사진 촬영 시 교합지 자국이 지워지지 않아 사진 품질이 저하되는 문제가 제기되면, 전 직원은 촬영 전 교합지를 꼼꼼히 닦는 습관을 갖자는 해결책을 함께 다짐한다. 또한 진료 체어에 치실을 비치하자는 의견이 나오면, 다음 날 바로 치실이 추가될 수 있도록 신속히 준비를 시작한다. 비급여 환자가 보험 적용 진료를 받을 때 본인 부담금을 미리 설명하여 혼동을 줄이자는 논의도 이루어진다. 이 밖에도 카메라 메모리 카드가 제자리에 꽂히지 않아 업무에 차질이 빚어지는 상황이 공유되면 바쁘더라도 서로 신경 쓰자는 다짐이 이어진다. 큐어링 라이트 장비 고장도 빼먹지 않고, 대체 장비 사용과 예약 조정이 필요한지 확인하며 미리 대비한다. 이처럼 작고 사소한 문제들까지도 체계적으로 다루면서 치과의 모든 직원이 상황을 파악하고 대비할 수 있게 된다.

공지사항 확인 후에는 당일 예약된 주요 환자들의 진료 기록을 검토하며, 필요에 따라 진료 방향을 조율하는 시간이 이어진다. 예를 들어, 7개월 만에 내원하는 A 환자는 최신 상태를 정확히 확인하기 위해 파노라마 촬영을 추가하기로 결정한다. 또, 임플란트 시술 후 두 달이 지난 B 환자는 임플란트의 안정성을 확인하기 위해 ISQ(임플란트 안정성 지수) 검사를 먼저 진행하기로 한다. 지난번 긴 대기 시간으로 불편을 겪었던 C 환자에게는 오늘 신속한 진료가 이루어지도록 전 직원이 협력하기로 한다. 또한 복용 중인 약물 확인이 중요한 D

환자는 이를 미리 파악해 진료에 차질이 없도록 만전을 기한다.

이렇듯 아침 미팅은 단순히 공지사항을 전달하는 시간을 넘어서, 하루 동안 발생할 수 있는 상황들을 예측하고 철저히 대비하는 시간이 된다. 이 자리에서 직원들은 각자의 역할을 명확히 이해한 채, 환자를 맞이할 준비를 마치게 된다.

아침 미팅의 마지막 순서는 매일 한 명의 직원이 자신의 이야기를 공유하는 '1분 스피치'다. 1~5분 정도의 짧은 시간이지만, 직원들은 이 자리에서 자신의 일상이나 관심사를 공유하며 서로를 조금 더 이해할 수 있다. 예를 들어, 최근 다녀온 여행 이야기를 풀어놓으면 나머지 직원들은 그 일상을 통해 그 직원의 관심사와 관점을 엿볼 수 있다. 다른 직원은 중학생 딸아이와의 관계에서 요즘 고민하고 있는 내용을 이야기하기도 한다. 스피치 시간은 서로 간의 친밀감을 쌓아가며, 자연스럽게 구성원 간 유대가 깊어지는 소중한 기회가 된다.

이 스피치를 통해 직원들은 발표력과 자신감을 조금씩 키워 가기도 한다. 본인에게는 한달에 한두 번 정도 돌아오는 짧은 스피치 시간이지만, 이를 통해 직원들은 차츰 자신이 중요하게 여기는 것을 자연스럽게 표현할 수 있는 용기를 얻는다. 이렇게 짧지만 의미 있는 미팅을 통해 치과는 일상적인 문제들을 체계적으로 해결해 나가고, 직원 간 소통과 협력을 강화하며 더 나은 업무 환경을 만들어 간다.

아침 미팅은 단순한 회의가 아닌, 우리 치과가 매일 하루를 시작하는 중요한 의식이 되고 있다.

마감 회의

매일 치과의 하루를 마무리하는 마감 회의에서는 당일의 환자 수와 매출을 보고하고, 진료실과 데스크에서 발생한 특이사항을 빠르게 공유한다. 두 명의 원장, 총괄부장, 실장, 진료 팀장, 부팀장이 모여 약 5분 내외로 간략히 진행하는 이 회의는, 치과 운영 중 발생하는 다양한 문제를 신속하게 점검하고 대처하며, 다음 날을 준비하기 위한 중요한 소통의 장이다.

예를 들어, 해피콜을 통해 환자가 진료 후 불편을 호소하면, 원장은 환자에게 직접 전화를 걸어 상황을 확인하고, 필요한 대처 방안을 안내한다. 통증이 심한 경우, 환자가 멀지 않은 곳에 거주한다면 원장이 기다리더라도 그 즉시 내원해 추가 진료를 받도록 조치하여 문제를 빠르게 해결한다. 이러한 즉각적인 대응은 환자에게 치과에 대한 신뢰를 심어주고, 책임감 있는 진료로 이어져 환자의 만족도와 재방문율을 높이는 계기가 된다.

또한 진료실에서 발생한 특이사항도 이 자리에서 공유된다. 예를 들어, 기공물이 구강에 잘 맞지 않아 결국 재인상을 뜨게 된 경우가 있다면, 그 경위와 개선 방안을 논의한다. 이 과정에서 문제의 원인을 파악하고 다음 진료에서 같은 상황이 반복되지 않도록 준비하는 시간을 갖는다.

이 외에도 마감 회의에서는 데스크에 자주 접수되는 환자 문의 사항에 대한 해결 방안을 논의한다. 예를 들어, 비급여 진료에 대한 문의가 많다는 것이 확인되면, 실장은 간단한 설명 자료를 동영상으로 제작해 환자에게 제공하는 방안을 제안할 수 있다. 이를 통해 데스크 직원들은 반복되는 질문에 효율적으로 응대할 수 있고, 환자에게도 일관된 정보를 제공할 수 있게 된다.

이처럼 매일 5분간의 마감 회의는 당일 발생한 특이사항을 빠르게 공유하고, 문제 해결 방안을 마련해 치과가 매일 더 원활하고 체계적으로 운영될 수 있도록 돕는 중요한 역할을 한다.

경영 회의

우리 치과의 경영 회의는 매달 첫째 주 화요일, 근무가 끝난 오후 6시 30분부터 약 두 시간 동안 진행된다. 이 자리에는 두 명의 원장, 기공소장, 총괄부장, 실장, 진료 팀장, 부팀장을 비롯해 ASK경영연구소 김성완 소장이 참석하여, 지난달의 성과와 운영 현황을 바탕으로 치과의 전반을 점검하고, 다음 달 목표 달성을 위한 구체적인 전략을 논의한다. 김성완 소장의 도움을 받아 경영 회의를 해온 지도 어느덧 10년이 되었으며, 그간 전문가의 폭넓은 시각과 조언은 치과의 운영 효율 제고와 안정적인 성장에 큰 도움을 주었다.

이 회의에서는 지난달 매출과 진료 일수, 내원 환자 수, 비보험/보험 환자 비율, 신규 환자 수와 매출에 관한 통계 자료를 면밀히 검토한다. 더불어 월별 환자 수와 매출을 작년 통계와 비교하고, 평균 진료비와 매출 구간별 분석, 담당 의사별 통계, 환자 연령대와 내원 경로, 미수금 현황까지 꼼꼼히 분석해 치과의 현재 위치와 재무 상태를 정확히 파악한다. 이러한 통계자료는 전자차트를 통해서도 확인할 수 있다. 그러나 핵심자들이 모여서 함께 자료를 확인하고 분석하는 시간을 갖는 것이 의미 있다고 생각한다. 외부 전문가의 조언을 통해 운영 개선이 필요한 부분을 발견하고, 이를 바탕으로 목표 달성을 위한 구체적인 방안을 논의한다.

회의 주제는 상황에 따라 유동적으로 설정되며, 그때그때 치과가 직면한 이슈와 전략적 필요에 따라 환자 증가를 위한 관리 프로토콜, 팀원 교육, 마케팅 및 홍보 전략 등이 폭넓게 다뤄진다. 예를 들어, 신규 환자 증가에 중점을 두고 있다면 신환 프로토콜을 점검하며, 대기 시간이 길어지는 문제를 해결하는 데 집중한다. 원장과 실장은 예약 시스템을 세분화해 환자가 오래 기다리지 않도록 하고, 긴급 환자는 우선 배정하는 방식으로 시스템을 개선하는 방향을 논의한다. 또한 대기가 불가피한 환자에게는 편안한 환경을 제공해 체감 대기시간을 최소화하고자 한다. 이러한 개선을 통해 환자들이 치과에 신뢰를 느끼고, 긍정적인 경험을 하도록 노력한다.

경영 회의는 또한 재진 환자 관리와 상담 성공률을 높이기 위한 방안을 논의하는 자리이기도 하다. 상담 성공률은 환자의 재방문율에 직접 영향을 미치는 지표로, 이를 높이기 위해서는 환자들에게 진료 후 케어의 중요성을 강조하고, 필요한 설명을 충분히 제공하는 것이 중요하다. 예를 들어, 보철 진료환자의 경우 급여 진료에 대한 본인 부담금을 사전에 안내해 환자가 치료 과정을 계획할 수 있도록 하며, 담당 의사와 어시스트가 협력해 환자가 필요한 정보를 정확히 이해할 수 있도록 대화 기법을 연습하기로 한다. 이처럼 환자의 이해를 돕는 방안을 마련해 상담 성공률을 높이는 것은 치과의 장기적인 성장에 크게 기여한다.

경영 회의에서는 치과 직원들의 역량 강화와 교육 프로그램 개선 또한 중요한 논의 주제다. 원장과 실장, 팀장은 직원들이 치과의 시스템과 진료 환경에 원활히 적응할 수 있는 구체적 방안을 모색한다. 특히 1년 차 신규 직원들이 교육 프로그램과 멘토링 시스템을 통해 실질적으로 적응하고 있는지를 중점적으로 점검하며, 실장과 팀장이 각 직원의 적응 상황과 교육 진행을 보고하고 필요한 개선 사항을 논의해 실질적인 지원을 제공한다.

예를 들어, 신규 직원들이 실수에 대한 부담감으로 진료실 적응에 어려움을 느낀다면 멘토링 시간을 늘려 선배 직원들이 밀착해 피드백을 제공하도록 한다. 또한 주기적인 피드백 기회를 마련하여 신규 직원들이 주저하지 않고 질문하며 업무에 자신감을 가질 수 있는 환경을 조성한다. 이를 통해 멘토는 신규 직원의 업무 적응 상황을 세심히 파악하고 실질적인 조언을 제공하여 안정적인 성장을 지원한다.

교육 프로그램 중 기구 사용법이나 진료 흐름의 일부가 어렵게 느껴진다는 피드백이 있다면, 그 난이도와 순서를 조절하고 실습 기회를 추가하는 방안도 논의한다. 예를 들어, 진료 도구 사용법을 단순히 이론적으로 전달하는 데 그치지 않고 실습을 통해 숙련도를 높이며, 응급 대처 방법, 기구 소독과 준비, 환자 응대 방식 등에 대한 실습을 진행해 실전 경험을 쌓도록 한다. 이로써 신규 직원들은 보다 자신감 있게 진료에 임할 수 있게 된다.

이처럼 경영 회의는 단순히 실적을 점검하는 자리가 아니라 외부 전문가와 치과의 핵심 인재들이 한자리에 모여 치과의 장기적인 방향을 점검하고 발전을 위한 실질적 방안을 마련하는 중요한 시간이다. 모든 팀이 성과와 목표를 공유하며 치과의 지속적인 성장을 위해 각자 역할을 다하고 협력하는 기회를 통해 치과의 미래를 함께 만들어가는 의미 있는 자리다.

인재교육 회의

매달 셋째 주 화요일 오후 4시, 치과 진료를 일찍 끝내고 모든 직원이 한자리에 모인다. 이 시간은 바쁜 일상을 잠시 멈추고, 각자 하는 일의 의미를 되새기고 서로에게 귀 기울이는 자리다. 업무 외 시간에 교육을 하면 집중력이 떨어지고, 진짜 배움도 따라오지 않는다. 그래서 근무 시간 중에 회의를 갖는다. 직원들은 진료 기술만이 아니라 일 속에서 함께 일하는 법과 스스로 성장하는 법을 배운다. 이 시간을 통해 직원들이 각자의 일을 하나로 엮고 한 팀으로서 치과를 움직인다.

이 회의에는 ASK경영연구소 김성완 소장이 함께한다. 김성완 소장은 코치이며 퍼실리테이터이다. 즉 여러 아이디어와 논의 사항에 대해 효과적으로 이야기를 나누어 최적의 결론에 도달할 수 있도록 도와주는 역할을 한다. 김 소장은 강의하지 않고 질문을 던진다. "협업이란 무엇일까요?" 직원들은 각자 생각을 말하고 대화가 시작

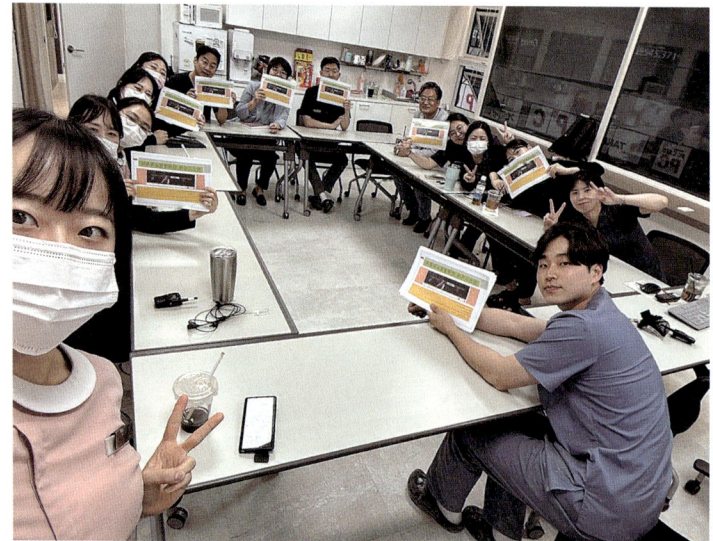

10년째 진행중인 인재교육

된다. 사람마다 각자 다른 답을 내놓으면서 협업의 무게가 다르게 다가온다. 내 일이 내 일 자체로 끝나는 게 아니다. 내 일이 곧 팀의 일이다. 코치는 직원들 사이의 생각을 자연스럽게 연결하고 모두가 자신의 일을 되돌아보도록 한다. 그 자리에서 직원들은 협업 속에서 얻는 재미를 느끼게 된다. 그리고 그 속에서 자신이 조금씩 성장하고 있음도 깨닫게 된다.

최근 교육 주제는 치과 내 소통문제였다. 한 직원이 진료 중 겪었던 소통 문제를 예로 들어 보자, 김성완 소장은 그 상황을 놓고 함께 해결책을 찾아보자고 이야기의 물꼬를 튼다. 작은 오해와 전달 부족이 환자에게 미친 영향을 돌아보며, 직원들은 명확한 소통의 중요성을 다시금 알게 되었고 소통 방법도 통일하여 혼선을 줄이기로 했다. 단순한 지적이 아니라 직원들이 스스로 문제를 풀어가도록 하는 과정이다. 우리는 인재교육 시간을 성장이자 배움으로 받아들인다.

이 시간에 김성완 소장은 또 다른 질문을 던진다. "일은 어떤 의미를 줄까요?" 직원들은 생각에 잠긴다. 치과라는 공간에서 맡은 역할을 어떻게든 더 잘하려는 마음가짐, 그 태도가 결국 환자와 동료에게 신뢰감을 들게 한다. 그리고 신뢰는 팀을 만든다. 직원들은 일과 협업 속에서 자신의 존재 의미를 발견하고, 그 일을 함께하는 동료의 존재에 감사하게 된다.

인재교육회의는 이렇게 직원들이 각자의 일에 대해 다시 한번 의미를 찾고, 협력과 소통을 통해 진정한 팀이 되어가는 시간이다. 치과라는 공간 속에서 모든 직원이 한 몸처럼 움직이는 단단히 연결된 조직이 되어 가는 시간이다.

결론 : 함께 만들어가는 치과의 미래

치과의 크고 작은 회의는 각자의 목적에 따라 운영을 효율적으로 돕고, 구성원들 사이에 소통과 협력의 문화를 퍼뜨린다. 이러한 과정 속에서 치과는 자발적인 참여 의식을 고취하고, 모든 직원이 치과의 성장을 위해 발 벗고 나서는 기반을 마련하게 된다.

모두가 참여하는 회의 문화는 치과의 구성원들이 책임감을 가지고 각자의 자리에서 최선을 다해 일을 이어 나가는 과정이다.

원장은 그 길에서 중심을 잡아야 한다. 원장이 이끄는 이 문화 속에서 직원들은 자부심을 얻고, 자신이 쏟은 노력이 치과의 발전으로 이어지는 것을 보며 진정한 만족을 느낄 것이다. 이는 단순히 효율을 높이기 위한 것이 아니다. 치과의 모든 구성원이 함께 성장하는 과정이며, 이를 통해 치과가 성장하게 된다.

치과의 구성원들이 각자의 마음을 모으고, 하나의 유기체처럼 움직이는 공동체로 자라날 때, 비로소 진정한 의미에서 함께 만들어 가는 치과의 미래가 완성될 것이다.

성과와 성장을 이끄는 1 on 1 미팅

치과에서 1:1 미팅을 정기적으로 하는 곳은 많지 않다. 대부분 원장과 직원의 만남은 연봉 협상이나 퇴사 통보 같은 피할 수 없는 자리가 대부분이기 때문에 '1:1 미팅'이라는 말 자체가 원장과 직원들 모두에게 막연한 부담감으로 다가오곤 한다.

원장 입장에서 "원장님, 드릴 말씀이 있습니다."라는 직원의 말을 들으면, 곧바로 '직원이 퇴사하려는 거 아닌가? 무슨 요구사항이 있나?'와 같은 불편한 상상이 먼저 뇌리를 자극한다. 반대로 원장이 직원에게 "잠깐 얘기 좀 나누죠." 하고 말하면, 직원은 곧바로 '내가 뭘 잘못했나? 큰 문제라도 생겼나?' 하는 불안감을 느낀다.

이런 현실에서 1:1 미팅이란 부담스럽고 두려운 자리일 수밖에

원장실에서 직원과 1on1 미팅 중

없다. 하지만 이 두려움과 부담감 속에는 간과할 수 없는 중요한 가치가 숨어 있다. 단순한 보고나 지시가 아니라 직원의 성과와 성장을 돕는 도구로서의 1:1 미팅, 이는 문제를 해결하기 위해 만나는 자리가 아니라 문제가 생기기 전에 정기적이고 체계적으로 만나는 시간이 되어야 한다.

    나는 10여 년 전부터 모든 직원과 분기마다 1:1 미팅을 정기적으로 해 왔다. 이 자리는 단순한 업무 지시나 잘못에 대한 지적을 하는 자리가 아니다. 원장과 직원이 치과의 비전과 목표를 함께 나누고 서로를 깊이 이해하는 대화의 시간이다.

    그래서 나는 '우리 치과에서는 직원과의 첫 만남이 이미 1:1 미팅의 시작이다.'라고 생각하며 신입직원의 면접에 임한다. 이 시간 동안 나는 우리 치과의 미션과 핵심가치를 설명하고, 나 자신에 대해서도 소개한다. 내가 어떤 생각과 철학으로 치과를 운영하는지, 우리 치과의 조직문화가 어떤 모습인지, 일하는 방식은 어떤지 등을 상세히 이야기한다. 이를 통해 이곳에서 함께 일한다면 얼마만큼 성장을 할 수 있을지 직원이 명확히 느끼도록 돕는다. 그후에는 그 직원이 어떤 성장배경을 가지고 있으며 어떤 이유로 우리 치과에 지원하게 되었는지, 또 우리 치과에서 일하면서 기대하는 점이 무엇인지 차근차근 듣는다. 이런 식으로 서로에 대해 깊이 알아가는 시간이 쌓이면서, 입사 후 이 직원은 우리 치과의 조직문화에 빠르게 흡수되고 자연스럽게 적응하게 된다.

1:1 미팅 꼭 해야 하나?

사실 많은 치과에서는 바쁜 일상 속에서 1:1 미팅을 따로 마련하는 것을 부담스럽게 여기곤 한다. '매일 얼굴을 보는데 대체 또 무슨 얘기를 할 게 있을까?' '환자 보기도 바쁜데 미팅할 시간을 따로 낼 수 있나?' 하는 생각이 가장 흔한 이유일 것이다.

하지만 알프스치과에서는 이 시간을 중요한 투자라고 여겨 꾸준히 실천해 왔다. 그 결과는 분명했다. 원장과 직원 간의 거리감이 점점 좁혀지고, 서로의 역할과 책임을 이해하는 안정감 있는 조직문화를 형성할 수 있었다.

치과라는 조직은 목표를 향해 움직이는 긴밀한 협업이 중요한 곳이다. 팀워크는 필수다. 단단한 팀워크를 위해서는 각 구성원이

제 역할을 수행하며 서로에게 긍정적 영향을 줄 수 있어야 한다. 내가 원장으로서 느낀 것은 치과라는 공간은 직원 각자의 노력의 합으로 빛나는 무대라는 점이다. 직원 하나하나가 맡은 자리에서 최선을 다할 때 그 결과로 우리는 치과라는 조직 전체에서 큰 성과를 거두게 된다. 그렇다면 직원들이 일하면서 느끼는 동기와 성취감은 어디에서 오는가? 바로 이 1:1 미팅에서이다. 직원이 자신의 노력과 가치가 인정받고 있다는 느낌을 받을 때 비로소 치과와 개인의 목표가 합일되는 경험이 직원에게 찾아온다. 이 지점이 바로 직원 만족도와 치과 전체 성과의 변화가 시작되는 순간이다.

1:1 미팅은 말 그대로 직원 한 사람과 원장이 소통하는 시간이다. 많은 원장들이 바쁜 일정을 핑계로 이 시간을 피하려 하지만 나는 이 시간이 치과의 어떤 업무보다도 값진 투자라 생각한다. 직원이 아무리 성실하게 일해도 상사의 인정과 공감이 없다면 무가치하게 느낄 수밖에 없다. 그때 직원은 이직을 결심하게 된다. 그저 더 많은 월급이나 편안한 환경, 좋은 복지를 찾아 떠나고 싶어진다. 그러나 직원이 1:1 미팅을 통해 원장의 기대와 신뢰를 이해하고, 자신의 성장이 치과의 성과에 닿아 있음을 깨닫게 된다면, 이야기가 전혀 달라진다.

치과의 비전과 방향성이 직원에게 명확히 전달된다면 직원은 자신의 일에 더 큰 의미를 부여하게 된다. 치과의 목표가 자신의 업무와 닿아 있음을 이해하는 순간, 직원의 일에 대한 몰입도와 성취도는 더 높아진다. 반면 이 연결이 없다면 직원은 자신의 일이 그저 반복되는 일에 지나지 않는다고 느끼며 흥미를 잃기 쉽다. 결국 1:1 미팅은 치과의 비전과 직원 각자의 역할을 엮어내며, 업무에서 주인의식을 높이는 중요한 시간이 된다.

특히 요즘의 MZ세대에게 소속감과 존재감은 직무 만족도에 깊은 영향을 미친다. 이들은 자신이 조직 내에서 진정으로 인정받고 있는지, 자신의 노력이 존중받고 있는지를 민감하게 느낀다. 1:1 미팅을 통해 원장은 직원들에게 개인적 성장이 조직의 성과와 어떻게 맞물려 있는지를 이야기하고, 치과의 목표와 직원이 맡은 업무가 어떻게 연결되어 있는지를 체감하게 한다. 이 경험을 통해 직원들은 더 이상 단순한 업무를 수행하는 직원이 아니라 조직의 성과를 함께 만들어 가는 중요한 구성원임을 스스로 느끼게 된다.

정기적인 1:1 미팅은 직원들이 자신이 조직에 기여하고 있다는 실질적인 성취감을 제공한다. 자신의 일이 조직의 성과에 기여하고 있으며, 그 과정에서 성과가 인정받고 있다는 것을 확인하는 것만큼 중요한 일도 없다. 이렇게 확인받는 순간 직원은 단순히 일의 결과가 좋았다는 것을 넘어서 조직의 성장과 목표 달성을 위한 한 축으로서 자부심을 갖게 된다.

1:1 미팅 준비는 어떻게 할까?

1:1 미팅을 준비할 때 중요한 것은 직원이 이 시간을 '본인을 위한 시간'으로 느껴야 한다는 것이다. 원장이 이 시간을 통해 직원에게 전하고자 하는 것은 단순히 '업무에 대한 피드백'이 아니다. 일

상적이고 당연하게 여겨질 수 있는 업무 미팅과는 달리, 1:1 미팅은 각 직원의 성장을 위해 마련된 특별한 시간이다. 미팅의 의도와 방법을 사전에 알려주고 논의할 주제를 직원의 의견에 맞추어 조율한다면, 직원은 미팅을 덜 부담스럽게 느끼고 더욱 긍정적인 태도로 임할 수 있다.

직원이 미리 준비할 수 있도록 주제를 생각하게 돕는 것도 좋은 방법이다. 예를 들어 "이번 미팅에서 다루고 싶은 주제가 있다면 미리 알려주세요.", "이번 미팅의 주제는 A, B, C, D, E입니다. 이중에서 본인에게 맞는 주제를 미리 선택하여 1:1 미팅에서 만납시다." 와 같은 식의 사전 안내를 통해 직원이 자신의 고민이나 비전을 생각해볼 기회를 준다. 만약 1:1 미팅이 처음이라면, 미팅 전에 미팅의 목적, 미팅 시간, 미팅 방식 등을 미리 명확히 안내하고 그라운드 룰을 설정하는 것이 좋다. "미팅에서 논의한 내용이 불이익으로 돌아오지 않는다."는 원칙을 확실히 알려주어 직원들이 심리적 안전감을 갖고 진솔하게 이야기할 수 있도록 한다.

연간 일정을 미리 정해 두는 것도 좋다. 예를 들어 '1월에는 새해 목표 설정, 4월과 9월에는 중간 피드백, 12월에는 최종 피드백 및 연봉 협상'처럼 일정을 예고해 두면, 직원과 원장 모두 미리 계획을 세우고 일관성 있게 미팅에 참여할 수 있다. 또 다른 방법으로 3개월마다 성장 중심의 1:1 미팅을 정례화할 수도 있다. 1:1 미팅 전에 팀장과 직원들이 함께하는 사전미팅을 통해 성과와 목표를 논의하도록 하면, 1:1 미팅과 시너지를 이루면서 직원들은 치과 안에서 더욱 능동적으로 성장할 기회를 얻게 된다.

1:1 미팅에서 어떤 말을 할까?

1:1 미팅에서 가장 중요한 것은 직원의 말을 경청하고 공감하는 자세다. 원장은 미팅 중에 답을 제시하려 하지 않고, 직원이 스스로 이야기할 수 있도록 끊지 않으며 "있는 그대로 말해줘서 고맙다."는 식으로 직원의 이야기를 충분히 존중하며 듣는 것이 중요하다. 원장이 공감하며 이야기를 들어주고, 자신의 경험을 곁들여 대화를 이어가면, 직원은 자신의 이야기를 더 깊이 있게 할 수 있다. 또한 "당신의 성장을 위해 치과에서 지원해야 할 부분은 무엇일까요?"와 같은 질문을 통해 직원이 직장에서 자신의 발전을 도모할 수 있는 기회를 제공하는 것도 중요하다.

미팅의 주제를 선정할 때는 조직과의 가치관 차이, 자신의 성과를 높일 수 있는 방안, 업무 속 어려움, 장기적 커리어 목표, 업무생산성 높이기, 다른 사람들과 협업하기, 업무 회고하기, 리더십 고민, 멘탈케어 등 다양한 주제를 함께 논의할 수 있다. 이러한 대화를 통해 직원은 자신의 목표와 조직의 방향성을 더욱 선명히 이해하게 되고, 이를 바탕으로 자신의 업무에 더욱 몰입하게 된다. 또한 미팅 중에는 단순히 답을 제시하는 것보다는 직원이 스스로 자신의 생각을 정리하고 해결책을 찾을 수 있도록 돕는 것이 중요하다.

1:1 미팅에서 직원의 성과를 인정하고, 그를 격려하며 감사의 표현을 아끼지 않아야 한다. 직원들은 자신이 올바른 방향으로 일

하고 있는지, 제대로 기여하고 있는지, 즉 잘하고 있는지에 대한 확신을 원장에게 듣고 싶어 한다. 이를 위해 원장은 개별 직원에 대해 지속적인 관심을 기울여야 한다. 또한 실장이나 팀장과 미리 이야기를 나누어 해당 직원의 강점과 개선이 필요한 부분을 파악하는 것도 도움이 된다. 그 직원에 대해 아는 것이 많아야 좋은 미팅 시간을 가질 수 있다. 이러한 대화의 시간을 통해 직원이 자신의 고민이나 하고 싶은 말을 자유롭게 할 수 있도록 자리를 마련하고, 원장은 이를 경청해 직원이 스스로 답을 찾을 수 있도록 돕는 시간이 된다면, 성공적인 1:1 미팅이라 할 수 있다. 물론 처음부터 잘 되지는 않는다. 원장도 직원도 처음에는 시행착오를 겪을 수 있지만 서로에 대한 신뢰가 있다면 점점 더 나아질 것이다.

 1:1 미팅 후에는 짧게라도 보고서를 작성하여 대화의 주요 내용을 기록해 두는 것이 좋다. 기억은 금세 휘발되고 오류가 생길 수 있다. 보고서에는 미팅에서 다룬 내용을 간단히 요약하여 다음 미팅에서 직원의 성장과 변화를 확인할 수 있도록 한다. 이 과정이 반복되면 원장과 직원 간의 신뢰가 깊어지고, 치과의 성과와 성장 또한 함께 이루어질 수 있는 기반이 마련된다.

 1:1 미팅을 통해 원장과 직원의 관계는 점차 긍정적으로 변화한다. 이러한 관계의 변화는 치과의 조직 문화 개선과 직간접적인 성과로 이어지며, 자연스럽게 조직은 한걸음씩 더 성장하게 된다.

알프스 틀니가 만든 가슴 뛰는 이야기

"정말 다시 태어난 기분입니다. 그동안 몇 번이나 틀니를 바꿨지만, 이렇게 자연스럽고 편안한 틀니는 처음이에요."

틀니라고 하면 흔히 나이 든 사람들의 전유물이라 여기지만, 그렇지 않다. 젊은 나이에 틀니를 사용해야 하는 이들도 적지 않다. 그들에게 틀니는 단순한 치아 보조 기구가 아니다. 삶의 자신감을 되찾아주는 새로운 시작이다.

A씨는 젊은 나이에 어쩔 수 없이 틀니를 써야 했던 보기 드문 환자다. 태어날 때부터 어금니(영구치아)가 나지 않는 유전적 문제를 안고 있었다. 그래서 20대 초반부터 부분틀니를 착용해왔지만, 그 불편함은 말로 다 할 수 없었다. 첫 틀니는 10년 정도 사용하다가 결국 부러졌지만, 웬만하면 치과를 가고 싶지 않았던 그는 한참 동안 부러진 틀니를 불편한 상태로 사용했다. 치과는 그에게 늘 벽처럼 느껴졌고, 벽을 넘기보다 불편함과 동행하기를 택했던 것이다.

그러다, 용기를 내 두 번째 틀니를 제작했다. 두 번째 틀니를 제작하면서 A씨는 이전보다 나아지길 기대했다. 하지만 결과는 실망스러웠다. 새 틀니는 음식물을 제대로 씹는 데 한계가 있었고, 착용감마저도 불편했다. 특히 틀니를 착용한 외모는 A씨가 기대했던 것과 거리가 멀었다. 젊은 나이에 틀니를 착용해야 한다는 부담감 때문에 되도록 틀니인 것이 표나지 않기를 바랐는데, 오히려 어색한 모양새로 더 큰 좌절감을 안겨주었다. 이로 인해 그는 자연스럽게 웃거나 대화하는 것이 어려웠고, 자신감을 잃게 되었다. 두 번째 틀니를 2년 정도 쓰다가 아무래도 부분틀니의 고리 부분이 보이는 것이 맘에 들지 않아서 아예 전체 틀니로 바꾸면 모양이 더 낫지 않을까 하는 생각을 하게 되었다.

일상생활 속에서 고민의 대부분은 틀니에 대한 것이었다. 그 와중에 A씨는 SNS에서 알프스 틀니를 발견했다. "이거라면 달라질 수 있을까?" 하지만 그는 망설였다. 다시 기대하는 것이 두려웠기 때문이다. 또한 그를 멈추게 했던 건 또 다른 현실의 벽이었다. A씨는 인천에서 멀리 떨어진 지방에 거주하고 있었고, 먼 거리를 오가야 한다는 부담감 때문에 망설였다. 결국 그는 집 근처의 치과에서 틀니를 제작하기로 결정했다. 가까운 곳에서 작업하는 것이 더 편리할 것이라 판단했기 때문이다.

그러나 그 선택은 또 다른 실망을 안겨주었다. 완성된 틀니를 처음 착용해본 순간, A씨는 이것이 자신이 기대했던 결과와 전혀 다르다는 것을 알게 되었다. 특히 앞니 뿌리를 남긴 상태에서 제작된 틀니는 앞니가 과도하게 길게 제작되어 입을 제대로 다물기조차 어려운 상태였다. 이런 모양새는 그를 더욱 위축되게 했고, 그는 대번에 이 틀니를 사용할 수 없다고 판단했다.

그때 A씨는 자신이 '처음부터 알프스치과를 선택했어야 한다.'는 생각이 들었다고 한다. 그래서 그는 틀니를 받은 날 바로 알프스치과에 전화를 걸었다. 인천까지의 먼 거리는 더 이상 고민거리가 아니었다. 알프스치과를 찾아온 A씨의 얼굴에는 자신의 결정에 대한 기대와 불안감이 함께 담겨 있었다.

"앞니가 너무 길어서 웃지도 못하겠고, 음식을 먹는 것도 고문 같습니다. 그래도 저는 둘 중 하나를 선택하라고 하면 모양을 선택하겠습니다. 평생 죽만 먹고 살더라도 지금 같은 얼굴 모양은 바꾸어 주었으면 좋겠어요. 가능할까요?"

A씨가 가져온 틀니를 살펴본 후, 나는 문제의 원인을 명확히 설명했다. 틀니가 어색해 보이는 이유는 앞니 뿌리를 남긴 채로 그 위에 제작되었기 때문이었다. 이를 해결하기 위해 앞니 뿌리를 모두 발치하고 새로운 틀니를 제작해야 한다고 말했다. 또한 모양이 해결되면 음식을 먹는 기능도 같이 해결될 수 있다고 말해주었다. A씨는 내 설명을 듣고 문제를 명확히 이해한 뒤, 내 제안을 흔쾌히 받아들였다. 그렇게 우리는 남아 있는 치아뿌리를 발치한 뒤, 알프스 틀니 제작을 시작했다.

멀리 지방에서 내원하는 A씨는 매주 토요일 새벽 4시에 출발해 오전 8시에 치과에 도착했다. 먼 거리임에도 불구하고, 한 번도 늦거나 힘든 내색을 하지 않았다. A씨의 노력을 생각하면 나 역시 조금이라도 보탬이 되고 싶었다. 오전 8시에 진료를 시작하여 그가 귀가길 교통 체증을 피할 수 있도록 배려해 주었다.

A씨는 매번 손에 빵 한 보따리를 들고 왔다. 아침 일찍부터 진료를 준비하는 나와 직원들에 대한 고마운 마음을 대신하는 것이었다. 그의 정성에 감동하면서도 오히려 우리가 더 감사해야 할 일이었다.

무엇보다 제대로 된 틀니를 만들어 주는 것이 중요하다고 생각했다.

"이번 틀니는 진단용틀니인데도 접착제 없이도 안정적으로 밀착됩니다. 외관도 자연스럽고, 무엇보다 잃어버렸던 자신감을 되찾았습니다."

B씨는 틀니를 착용한 후 처음으로 자신의 얼굴을 거울에 비춰 보며 만족스럽게 웃음을 지었다. 미소 짓는 A씨의 얼굴에는 그동안의 고생이 떠오르지 않을 만큼 밝은 빛이 깃들어 있었다

"정말 다시 태어난 기분입니다."

A씨는 틀니를 착용한 뒤 처음으로 이런 감정을 느꼈다고 말했다. 이제 그는 고기, 김치, 견과류 등 이전에는 씹기 어려웠던 음식들을 자유롭게 먹을 수 있게 되었다. 하지만 그에게 일어난 가장 큰 변화는 잃어버렸던 외모에 대한 자신감을 되찾은 것이었다. 알프스 틀니는 그의 일상에 자연스럽게 녹아들었고, 틀니를 착용하고 있다는 사실조차 잊을 만큼 편안한 상태로 만들어 주었다. 그는 이제 사람들 앞에서도 당당하게 나설 수 있게 되었다고 한다.

알프스 치과원장으로서의 내 이야기는 2013년, 알프스 틀니라는 독특한 치료법과의 만남으로 다시 시작되었다. 사실 그때 나는 이미 20년 넘게 치과의사로 일해왔고, 그동안 수많은 환자들을 만나왔다. 이미 많은 세미나와 임상을 통해 지식을 쌓아서 대부분의 진료는 어느 정도 잘 한다고 자부했으나, 틀니 분야에서는 늘 한계를 느꼈다. 내가 할 수 있는 것들은 제한적이었다. 환자들은 항상 비슷한 불만을 털어놓았다.

"틀니가 자꾸 빠져요."

"잇몸이 너무 아파서 음식을 제대로 씹을 수 없어요."

"발음이 이상해지고 말하기도 불편해요."

그럴 때마다 답답했다. 내가 할 수 있는 것은 고작해야 소소한 조정 정도였으니까. 나는 틀니 진료에 매우 관심이 있었고 잘하고 싶었다. 이런 상황에서 일본의 '알프스 틀니'에 관한 세미나를 접하게 됐다. 그 순간 무언가 내 가슴을 강타하는 느낌이 들었다. 마치 한 줄기 빛이 내 앞을 비추는 것처럼 말이다. 세미나는 '자연스럽고 아프지 않게 음식을 씹을 수 있는 틀니'에 관한 내용이었다. 나는 그 자리에서 새로운 가능성을 보았다. 단순한 틀니 치료가 아니라 환자들에게 새로운 삶을 회복할 수 있는 기회가 될 수 있겠다고 생각했다. 그동안 알고 있던 틀니는 고통과 불편함을 안겨주는 것이었지만, 이 알프스 틀니는 그 개념을 완전히 뒤집었다.

나는 결심했다. 이 기술을 내 것으로 만들겠다고. 나카고미 선생님의 제자인 이동욱 소장의 통역으로 나카고미 선생에게 직접 배울 기회가 열렸다. 하지만 이 길이 쉬울 리는 없었다. 처음에는 그 길이 너무 험하고 가파르게만 보였다. 수많은 시행착오를 겪었다. 그래도 포기하지 않았다.

이동욱 소장과 함께 일하게 되면서 알프스 틀니 치료를 한 명씩, 한 명씩 할 수 있게 되었다. 틀니 진료는 치과의사, 치과기공사, 치과위생사 모두의 협업이 중요한 치료이다. 나 혼자였다면 시작하지 못했을 수도 있다. 지금도 함께하는 이동욱 소장과 조은솔 부장 및 알프스치과 직원들에게 감사하다. 알프스 틀니를 배우고 나서 알프스치과 식구들과 알프스 틀니 시스템을 정립하면서 내 앞에 놓인 장벽들이 조금씩 무너졌다.

환자들은 틀니에 대해 좋지 않은 선입견을 가지고 있다. 하지만 나는 그들에게 확실한 답을 줄 수 있다.

"틀니가 빠지지 않고, 아프지 않으며, 음식을 편하게 씹을 수 있습니다."

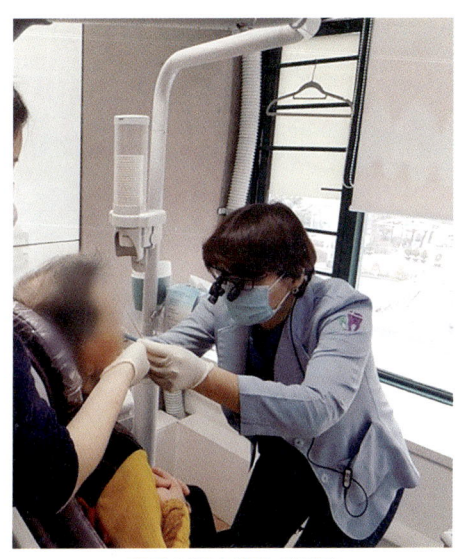

알프스틀니 환자 진료중

그 말에 환자들의 눈빛이 달라진다. 그들의 얼굴에 떠오르는 미소는 나에게 가장 큰 보상이다. 10년 넘게 알프스 틀니 치료를 해온 지금도 알프스 틀니 치료가 끝난 뒤 밝게 웃으시는 환자분의 모습은 늘 감동이다.

알프스 틀니의 가장 큰 차별점은 그것이 단순히 기계적으로 제작되는 것이 아니라 장인 정신으로 숙련된 기공사의 손길을 통해 하나하나 환자에게 맞춤 제작된다는 점이다. 틀니는 수십 단계의 과정을 거쳐 제작된다. 각 단계에서 작은 디테일의 차이가 최종 결과물에서는 큰 차이를 만들어 낸다.

기존 틀니는 한 번 본을 떠서 제작한 뒤 환자가 그 틀니에 적응하는 방식이다. 다시 말해 환자가 틀니에 맞춰야 한다. 하지만 알프스 틀니는 그렇지 않다. 이 틀니는 철저히 환자 개개인의 구강 구조와 잇몸 상태에 맞추어 제작된다. 환자가 틀니에 적응하는 것이 아니라 틀니를 환자에게 맞추는 것이다. 이 점이 바로 알프스 틀니의 본질적인 차이점이다.

알프스 틀니는 진단용 틀니라는 중간 과정을 거친다. 이 진단용 틀니를 사용하면서 환자가 불편함을 느끼는 부분을 확인하고, 그에 맞춰 수차례 조정을 거쳐 편안하게 잘 맞는 틀니로 만들어간다. 진단용 틀니가 잘 맞으면 이것을 복제한 후 복제 틀니를 토대로 최종 틀니를 완성하게 된다. 이 과정은 대단히 정교하고 세밀하다. 틀니가 구강에 얼마나 밀착되는지, 잇몸에 압박감이나 통증은 없는지, 음식을 씹을 때 문제는 없는지, 발음이 자연스러운지, 얼굴 모양은 심미적인지 등 다양한 요소를 종합적으로 평가한다. 그리고 그 평가를 바탕으로 최종 틀니를 제작하여 환자에게 제공한다. 이렇게 완성된 알프스 틀니는 환자의 잇몸에 딱 맞는 틀니가 되는 것이다. 환자는 더 이상 틀니가 빠지거나 잇몸 통증으로 고통받지 않으며, 편안한 착용감을 느끼게 된다. 특히 그 과정에서 씹는 힘이 강해져 처음보다 점점 더 단단한 음식을 먹을 수 있게 된다.

알프스 틀니를 통해 내가 배운 것은 단순한 기술만이 아니었다. 첨단 기술과 세심한 배려가 합쳐졌을 때 비로소 진정한 치료가 된다는 사실을 알게 되었다. 치과 진료에서 기술뿐 아니라 환자의 마음을 알아주는 것이 중요하다. 그래서 틀니 치료는 환자도 같이 참여하는 치료라고도 한다.

　알프스 틀니를 처음 한국에 도입할 때, 그 과정은 결코 순탄하지 않았다. 틀니 인공치의 작은 각도 하나, 치아 배열 위치 하나, 재료의 특성 하나까지 세심하게 고려해야 했다. 각 환자의 구강 상태는 모두 달랐고, 이를 놓치지 않기 위해 더 섬세하고 정밀한 진료가 필요했다. 때로는 실패도 있었다. 그렇지만 환자들이 겪는 작은 불편함도 지나치지 않고 세심하게 해결하려고 애썼다. 환자들의 삶을 바꾸기 위해서는 그들의 불편함에 민감하게 반응해야 한다는 사실을 알았기 때문이다.

　알프스 틀니의 진정한 가치는 그 정교함에 있다. 매번 틀니를 제작할 때마다 나는 단순히 치료를 넘어 환자의 삶을 이해하려 한다. 틀니 환자들을 맞이하는 알프스치과의 직원들도 나와 마찬가지로 이러한 알프스 틀니의 철학을 이해하고 그것을 바탕으로 환자분들을 대하고 있다. 환자들의 고통에 공감하고 그 고통을 덜어주려 노력하고, 틀니 제작 과정을 환자분들께 잘 설명하여 환자분들이 좋은 틀니를 만드는 데 함께 참여할 수 있도록 격려한다. 틀니를 직접 만드는 치과기공사 역시 같은 철학을 가지고 임한다. 결코 대충 넘어가지 않고 매 과정을 꼼꼼히 확인하여 환자분이 만족하는 틀니를 만들기 위해 최선을 다한다. 알프스 틀니는 단순한 의료 기구가 아니라 환자들의 삶을 회복시키는 도구이다. 그래서 매번 틀니를 제작할 때마다 그 작업에 최선을 다한다.

　하지만 알프스 틀니를 처음 접하는 환자들에게 가장 큰 장벽은 역시 '비용'이었고, 지금도 여전히 '비용'이 큰 장벽이다. 몇몇 환자들은 틀니의 가격을 듣자마자 "틀니가 뭐 그렇게 비싸냐?"며 화를 내고 상담을 마치기도 전에 돌아가기도 한다. 사실 알프스 틀니는 일반 틀니에 비해 2~3배 정도 비싼 편이다. 그 이유는 틀니가 단순한 대량 생산품이 아닌, 환자 개개인에게 맞춘 정밀한 맞춤형 의료기기이기 때문이다. 한 명 한 명의 구강 상태에 맞춰 정확하게 제작되고, 수십 차례의 조정을 거쳐 완성되기 때문에 시간과 노력이 많이 들어간다. 그 과정에서 정밀한 기술이 필수적이다.

환자들에게 이 치료법의 가치를 설명할 때, 나는 항상 강조한다.

"이 비용은 단순한 재료 가격이 아닙니다. 그것은 그만큼의 시간과 공을 들여 최선의 결과물을 만든 가치입니다."

비용이 비쌀수록 나는 더 완벽한 틀니를 제작해야 한다는 책임감을 느낀다. 그래서 더욱 신중하게 작업에 임하게 된다. 환자 한 명 한 명의 입에 맞는 완벽한 틀니를 제작하기 위해 끊임없이 노력한다. 이러한 과정이 힘든 도전이지만 그 결과 환자들이 편안하게 음식을 씹고 웃음을 되찾는 모습을 보면, 그 모든 노고가 보상받는 기분이 든다.

물론 비용 때문에 돌아서는 환자들도 많았다. 하지만 치료를 시작한 환자들은 시간이 지나면 그 가치를 인정해주었다. 치료가 끝날 무렵이면, "비싼 이유가 있네요. 알프스 틀니는 그만한 가치가 있습니다. 알프스치과 선생님들이 늘 웃어주어 편안한 마음으로 치과에 다닐 수 있었어요."라고 말하곤 한다. 그럴 때마다 나는 내가 걸어온 길이 옳았다는 확신이 든다.

　70대 초반의 B 할머니도 처음에는 비용 문제로 고민했다. 젊은 시절부터 치아 건강이 좋지 않았던 탓에 이미 두 번째 틀니를 사용하고도 음식을 제대로 씹지 못해 영양 섭취가 어려운 상태였다. 음식을 제대로 먹지 못하는 엄마가 걱정되어 아들이 SNS 검색을 하게 되었고, 할머니를 모시고 우리 치과에 찾아왔다. 처음 상담 자리에서 할머니는 힘없는 목소리로 말했다.

　"틀니가 항상 아파요. 입에도 잘 맞지 않아서 밥 먹을 때만 끼는데, 음식 씹기가 너무 힘들어요."

　그의 말 속엔 깊은 피로감이 묻어났고, 얼굴에는 오랜 고통의 흔적이 역력했다. 삶의 활력을 잃은 모습이었다.

　알프스 틀니를 권유했을 때, B 할머니는 높은 비용과 생소한 치료법에 부담을 느꼈다. "이렇게 비싼 틀니는 필요 없어요."라며 거절 의사를 보였지만, 함께 온 아들은 간절히 말했다.

　"엄마, 건강을 위해서라도 잘 드셔야 해요. 지금처럼 계속 식사를 못하시면 더 큰 문제가 생길 수 있어요."

　결국 할머니는 아들의 설득에 마음을 돌렸고, 알프스 틀니 치료를 받기로 결정했다.

　치료 초반, 진단용 틀니를 착용했을 때는 즉각적인 변화를 크게 느끼지 못했다. 그러나 나는 포기하지 않고 몇 차례에 걸쳐 틀니를 조정했다. 치료가 진행될수록 틀니는 조금씩 할머니의 입에 맞춰져 갔다.

"원장 선생님 손이 약손이에요. 만져줄 때마다 덜 아파져요. 그런데 집에 가면 또 다른 데가 아파요."

그럴 때마다 나는 할머니께 말씀드렸다. "틀니 치료는 한 번에 모든 걸 해결하기는 어려워요. 조금씩 맞춰 나가야 해요. 지금은 괜찮으니 집에서 사용해 보시고, 다시 오시면 또 고쳐 드릴게요."

이 과정을 반복하면서 틀니가 점점 더 자연스럽게 자리를 잡아갔다. 마침내 통증이 사라지고 할머니의 얼굴에 웃음이 찾아왔다.

"이제 정말 뭐든 먹을 수 있어요. 오랜만에 김치와 고기를 맘껏 먹었더니 전보다 살도 쪘어요."

"치과는 무서운 곳인 줄 알았는데, 여기 오면 편안해요. 직원들도 항상 친절하니까 좋아요."

할머니의 눈에는 기쁨이 담겨 있었다.

B 할머니에게 일어난 변화는 단순히 음식을 편하게 먹는 것에서 그치지 않았다. 틀니를 끼기 전에는 함몰된 얼굴 때문에 거울조차 보기 싫어했지만, 이제는 자연스러운 얼굴선이 살아나면서 자신감을 되찾았다. "10년은 젊어진 것 같아요. 사람들마다 얼굴에 뭐 했냐고 물어봐요. 예뻐졌다고 칭찬도 받고요."라며 환하게 웃는 할머니의 모습은 이전과는 전혀 다른 활기를 띠고 있었다.

"이젠 매일 거울을 봐요. 내 얼굴을 보는 게 좋아졌거든요."라며 할머니는 마치 새로운 삶을 맞이한 듯한 밝은 표정을 지어 보였다. 예전에는 음식을 피하고, 얼굴을 손으로 가리고, 외출도 꺼려했던 그녀가 이제는 가족들과 외식도 잘 가고, 사람들과의 만남에서도 당당해졌다.

　틀니 하나로 시작된 변화는 B 할머니의 건강에도 긍정적인 영향을 미쳤다. 잘 먹기 시작하면서 기력이 조금씩 회복되었고, 무엇보다 마음의 안정과 자신감을 되찾았다. 그녀에게 알프스 틀니는 단순히 치아를 대체하는 도구가 아니라, 잃어버렸던 삶의 활력을 되찾아 주는 열쇠였다.

　이 사례는 틀니가 단순히 치아의 기능을 보조하는 기구가 아니라는 것을 분명히 보여준다. 잘 맞는 틀니는 환자의 건강과 삶의 질에 지대한 영향을 미친다. B 할머니는 알프스 틀니를 통해 새로운 삶을 시작했고, 그 변화는 멀리서 찾아온 선택이 옳았음을 증명했다.

　이렇게 환자들은 틀니가 단순한 의료기구 이상임을 깨닫기 시작했다. 그들에게 틀니는 일상의 고통에서 벗어나게 해주는 구원이었다. 음식을 먹는 기쁨, 사람들과 대화하는 즐거움, 그리고 무엇보다도 자신감을 되찾는 일은 삶의 질을 근본적으로 변화시키는 경험이었다. 나는 그들의 미소를 보며 내 선택이 옳았음을 매번 느낀다.

　환자 한 명 한 명을 대할 때마다 나는 그들의 이야기를 들으려 한다. 단순히 틀니가 잘 맞는지, 음식을 잘 씹을 수 있는지 확인하는 것을 넘어서, 그들의 불편함이 어디서 오는지, 어떤 상황에서 더 큰 고통을 느끼는지를 알아내려 노력한다. 이것은 치과의사 혼자 할 수 있는 일이 아니다. 알프스 틀니 제작 시스템 속에 있는 치과의사, 치과위생사, 치과기공사 모두가 같은 철학으로 환자를 대할 때 가능해진다. 우리 모두는 환자분들이 일상 속에서 겪는 작은 불편함을 하나도 놓치지 않으려고 한다. 그리고 그 작은 불편함이 모두 해소되어 비로소 환자의 얼굴에 환한 미소가 피어오르는 순간에 우리는 함께 기뻐한다.

지금까지 수백 명의 틀니 환자들이 나를 찾아왔고 그들은 다양한 문제를 안고 있었다. 어떤 환자는 틀니가 계속해서 헐거워져 입안에 상처를 남겼고, 어떤 환자는 그저 다시 마음껏 음식을 씹고 싶다는 소박한 소망을 가지고 있었다. 어떤 사람은 비뚤어진 치아로 인해 입을 가리지 않고는 말할 수 없어 다른 사람과 만남을 꺼려했다. 나는 그런 그들의 바람을 채워 주기 위해 최선을 다한다. 때로는 한 번에 완벽한 결과를 얻지 못할 때도 있었고, 여러 차례 조정과 수정을 거쳐야 할 때도 있었다. 하지만 그 과정에서도 환자와 함께 맞춰 가는 시간이 나에게는 너무나 소중하다.

알프스치과의 철학은 단순하다. 환자의 구강 상태뿐만 아니라 심리적, 미적 요구까지 모두 충족시키는 맞춤형 치료를 지향하는 것. 그리고 이 모든 것이 치과의사인 나 혼자서는 할 수 없다는 것. 어쩌면 알프스치과의 조직문화가 남다른 것도 이런 이유 때문이기도 하다. 환자들이 "다시 태어난 것 같다."는 말은 틀니를 통해 새로운 자신을 찾아냈다는 의미이다. 알프스 틀니는 그저 치아를 대체하는 것이 아니라 환자들에게 잃어버린 자신감과 활기를 되찾아 주는 중요한 치료법이다.

내가 알프스 틀니를 처음 배웠을 때, 나카고미 선생님은 그 기술이 단순한 기술 이상의 철학을 가지고 있다고 강조했다. 처음에는 나도 이 기술이 그저 정교한 틀니 제작 방법에 불과하다고 생각했지만, 나카고미 선생님은 "환자들의 삶을 바꾸는 것이 진정한 목표"라고 말씀하셨다. 알프스 틀니는 기능적으로 완벽할 뿐만 아니라, 그 안에 치과의사, 치과기공사, 치과위생사의 따뜻한 마음과 정성이 담겨 있다. 나는 알프스 틀니를 통해 단순히 의학적인 치료를 넘어 환자들의 삶의 질을 높이는 데에 깊은 책임감을 느낀다. 그래서 나는 알프스 틀니를 제작할 때마다 단순히 기계적으로 일하지 않는다. 매번 환자 한 명 한 명을 생각하며 그들의 삶에 어떤 변화를 줄 수 있을지 고민한다.

10년이 넘는 세월 동안 나는 알프스틀니 치료를 통해 수많은 환자들의 삶을 바꾸었다. 그리고 그 과정에서 나 자신도 변했다. 환자들을 대하는 나의 태도는 점점 더 진지해졌고, 그들의 삶을 이해하려는 노력도 깊어졌다. 알프스치과 식구들 역시 마찬가지이다. 시간이 흐를수록 나는 알프스 틀니가 환자들에게 어떤 의미로 다가가는지를 더욱 깊이 이해하게 되었다. 그들이 알프스 틀니를 장착하고 나서 다시 웃기 시작할 때, 나는 그들의 변화가 단지 치과 치료의 결과를 넘어선다는 것을 느낀다. 환자들이 틀니를 끼고 나서 "잘 맞는다", "음식을 마음껏 먹을 수 있게 됐다", "다시 사회생활을 시작하게 되었다."라고 말할 때, 그 말 한마디가 내게 큰 울림으로 다가왔다. 그들의 작은 감사 인사가 내가 걸어온 길이 옳았다는 확신을 심어주었다.

앞으로도 나는 이 길을 계속 걸어갈 것이다. 알프스 틀니를 통해 더 많은 사람들에게 건강하고 행복한 삶을 선사하고 싶다. 환자들에게 단순히 틀니를 제공하는 것을 넘어, 그들의 삶을 바꾸고 그들의 일상 속에서 다시 자신감을 찾게 해주는 것이 나의 목표다. 알프스 틀니는 그 길을 열어준 소중한 도구이자, 나의 사명이다.

사람이 행복한 치과를 꿈꾸며

  10여 년 전, 나는 단순히 치료만 잘하는 치과가 아니라 환자와 직원 모두가 행복한 치과를 만들고 싶었습니다. 이를 위해 조직문화와 경영에 대해 공부하며 시행착오를 겪었지만, 사람 중심의 치과라는 목표는 늘 나아갈 방향을 제시해 주었습니다.
  이 책은 그러한 여정에서 얻은 깨달음과 경험을 담은 결과물입니다. 부족한 점이 많지만, 이 이야기가 누군가에게 작은 용기와 길잡이가 되기를 바랍니다.
  이 책을 마무리하며, 제가 이 자리에 설 수 있도록 함께해 주신 분들께 깊이 감사드립니다. 무엇보다도 언제나 저를 지지해 주는 사랑하는 남편과 두 아들, 성운, 정운에게 진심으로 고마움을 전합니다.

또한 알프스치과 식구들, 특히 유석원 원장님, 이동욱 소장님, 조은솔 부장님께 감사드립니다. 여러분과 함께하며 치과를 더 나은 곳으로 만들어갈 수 있었습니다.

ASK경영연구소 김성완 소장님께도 감사드립니다. 10년 전부터 저의 코치로서 인재교육회의와 경영 회의를 이끌어주시며 성장의 길을 열어주셨습니다.

알프스치과의 브랜딩을 든든히 해 주신 김경희 대표님과 심명진 실장님, 그리고 이 책을 세상에 나올 수 있게 도와주신 인파워 병원컨설팅 신인순 대표님께도 깊은 감사를 드립니다.

이 책을 통해 제가 걸어온 길이 독자 여러분께 작은 영감이 되길 바랍니다. 완벽하지 않아도 괜찮습니다. 작은 변화와 노력의 축적이 결국 큰 변화를 만듭니다. 조금씩이라도 꾸준히 해 나가는 것이 중요합니다. 여러분이 계신 자리에서 더 나은 내일을 꿈꾸고, 그 꿈을 향해 한 걸음씩 나아가시길 응원합니다.

제2장

직원의 미소, 환자의 만족을 만든다

김영욱 원장

김영욱 원장

　김영욱 원장은 경북대학교 치과대학을 졸업하고, 어릴 때부터 품어 온 봉사 정신을 바탕으로 구강악안면외과 전문의로서 폭넓은 임상 경험을 쌓았다. 특정 분야에 국한된 치료가 아닌 포괄적인 치료와 함께 예방의 중요성을 깨닫고 평생 주치의로서 환자의 장기적인 구강 건강을 책임지는 것을 목표로 치과 진료 여러 영역에서 지식을 넓히며 다각적인 진료 역량을 키워왔다.

　현재 강원도 원주에서 원주치과를 운영하며 임플란트 수술, 보철, 예방관리와 관련된 진료 영역에서의 강의뿐 아니라 인파워 닥터스 운영진으로 활동하며, 치과 경영과 환자 관계 관리를 주 제로 강의하고 있다. 치과 내에서 직원들이 자부심을 느끼며 일할 수 있는 조직 문화를 만들기 위해 직원들과의 소통을 중요시하고 있으며, 이를 통해 치과가 환자와 직원 모두에게 신뢰와 따뜻함을 주는 공간으로 성장할 수 있도록 힘쓰고 있다.

앞으로도 김영욱 원장은 환자와 시민 모두에게 구강 건강의 중요성을 알리는 데 주력할 계획이다. 구강건강관리센터 설립을 목표로 삼고 있으며, 시민 대상의 공개 강의를 정기적으로 열어 구강 건강에 대한 시민 의식을 높이고자 한다. 진료와 교육으로 지역 사회에 기여하며, 구강 건강을 지속적으로 관리하는 문화를 정착시키는 데 앞장설 것이다.

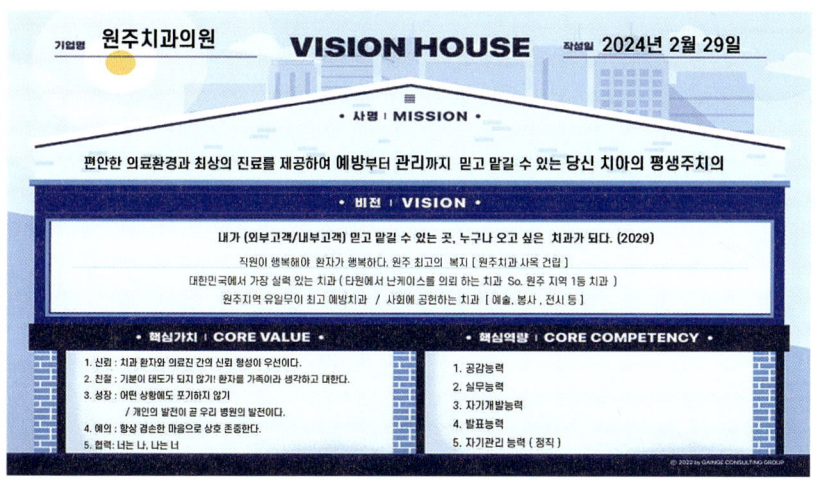

진심을 담은 미소와 배려로 환자를 맞이하며 치과의 가치를 실천해 나가는 직원들과 함께, 우리는 오늘도 따뜻한 기억을 쌓아갑니다. 그리고 그 기억은, 환자들에게 치아와 더불어 마음까지 건강해지는 경험을 선사할 것입니다.

원주치과는 환자와 직원이 함께 신뢰를 쌓고, 서로를 존중하며 성장할 수 있는 '평생 주치의'를 목표로 합니다. 우리는 '편안한 의료환경과 최상의 진료를 제공하여 예방부터 관리까지 믿고 맡길 수 있는 평생 주치의'라는 미션을 중심으로, 모든 환자와 직원이 안심하고 행복할 수 있는 환경을 만들어 나가고자 노력하고 있습니다.

우리의 비전은 단순히 환자를 치료하는 곳을 넘어서, 누구나 오고 싶고, 맡기고 싶은 치과로 자리잡는 것입니다. 2029년까지 원주에서 가장 믿고 찾는 치과가 되기 위해, 직원들이 행복해야 환자들도 행복해진다는 신념을 바탕으로 '대한민국에서 가장 실력 있는 치과', '원주 지역 1등 치과'라는 구체적인 목표를 가지고 있습니다.

이러한 비전을 실현하기 위해 우리는 '신뢰, 친절, 성장, 예의, 협력'이라는 다섯 가지 핵심 가치를 실천합니다. 이 가치는 환자에게 신뢰감을 주고, 직원들끼리 서로 존중하며, 끊임없이 성장하는 환경을 만드는 기반이 됩니다. 또한 원주치과는 공감 능력, 실무 능력,

자기 개발 능력 등을 주요 역량으로 삼아, 직원들이 개인의 성장과 치과의 발전을 동시에 이루어 나갈 수 있는 치과 문화를 만들어가고 있습니다.

직원의 미소, 환자의 만족을 만든다
(직원 만족, 환자 행복)

"다른 치과에 가면 무섭고 차가운 느낌이 드는데 여기는 달라요. 따뜻하고 편안한 느낌이에요. 왜 그럴까요?"

가끔 환자들에게 듣는 말이다.

얼마 전까지만 해도 이런 말을 들으면 순간 말문이 막히고 그 이유를 한마디로 설명할 수 없었다.

"음…, 조명이나 인테리어 때문일까요?"라며 대충 얼버무리기도 했다.

하지만 지금은 자신 있게 말할 수 있다.

"우리 직원들 덕분이에요. 편안한 진료를 제공하기 위해 여기 있는 사람들 모두가 서로를 생각하며 일하고 있기 때문이에요. 우리 치과의 핵심가치가 신뢰, 친절, 성장, 예의, 협력이거든요. 매일 이 가치를 실현하기 위해 노력하다 보니 직원들의 행동과 마음에 자연스레 스며들어, 그 마음이 따뜻한 미소로 나타났을 것이라고 생각해요."

병의원의 성공은 기술로만 이루어지지 않는다. 병의원은 기본적으로 사람을 상대하는 일이다. 치과는 더하다. 기술로 환자를 붙들 수 없다. 치과는 차갑고 두려운 곳이며, 치과에 내원한 환자는 불안에 떠는 존재다. 그 불안을 씻어내는 것은 손끝의 솜씨가 아니다. 따뜻함을 느끼길 바라는 사람들, 즉 환자들은 스스로 그렇게 바라고 온다. 그래서 친절이 필요하다. 미소가 필요하다. 그래서 우리 치과의 다섯 가지 경영 원칙 중 하나로 '친절'을 꼽는다. 친절은 보여주고 설명할 수 없다. 치과의 공기 속에서 자연스레 배어나는 것이다. 진심은 억지로 나올 수 없으니까. 직원이 서로 유대하고, 부드럽게 대화를 나누는 곳이라면 그 미소는 가식이 아니다. 자연스레 진심이 깃들고, 그 미소는 환자에게 편안함을 안겨준다.

직원의 미소는 그냥 지나가는 얼굴의 표정이 아니다. 그 미소는 바라보는 환자의 마음을 잠시나마 쉬게 하고, 그 사람이 경험하는 모든 것을 바꿔 놓을 수 있다. 직원들의 미소가 환자의 불안한 마음을 다독여 주고, 환자에게 안심을 주는 가장 중요한 요소라는 것을 알기에 필자는 언제나 직원들의 표정에 주목한다. 아침 출근시간에 진료 중간중간 마무리할 때 자주 직원들의 표정을 살핀다. 치과는 단순히 치료를 위한 공간이 아니다. 환자들이 마음의 무거움을 내려놓고 몸과 함께 마음도 편안해지기를 바라는 공간이다. 그 공간에 머무르는 동안, 환자가 직원들의 미소와 따뜻함을 느낄 수 있어야 치과의 서비스를 신뢰할 수 있다. 따뜻한 환영의 빛이 비치는 치과는 환자에게 또다시 오고 싶은 공간이 된다.

전화로 들려오는 목소리, 접수 데스크에서 마주한 첫 인사, 그 모든 순간이 환자에게 치과를 보여주는 창문이다. 친절하고 따뜻한 목소리로 환자를 맞이하는 데스크 직원의 태도는 단순히 일상의 반복을 넘어서서, 환자와의 첫 연결을 만들어내는 중요한 순간이다. 원주치과를 내원했던 환자들은 하나같이 데스크 치과위생사들이 '어쩜 그리 상냥하냐, 목소리가 너무 예쁘다, 정말 친절하다.'고 항상 칭찬한다. 서울에서 내원했던 지인은 치료 후 문자를 보내기도 했다.

'여기 직원들, 정말 다정하네요. 지금까지 다녀본 치과 중에서 가장 친절해요.'

치과를 나선 뒤에도 그 미소는 환자의 마음에 남아 있었을 것이고, 짧은 문장이었지만 그 안에 담긴 감동은 진짜였을 것이다.

많은 치과에서 '친절 교육'을 강조하지만, 딱딱하고 경직된 치과에서는 친절은 피상적인 서비스에 그칠 뿐이다. 억지로 웃게 할 수는 없다. 웃음은 사람의 감정이니까. 치과 자체가 굳어 있고 스트레스로 꽉 차 있다면, 강압적이고 엄격하다면, 직원의 얼굴에 미소는 깃들지 않는다. 직원들의 미소는 그저 일관된 포즈에 불과할 것이다. 치과의 리더인 원장부터 먼저 웃고, 농담을 던지며 직원들과 소통하는 분위기를 만들어가야 한다.

혹여나 원장을 가볍게 볼까 걱정하지 않아도 된다. 원장이라는 자리가 이미 무겁기 때문에 재치 있는 말 한마디, 부드러운 말투, 가끔은 직원들을 위해 망가지는 모습이 직원을 편안하게 만들어

준다. 원장이 유머를 즐기고 긍정적인 태도를 유지한다면, 그 기운은 자연스럽게 진료실 전반에 퍼지며 환자와 직원이 함께 웃는 치과가 될 것이다. 단 평소에는 말이 없다가 뜬금없이 하는 유머는 피해야 한다. 대신 자주 직원들과 스몰 토크를 통해 소통해야 한다. 그런 편안하고 자유로우며 유쾌한 분위기 속에서 직원들이 서로를 존중하고 솔직하게 소통할 때 진정한 미소가 나온다.

우리 치과에서는 직원들이 서로 미소를 건네는 일이 일상이다. 일하는 공간이 무겁지 않고, 서로가 소통하는 곳. 그 속에서 직원은 스스로 편안함을 느낀다. 그 따뜻한 분위기는 고스란히 환자들에게도 그대로 전해진다.

물론 우리가 직원들의 친절 교육을 아예 소홀히 하는 것은 아니다. 하지만 그 교육의 목표는 단순히 '웃는 법'을 가르치는 것이 아니다. 교육은 기본적인 틀을 제공할 뿐이다. 환자에게 말할 때 사용하면 좋을 단어나 말투 억양과 함께 가급적 사용하지 말아야 할 부정적인 단어나 말투 등을 교육한다. 그 틀 안에서 직원들이 스스로 진심을 담아 행동할 수 있어야 한다. 억지로 만들어낸 미소는 아무 의미가 없다. 자연스럽게 나오는 미소, 그 진정성만이 환자들에게 진정한 만족을 줄 수 있다. 진정성 있는 대화와 환자의 마음을 읽는 법, 그리고 무엇보다도 직원들 자신이 치과에서 편안함과 즐거움을 느끼도록 돕는 것이 교육의 핵심이다. 직원들이 치과에서 행복할 때, 그들이 내뿜는 에너지가 환자들에게 자연스럽게 전달된다. 그 에너지는 결국 치과의 분위기를 바꾼다.

필자는 직원들에게 자주 말한다.

"가족처럼 동료를 대하고, 환자를 대하라."

이는 단지 슬로건이 아니다. 치과 문화를 관통하는 철학이다. 직원들이 서로 존중하고 배려하며 일하는 문화가 있을 때, 그 에너지는 그대로 환자에게 전해진다. 환자를 대하기에 앞서 동료 간에 진심으로 상대방을 배려하고 챙기는 마음이 없이 일하는 분위기가 무겁고 차갑다면 그 미소는 아무리 노력해도 가짜일 수밖에 없다.

그리고 환자들은 그 가짜를 금세 알아차린다. 이런 면에서 우리 치과의 자랑스러운 점 중 하나는 치과위생사들 간의 '태움' 문화가 전혀 없다는 것이다. 뉴스에서 볼 수 있는 은근한 괴롭힘이나 무시는 우리 치과에서 찾아볼 수 없다. 그 이유는 리더급 직원들부터 막내 직원까지 서로를 존중하고, 협력하며 함께 일하는 문화를 만들어왔기 때문이다. 그런 문화 속에서 함께 일하는 직원들은 자연스럽게 긍정적인 에너지를 발산하고, 그 에너지는 환자들에게도 그대로 전달된다.

치과에서의 하루는 결코 쉽지 않다. 긴 시간 동안 환자들을 돌보고, 때로는 예상치 못한 문제들을 해결해야 한다. 하지만 그런 힘든 날에도 직원들은 웃음을 잃지 않는다. 그것이 치과의 진정한 힘이라고 믿는다. 사람과 사람 사이에서만 느낄 수 있는 따뜻한 기운, 그것이 치과의 공기를 바꾼다. 아무리 시설을 최신식으로 바꾸고, 진료 시스템을 업그레이드해도, 그 공기가 없다면 치과는 그냥 치료하는 장소에 그치고 만다.

원장부터 직원까지 치과 내의 의료진들 사이에 존중과 협력을 통해 서로 소통하는 것이 중요한 만큼 직원들의 미소를 만드는 한 가지 더 중요한 요소가 있다. 그건 바로 직업에 대한 자부심이다.

치과를 운영하다 보면 매출에 대한 압박은 늘 따른다. 많은 치과가 매출 목표를 정하고 이를 달성하기 위해 노력하지만, 그 압박을 직원들에게 전가하지 않는다. 필자가 치과에서 직원들에게 요구하는 것은 간단하다. "정확하게 진료하라." 진료의 정확성과 환자에게 신뢰를 주는 것이 무엇보다 중요하다. 돈은 그 다음 문제다. 올바르게 진료하고, 그 과정에서 떳떳함을 느낀다면, 치과는 자연스럽게 성장하고 그것이 치과의 성공을 이끄는 진짜 요소라고 생각한다.

직원들이 매출 압박에서 벗어나 진심으로 환자를 돌볼 수 있는 환경, 직업적 자부심을 제공하기 위해 진료실에서의 예방 진료의 비중도 중요하다. 예방 진료는 단순한 치료를 넘어서 환자와 치과의 신뢰 관계를 구축하는 데 더 큰 역할을 한다. 환자들은 예방 진료를 통해 치과가 자신의 건강을 진심으로 신경 쓰고 있음을 느끼게 된다. 그 신뢰가 다시 치과를 찾게 만든다. 치과의 재방문율은 이런 과정을 통해 자연스레 높아진다. 치과위생사는 이 과정에서 매우 중요한 역할을 담당한다. 그렇기 때문에 환자에게 인정받고 직업적 자부심과 만족도가 올라가 미소 지으며 일할 수 있다. 진정성 있는 미소와 친절한 태도는 단순한 서비스가 아니라 치과의 정체성을 형성하는 중요한 요소다. 이 정체성이 치과의 장기적인 성장을 이끄는 원동력이 된다.

우리 치과가 추구하는 것은 완벽한 시스템이나 정교한 프로세스가 아니다. 우리는 따뜻함과 신뢰로 치과를 운영한다. 직원들이 서로를 믿고, 그 믿음이 환자들에게 전해질 때, 그곳이 비로소 진정한 치과가 된다. 환자는 치과에서 치료만을 받는 것이 아니다. 그들은 치과에서 위로를 받고, 새로운 힘을 얻는다. 그리고 그 힘은 다시 우리의 미소로 되돌아온다. 이 연결고리는 쉽게 끊어지지 않는다. 계속 웃고, 서로를 돌보며, 이 치과를 만들어 나가는 그 과정이 우리 치과 경영 철학의 핵심이다

새로운 시작 : 직원이 일하고 싶은 치과
(직원채용, 면접)

직원들에게 물어보았다.
"왜 우리 치과에서 근무하고자 마음먹었나요?"
"면접때 다른 치과들보다 심도있게 내가 어떤 사람인지를 파악하려는 의도가 많이 보였습니다. 인성을 보고 뽑으려는 게 어떤 것보다 1순위라고 느껴졌고 그게 저는 좋았습니다."
"면접 과정에서 다른 치과와 달리, 가장 중요하게 생각하는 가치, 우리 치과를 선택한 이유는 무엇인지, 어떤 치과위생사가 되고 싶은지 등에 대해 깊이 있는 대화를 나눌 수 있었습니다."
"진료적인 부분뿐만 아니라 개인적인 성장에 대한 부분도 중점

을 두신다는 게 잘 전달되어서 인상적이었고, 이런 요소들이 저에게 큰 동기와 의지를 심어주어서 이곳에서 꼭 근무해보고 싶다는 마음이 생기게 되었습니다."

직원이 일하고 싶은 치과란 어떤 모습일까? 이 물음은 치과 운영을 고민하는 원장에게 결코 가볍지 않은 질문이다. 출근이 행복할 수 있을까? 그게 매일 가능할까? 정작 원장도 출근하기 싫은 날이 있는데, 직원들은 오죽하겠는가. 그래도 어떻게든 직원들이 자발적으로 일하고 싶은 치과를 만드는 일은 원장의 몫이다. 높은 급여나 다양한 복지 제도도 필요하겠지만, 그걸로 끝나지 않는다. 그 이상이 있어야 한다. 유명한 원장이나 실력있는 의료진이라는 것만으로 그 치과에 자부심을 느끼기는 어렵다. 진짜 중요한 것은 그 치과에서 일하고 싶은 사람들을 처음부터 어떻게 맞이할 것인가이다.

구인은 어렵고 구직은 상대적으로 쉬워진 요즘 시대의 의료계 환경 속에서 한 치과가 오래도록 함께 일하고 싶은 공간이 되기 위해서는 단순히 외적인 조건만으로는 부족하다. 직원들이 진짜로 일하고 싶어하는 치과를 만들려면 구인 단계부터 접근 방식을 바꿔야 한다. 많은 치과들이 구인을 위해 근무시간, 급여, 직무 범위 등의 근무조건과 치과의 외적인 부분을 강조하며 공고를 낸다. 물론 우리는 일과 일상의 균형 그리고 삶의 질을 중요시하는 시대를 살아가고 있지만 단순히 눈에 보이는 많은 월급과 적은 근무시간이 치과위생사들이 직장을 택하는 기준의 전부는 아니다. 그 중에서 치과의 철학이 중요한 요인으로 작용한다. 그 철학이 지원자들의 마음에 스며든다면 치과와 비슷한 철학, 가치관을 가진 사람들이 자연스럽게 지원하게 된다. 이는 면접 과정에서 불필요한 낭비를 줄이면서도 치과와 직원의 관계를 규정하는 본질적인 물음이자, 그들과 더 깊은 연결을 만들어 가는 출발점이 된다.

구직을 희망하는 치과위생사들은 구인공고에서 매력을 느꼈다고 하더라도 해당 치과에 바로 이력서를 제출하지는 않는다. 지원자들은 이력서를 보내기 전에 치과위생사 커뮤니티에서 주변 동료들의 평가를 통해 치과를 미리 파악해본다. 심지어 본인이 과거에 환자로서 해당 치과를 방문해 느꼈던 좋은 경험을 가지고 지원하기도 하며 혹은 지인 중 치과를 내원하는 환자가 있다면 지인의 의견을 듣고 지원하기도 한다. 치과의 블로그나 인스타 같은 SNS가 있다면 이를 통해서 치과의 분위기와 조직의 문화를 살펴보며 더 많은 정보를 취합하여 자신의 성향과 치과가 맞는지 여부를 판단한다. 이런 종합적인 판단 후에 자신이 생각하는 가치와 부합하는 철학을 강조하는 치과에 이력서를 낸다. 그 과정은 치과와의 연결을 더욱 깊게 만들어주고, 그들이 일하고자 하는 치과에 대한 긍정적인 인상을 강하게 심어준다.

면접은 단순히 지원자의 능력을 평가하는 자리가 아니다. 치과의 철학, 직원들과 공유할 가치관이 면접 과정에서 자연스럽게 전달되어야 한다. 지원자가 치과의 분위기를 직접 경험하는 첫 순간은 첫 출근날이 아니라 면접날이다. 면접날 지원자들이 받는 첫인상이 차갑고 딱딱하다면, 치과는 그들에게 맞지 않는 곳으로 느껴질 것이다. 반면 지원자를 기존 직원들이 반갑게 맞이해 주고, 환영한다면 지원자들은 그 순간부터 치과에 마음을 열기 시작할 것이다. 면접자는 단순히 일자리를 얻기 위해 온 사람이 아니다. 앞으로 치과의 문화를 함께 만들어갈 사람이다. 그들은 첫 인사에서 자부심을 느끼고 치과에 대한 긍정적인 이미지를 갖게 된다.

면접의 분위기는 지원자가 편하게 말 할 수 있도록 따뜻해야 한다. 원장 혹은 면접관이 사용하는 단어나 어투는 정제되어야 하고 목소리 톤도 차분해야 한다. 구인이 급해 보여서도 안 되며 면접에 관심이 없는 것처럼 퉁명스럽거나 원하는 조건만 묻고 답하는 식의 면접은 자칫 치과의 이미지를 나쁘게 할 수 있다. 질문하는 과정에서 지원자들이 치과위생사가 되기 위해 애쓴 노력과 치과위생사로서 걸어온 길을 존중받는다면, 그들의 마음은 더 크게 열리게 된다.

원장의 질문 하나하나가 곧 직원들이 출근하고 싶은 치과를 만드는 첫걸음이 된다. "본인이 자랑스러웠던 순간은 언제였나요?", "환자에게 칭찬받은 경험에 대해 말해주세요.", "앞으로 이 치과에서 만들어갈 꿈은 무엇인가요?" 같은 질문들이 그렇다. 이런 질문들은 지원자의 자존감을 끌어올리고 자신을 긍정적으로 돌아보는 기회를 제공한다. 면접 질문을 통해 칭찬받고 싶고 자부심을 느끼고 싶은 본능을 자극하며, 직업적 자부심의 씨앗을 심는다. 그 작은 씨앗이 이후 치과 생활의 어려움 속에서도 버티게 하고, 직장에 대한 애정을 쌓게 만든다. 그들이 쌓아온 경험, 그들의 지식과 노하우를 인정하고 존중하는 순간 지원자와 치과와의 새로운 관계가 시작된다.

질문을 통해 지원자의 능력이나 성향을 파악했다면 지원자에게 치과의 미션, 즉 방향성을 직접 말해주고 앞으로 치과가 발전하려고 하는 비전을 보여주며, 그에 맞는 치과가 원하는 인재상을 구체적으로 말해준다. "우리는 이런 치과입니다."라고 단순히 외치라는 것이 아니다. "당신과 함께 우리는 어떤 치과를 만들어갈 수 있을까요?"라고 물어야 한다. 이 질문은 지원자의 마음을 움직이게 하고, 그들이 치과와 함께할 수 있다는 확신을 심어준다. 지원자들은 그 질문을 통해 치과가 자신을 단순히 한 명의 직원으로 보는 것이 아니라 동료로서 존중하고 있다는 느낌을 받게 된다.

이제 지원자의 삶을 아우르는 혹은 치과위생사로서의 미션, 비전, 핵심가치 등의 철학이 있는지 물어본다. 만약 필자가 면접관인데 여기에 구체적으로 답을 할 수 있는 사람이 앞에 앉아 있다면 당장 채용할 것이다. 즉흥적이거나 막연하게라도 답할 수 있다면 채용에 긍정적으로 작용할 것이다. 하지만 대부분의 지원자들, 특히 초년 차 치과위생사들은 앞으로의 삶에 대하여 한 번도 구체적으로 생각해서 계획을 세워 본 적이 없다고 답하는 경우가 많다. 그래도 괜찮다. 이때가 치과와 원장의 긍정적 이미지와 지원자의 자존감을 한 번 더 끌어올려주는 기회이다. "이 치과에서 1년 뒤, 3년 뒤, 10년 뒤 당신의 모습은 어떤가요?"라는 질문은 지원자들이 스스로의 미래를 구체적으로 상상하게 만든다. 지원자가 치과위생사로서 어떤 모습으로 성장해서 무엇을 이루고 싶은지 각 기간별로 원장과 지원자가 함께 비전을 그린다. 그리고 원장은 지원자의 그 꿈과 계획들을 칭찬하고 함께 일을 하면서 이 비전을 이루어 나갈 수 있음을 응원해준다. 이는 단순한 격려가 아니다. 직원들이 자신의 꿈을 이루는 과정에서 치과가 중요한 역할을 할 수 있다는 신뢰를 심어주는 것이다.

면섭이 끝나갈 무렵, 원장은 지원자에게 다시 한번 치과위생사라는 직업의 가치를 강조해야 한다. 이 직업이 얼마나 중요한지, 얼마나 고귀한 직업인지를 말해줘야 한다. 면접을 마치고 돌아가는 지원자들은 치과를 단순히 월급을 받는 직장을 찾았다는 안도감을 넘어 치과 안에서 함께 문화를 만들어가고, 조직의 일원이 되어가는 과정을 통해 자신의 꿈을 이루어 줄 공간이 될 것이라는 확신을 느낄 것이다. 그리고 그 느낌은 치과에 대한 신뢰와 존경으로 이어진다. 이게 면접의 진정한 가치다.

구인 공고에서부터 면접까지, 치과가 만들어 가는 과정은 단순히 사람을 뽑고 일자리를 제공하는 것 이상이어야 한다. 치과는 지원자를 새로운 구성원으로 맞이하면서 동시에 자신들의 철학을 보여줘야 한다. 이 모든 과정이 단지 지원자를 만족시키려는 노력이 아니라, 우수한 인재들 끌어들이고 그들의 마음을 움직여 치과 문화를 함께 만들어 가는 중요한 첫걸음이다. 그리고 면접을 단순한 절차가 아니라 치과가 직원들과 어떤 관계를 만들어 갈 것인지를 보여주는 중요한 자리이다. 면접 그 자체가 치과의 문화이다.

행복한 출근길: 직원이 머무르고 싶은 치과
(장기 근속, 리더십과 조직문화)

치과는 환자들을 위한 진료뿐만 아니라, 그곳에서 일하는 직원들이 오랜 시간 머무르고 싶은 직장 환경을 조성하는 것이 필수적이다. 특히 치과처럼 직원들의 진료적, 비진료적 서비스가 환자에게 직접적으로 많은 영향을 미치는 의료 기관에서는 직원의 장기 근속이 진료의 질뿐만 아니라 환자와의 신뢰 형성에도 중요한 영향을 미친다.

치과의 의사가 개설하는 것이지만, 의사 혼자만의 세상이 될 수는 없다. 치과에 모인 사람들, 특히 그 치과의 직원들이 얼마나 오래 머무르고 싶은 마음이 드느냐가 그 치과의 진정한 성공을 결정짓는다. 단순히 높은 급여나 좋은 근무 환경을 제공한다고 해서 직원들이 장기간 근속하는 것은 아니다. 세심한 관리와 전문적인 지식이 요구되는 치과와 같은 곳에서는 그 이상의 것이 필요하다. 사람들은 그 이상을 원한다. 그렇다면 과연 직원들이 장기적으로 머무르고 싶은 치과를 만들기 위해서는 어떤 요소들이 중요할까? 우선 다른 치과에서 이직한 직원의 이야기를 들어보자.

"이전 직장에서는 원장님과의 소통 부재로 함께 일하던 직원들이 하나 둘 떠나고 근무기간을 1년 채워보려고 했지만 일하는 보람도 느끼지 못했고 지쳐서 그만두었어요. 하지만 우리 치과는 아침 회의 시간, 점심시간, 심지어 바쁜 진료시간 중에도 필요시 원장님과 혹은 다른 직원들과 편하게 소통할 수 있어 만족해요."

또 다른 직원은 이전 직장에서 선임들의 압박과 그것이 해결되지 않는 치과 문화 때문에 그만두었다고 한다.

"우리 치과에서는 원장님과 선임들의 칭찬과 피드백이 적극적이고, 연차가 낮아도 노력만 하면 많은 진료 참여 기회가 주어지니 성장의 기회라고 느껴요. 그리고 원장님이 재밌어서 좋아요."

그녀의 이야기는 단순한 직장 생활이 아니라 조직 문화 그 자체를 상징한다. 치과의 성장은 직원들의 성장을 통해 이루어진다

원주치과 개원 이후 오랫동안 근무하고 있는 핵심 리더들에게 그 이유가 무엇인지 직접 물어보았다. 대학교를 졸업하고 다른 치과를 잠깐 경험해 본 총괄실장을 제외하고는 모두 첫 직장으로 우리 치과를 택하였고 지금까지 일하고 있는 직원들이다.

"우리 치과에서 오래 일하고 있는 이유가 뭐라고 생각해요?"

한 직원이 대답했다.

"원장님과 선생님들이 정을 많이 줘서 좋아요. 단순히 일과 관련된 대화뿐만 아니라 제 근황이나 개인적인 이야기에도 관심을 가져주시니까요. 그래서 일적인 관계를 넘어 가족 같은 느낌이 듭니다. 다른 치과에서 일하는 친구들 이야기를 들어보면 원장님들이 진료 관련 이야기도 거의 안 한다는 경우도 많더라고요."

역시 소통이 일 순위로 중요한가 보다. 하지만 소통이 전부는 아니다. 치과의 비전, 그 철학이 진료에 그대로 녹아들어야 한다. 치과

가 말하는 것과 실제 행해지는 것이 다르다면, 직원들은 불안해진다. 얼마 전 입사한 5년 차 치과위생사 직원에게 우리 치과에서 근무하면서 이전에 근무했던 치과와 비교해서 가장 많이 차별화되면서 긍정적으로 느끼는 점이 무엇인지 물어보았을 때 대답한 말이다.

"아침마다 회의 때 외치는 미션처럼 '예방부터 관리까지 믿고 맡길 수 있다.'는 구호가 떠오르면서 작은 치료 하나라도 방습을 철저히 하여 수준 높은 치료를 제공하고 있어서 자부심을 느껴요. 그리고 다양하고 좋은 진료에 참여하면서 자존감이 높아졌습니다."

어떤 치과가 자연치아 보존을 중요하게 생각한다고 말하면서도 실제로는 치아를 보존하는 치료대신 돈이 되는 시술에만 집중한다면, 직원들은 금세 치과의 진심을 의심하게 될 것이다. 치과가 내

세우는 미션과 실천 사이의 괴리, 그 불일치는 신뢰를 산산조각 낸다. 피터 드러커의 말을 빌리자면 치과의 미션은 도덕적이면서 심오한 의미를 지녀야 하고 원장이 옳다고 믿는 무언가여야 하는데, 그것이 공허한 외침이 되지 않도록 원장은 반드시 치과의 모든 사람들이 미션을 알고 이해하며 미션과 함께 생활하도록 만들어야 하며 미션과 진료는 같은 방향성을 가져야 한다.

핵심 리더들의 이야기를 좀더 들어보자.

"우리 치과에서 이루어지는 진료는 종류가 많고, 매번 새로운 것이 적용돼서 배우기가 어렵기도 합니다. 그래서 다른 치과에서 일하는 친구들보다 적응하는 데 시간이 오래 걸렸습니다. 그만큼 쉽게 포기할 수 없었던 것 같습니다. 그리고 1년 차부터 쭉 성장할 수 있는 프로그램과 세미나 등 발전할 수 있는 기회가 많아서 계속해서 도전하게 됩니다."

그리고 다른 직원도 의견을 나눴다.

"제가 다른 치과에서 아르바이트를 많이 해봤잖아요. 그런데 원장님 진료를 보다 보면 다른 곳에서의 진료가 답답할 때가 많습니다."

"뭐가 답답한가요?"

"원장님들마다 진료 기준이 다른 건 이해하지만, 과잉치료가 많은 경우도 있고, 진료의 질도 좀 떨어지는 것 같습니다. 원장님이랑 일하면서 제 눈이 높아진 것 같아요."

옆에서 다른 직원들이 맞장구 쳤다.

"맞아요. 원장님의 진료가 저희가 오래 다니는 이유 중 하나입니다. 저나 가족들의 치과 진료를 믿고 맡길 수 있다는 것 자체가 큰 복지라고 생각합니다."

"그래도 선생님들 입장에서 복지라면 단연코 급여가 가장 중요한 것 아닌가요?"

개원하고 초반에 직원들이 나가게 되면 원장 입장에서는 여러 가지 이유를 생각하게 된다. 그중에서 제일 먼저 떠오르는 것이 바로 급여문제다. 장기 근속을 위해서는 보상 체계도 분명 중요하다. 하지만 그저 급여를 올려준다고 해서 문제가 해결되지는 않는다. 필자도 개원초기에 급여를 인상해 퇴사를 막아보려 했지만, 결국 직원은 떠났던 경험이 있다. 단순한 급여 인상만으로는 직원들의 마음을 얻기 어렵다. 직원들이 진정으로 치과와 함께 성장할 수 있다고 느낄 때, 직원들은 자부심을 가지고 오래 머물 것이다. 치과에 대한 자부심은 단순한 돈으로 살 수 있는 것이 아니다. 직원들이 치과의 철학과 비전을 믿고 그것을 원장과 함께 실천할 때, 비로소 치과와 직원은 하나가 된다.

다른 직원이 답했다.

"동기들 이야기 들어보면 급여가 많고 적음보다 더 중요한 게 있더라고요. 급여가 많아도 원장님이 진료를 못하면 그것 자체가 스트레스라고 하더라구요. 특히 진료 때문에 환자들에게 컴플레인을 받고 해결해야 하는 상황이 반복되면 엄청난 스트레스가 된다고 하더라고요."

내심 '그래도 환자에게 최선을 다해 최상의 진료를 했던 보람이 있구나.'라고 생각하며 흐뭇한 미소를 지었다.

직원들은 분명히 진료를 빨리 끝내는 원장을 좋아할 것이다. 오랜 시간 동안 진료를 보조하며 서 있는 것이 힘들기도 할 뿐더러 진료가 원활히 진행되지 않으면 환자가 밀리면서 컴플레인을 받는 것도 스트레스이기 때문이다. 그렇지만 그렇다고 진료를 서둘러서 대충 해서는 안 된다. 진료를 꼼꼼히 하지 않거나 과잉치료를 하면 환자는 물론 직원들의 신뢰마저 잃을 수 있다.

또 다른 직원이 말했다.

"요즘 원장님께서 저희가 실수를 해도 화를 내지 않으시고 이해하려고 노력하시는 걸 느낍니다. 그 점이 정말 감사합니다."

속이 뜨끔하다. 사실 필자는 다른 것에는 화를 내지 않아도 진료 과정과 결과에서 환자를 만족시키고자 하는 욕심 때문에 자그마한 실수에도 많이 혼내고 화냈던 적이 있다. 하지만 진료를 아무리 잘해도 리더가 화를 내는 순간 원장 자신의 자존심을 세우고 만족과 욕심을 채우기 위한 것으로 전락하고 만다. 몇몇의 중요한 직원들이 퇴사하고 나서야 뒤늦게 그것을 깨닫게 되었다. 진료에 대한 진심만큼 어떤 상황에서도 직원을 사랑으로 대해야 원장의 진료에 대한 신뢰가 생기고 그 신뢰를 바탕으로 오래 머무르고 싶은 것이다.

"그렇군요. 새로 들어온 신입 직원들이 오래 다니고 싶어하는 치과는 또 어떤 모습일까요?"라는 질문에 직원이 답했다.

"원장님이나 윗년 차 치과위생사 선생님들이 나를 이해해 주고 믿고 맡겨주는 곳이면 좋을 거에요. 그리고 내가 성장할 수 있는 기회가 많으면 좋죠. 원장님께서 다양한 진료도 하시지만 최신 경향의 진료를 지속적으로 도입하시고 이것저것 하고 싶은 걸 자유롭게 해볼 수 있게 믿고 맡겨 주셔서 좋아요."

또 다른 직원이 말했다.

"맞아요. 원장님과 윗년 차와의 관계가 중요한데, 치과에서는 특히 더 중요하죠. 팀워크가 정말 중요하니까요. 원장님과 직원들 간의 소통이 잘 되지 않으면 환자들에게도 영향을 미칠 수 있잖아요."

"그렇죠. 치과는 한두 명만 잘해서 되는 곳이 아니니까 협력이 정말 중요해요."

"팀워크뿐만 아니라 조직 문화도 중요해요. 같은 일을 하더라도 분위기가 좋은 곳에서는 힘든 일도 버틸 수 있으니까요."

"맞아요. 서로 존중하고 도와주는 분위기가 있으면 힘든 날도 더 견디기 쉬워요. 그런데 현실에서는 그런 곳을 찾기가 쉽지 않죠. 월급만 많이 준다고 장기 근속을 보장할 수 있는 건 아니니까요."

"그렇죠. 그래서 좋은 리더십이 중요한 거예요. 직원들의 필요를 먼저 챙겨주고, 성장할 수 있도록 도와주는 리더가 있는 곳이라면 오래 다니고 싶어지죠."

"맞아요. 그냥 지시만 내리는 리더보다는 진짜 우리를 생각해 주는 리더가 있으면 다르겠죠."

지금 우리 치과의 핵심 리더 중 대장이라 할 수 있는 총괄실장은 대학을 졸업하고 다른 치과에서 몇 개월 근무하다가 개원한 지

얼마 지나지 않은 우리 치과에 입사하였고 꾸준히 버티고 노력하여 현재까지 근무 중이다. 입사부터 총괄실장으로 올라오기까지 함께 있었던 이전 총괄실장이 그러했듯이 지금의 총괄실장도 후배 직원들에게 강압적이지 않고 부드러운 리더십으로 다가간다. 다른 두 사람의 핵심 리더들도 마찬가지다. 항상 모든 일에 솔선수범으로 먼저 행동으로 보여준다. 그리고 즐거운 마음으로 후배들을 가르쳐 준다. 그리고 각자의 선배와 후배들을 존중한다.

직원들에게 서번트 리더십이라는 개념을 들어 본적이 있냐고 물었다. 리더가 직원들의 필요를 먼저 충족시키고 그들의 성장을 돕는 방식인데, 치과에서도 이런 리더십이 정말 효과적이라고 말해주니 직원들이 듣기만 해도 좋다며 그런 리더가 있는 치과라면 정말 오래 다니고 싶을 것 같다고 말했다. 난 자신 있고 기쁜 마음으로 그런 리더가 바로 우리 치과의 핵심 리더, 여러분들이라고 답해주었다.

직원들은 좋게 봐주셔서 감사하다며, 시집가거나 이사 때문에 치과를 떠나게 된다고 상상하면 눈물이 날 것 같다고 한다. 떠나기 너무 아쉬울 것 같단다. 솔직히 말해서 이 핵심 리더들을 떠나보내야 하는 상황이라면 딸을 시집보내는 아버지의 마음일 것 같다. 너무나도 슬프고 속상할 것이다. 치과를 그만두고 싶을지도 모른다. 하지만 이왕 이직을 해야 하는 상황이라면 기쁜 마음으로 더 넓은 세상으로 나갈 수 있도록 이들의 능력을 알아주고 꿈을 펼칠 수 있는 그런 치과를 직접 알아봐 줄 것이다.

마지막 직원의 말 한마디가 가슴을 울린다.

"원장님 정말 건강하셔야 해요. 오래오래 원주치과에서 일하고 싶어요."

장기 근속을 이끄는 가장 큰 요인은 바로 고용 안정성과 직무 만족도이다. 직원들은 단순히 현재 일자리에 안주하는 것이 아니라, 자신의 경력 개발과 함께 일자리가 안정적으로 보장된다고 느낄 때 더 오랜 기간 동안 한 직장에서 일하려고 한다. 예를 들어, 우리 치과에서는 직원들에게 성장의 기회를 제공하는 다양한 프로그램과 세미나가 운영되고 있다. 이러한 환경은 직원들이 자신의 경력을 지속적으로 발전시킬 수 있다는 느낌을 주며, 그로 인해 고용 안정성뿐만 아니라 직무에 대한 자부심과 만족도도 높아진다.

직원들의 장기 근속을 유도하는 또 다른 중요한 요소는 업무에서의 성취감과 보람이다. 한 직원이 진료에 적응하는 데 오랜 시간이 걸렸지만, 그만큼 자신이 맡은 일에 대한 숙달도가 높아졌을 때 성취감과 자부심이 커졌다고 한다. 이런 성취감은 단순히 직무 적합성에만 의존하는 것이 아니라 역할에 대한 명확한 이해와 책임감을 가지고 임하는 직원들에게서 나타난다. 직무 적합성과 함께 직원들이 자신이 하는 일이 의미 있다고 느낄 수 있는 기회가 주어져야 하며, 이러한 기회는 직장에서의 장기적인 만족도와 연결된다.

리더십은 직원들의 만족도와 근속에 큰 영향을 미친다. 특히 오늘날의 치과 경영에서 중요한 리더십 스타일 중 하나는 서번트 리더십이다. 서번트 리더십은 리더가 직원들의 필요를 먼저 생각하고, 그들의 성장과 발전을 지원하는 방식을 의미한다. 예를 들어, 우리 치과에서는 원장과 직원들 간의 관계가 단순한 업무적 소통을 넘어, 개인의 근황과 감정까지도 나누는 따뜻한 분위기가 형성되어 있다. 이는 직원들이 단순히 직무를 수행하는 기계적인 존재가 아니라, 존중받고 배려받는 존재로 느끼게 해주는 중요한 역할을 한다. 서번트 리더십은 직원들에게 심리적 안전감을 제공하며, 이는 곧 직원들의 장기적인 몰입과 충성도로 이어진다.

더 나아가 감성 지능이 높은 리더는 직원들의 감정적 니즈를 파악하고, 이를 바탕으로 팀의 동기 부여를 강화하는 데 탁월한 능력을 발휘한다. 예를 들어, 감정적 지지가 필요한 시점에서 적절한 피드백을 제공하거나, 직원들의 스트레스를 경감시키는 리더십은 직원들의 직무 만족도를 높이고, 장기적으로 근속할 수 있는 동기를 제공한다. 리더십은 책임감에서 나온다. 일을 믿고 맡기면서 성과가 좋을 때는 직원들을 칭찬하며 그들을 앞세우지만, 문제가 생겼을 때는 원장이 그 책임을 온전히 짊어진다. 이런 리더를 직원들은 신뢰하게 되고, 그 신뢰는 치과에 대한 충성심으로 이어진다. 이는 단순한 기업 경영이 아니라 사람을 대하는 예술에 가깝다.

최근 직원들의 의견을 반영해 치과 대기실 소파를 교체했다. 환자들의 반응은 긍정적이었고, 직원들은 자신이 치과에 기여하고 있다는 자부심을 다시 한번 확인했다. 단순한 가구 교체를 넘어 직원들이 치과의 일에 적극적으로 참여하고 그 기여가 실질적으로 인정받는 순간, 그들은 그 치과에서의 자신의 역할을 더 깊이 인식하게 된다. 이런 작은 변화들이 쌓여 결국 치과를 변화시키고 성장시키는 큰 힘이 된다.

　이런 리더십을 가진 치과는 '함께하는 공간'이 된다. 출근이 더 이상 단순한 노동이 아니라, 자부심을 가지고 참여하는 생활의 일부가 되는 것이다. 실습생으로 시작해 정직원이 된 한 직원은 원장이 자신을 인격적으로 대우해주고, 실수를 기회로 삼을 수 있도록 피드백을 준 덕분에 이 치과에 남기로 결정했다고 했다. 단순한 일터가 아니라 진정으로 함께 성장하고 발전하는 공동체가 된 것이다.

　치과의 리더십은 결국 직원들이 머물고 싶어 하게 만드는 힘이다. 장기 근속을 원한다면, 직원들의 목소리를 듣고, 그들의 성장을 도우며, 그들이 치과의 일부임을 실감하게 만들어야 한다. 치과의 성공은 직원들의 성장이 곧 치과의 성과로 이어진다는 사실을 원장이 깊이 이해할 때 비로소 이루어진다

　조직문화 역시 직원들이 오랫동안 머무르고 싶어 하는 치과를 만들기 위한 중요한 요소이다. 조직문화는 단순히 몇 가지 규칙이나 정책으로 형성되는 것이 아니라 모든 구성원이 공유하는 가치와 행동 양식에서 비롯된다. 우리 치과 직원들이 언급한 "함께 일하는 동료들과 원장님이 좋아서 떠날 수 없다."는 말은 조직 내에서 상호 존중과 신뢰가 얼마나 중요한지를 잘 보여준다. 이러한 긍정적이고 따뜻한 조직문화는 직원들이 자신이 소속된 직장을 '두 번째 가족'처럼 느끼게 해준다.

　심리적 안정은 조직문화에서 매우 중요한 개념이다. 직원들이 자신의 의견을 자유롭게 표현할 수 있고, 실패에 대한 두려움 없이

도전할 수 있는 환경이 조성될 때, 그들은 더욱 창의적이고 몰입된 상태로 업무를 수행할 수 있다.

마지막으로 유연성을 고려하는 것이 중요하다. 오늘날 많은 직원들은 일과 삶의 균형을 중요시하며, 유연 근무제나 원격 근무 등 다양한 근무 형태를 요구하고 있다. 특히 워라밸이 중시되는 사회적 흐름 속에서 유연한 근무 시간과 자신의 삶을 존중받을 수 있는 근무 환경이 직원들에게 큰 동기 부여 요소로 작용한다. 치과에서도 이러한 유연성을 고려한 정책이 마련된다면 더 많은 직원들이 장기적으로 근속할 수 있을 것이다.

결론적으로 직원들이 장기적으로 머무르고 싶어하는 치과를 만들기 위해서는 고용 안정성, 서번트 리더십, 긍정적인 조직문화, 그리고 유연한 근무 환경이 모두 중요하게 작용한다. 이 요소들이 잘 결합되었을 때, 직원들은 단순히 경제적 보상 때문이 아니라, 자신이 일하는 치과에서 보람과 성장을 경험하며 직장을 가족 같은 공간으로 인식하게 된다. 그 결과 치과는 직원들의 충성도와 몰입을 높이고, 환자들에게도 더 나은 서비스를 제공할 수 있는 성공적인 조직으로 성장하게 될 것이다.

비전 워크샵 : 함께 그리는 치과의 미래

우리 치과 핵심 리더 중 한 명은 근무하는 동안 여러 가지 이유로 마음이 지쳤고, 더는 버티기 힘들어 1~2년 주기로 몇 번이고 사직을 결심했었고 필자에게 직접 통보했다. 그때마다 이 직원이 필자에게 했던 말이 있다. "이 치과에는 미래가 없다." 개인적으로는 정말 기분 나쁜 말이었다. 최선을 다해 진료하고 직원들을 위해 노력하는 거 같은데 감히 미래가 없다니. 원장이 싫거나 일이 힘들어서 나가겠다는 말보다 더 비참하고 굴욕적인 말이었다. 그래도 "내가 부족해서 미안하다, 잘 생각해 보라."며 다독이며 붙잡았다. 당장 사람이 부족해서, 아쉬워서가 아니라 이 직원의 능력을 높이 평가했기 때문이다.

그때는 기분이 나빴지만 돌이켜 보면 치과를 개원할 때 필자는 경영에 대해서는 아무 생각이 없었다. 그냥 치과를 하고 싶고 내가 하고 싶은 진료를 하고 싶었다. '원주치과'라는 이름도 마침 원주에 원주치과가 없어서, 포털사이트에 원주사람들이 원주치과라고 검색을 많이 할 것 같아서 정했다. 실제로는 원주치과로 검색하면 플레이스에 '원주치과'를 키워드로 광고하는 치과들이 먼저 노출된다. '원주치과의원'을 검색하면 그나마 광고 다음에 노출된다. 블로그도 마찬가지다. 원주에 있는 많은 치과들이 원주치과 키워드를 사용하기 때문에 진짜 '원주치과' 블로그는 노출되지 않는다. 그것은 지금도 마찬가지다. 하지만 다행히도 아내가 운영하는 '예쁜 약국' 블로그 지수가 좋아, 내가 쓴 글이나 아내가 우리 치과에 대해 써준 글들이 다소 노출되는 경우가 있다.

치과의 미션도 내 생각이 아닌 아내의 조언으로 정했었다. '당신

치아의 평생주치의'. 필자는 양심적인 진료, 올바른 진료를 할 거라는 확신이 있어서 상투적인 것 같지만 요즘 같은 개원 환경에서는 누구나 함부로 말할 수 없을 것 같은 미션이었기에 그렇게 정했다. 그리고 대기실에 액자로 크게 만들어 걸어 두었다. '누군가는 보겠지.'라고 생각하면서. 그렇게 7년이란 세월이 흘렀다. 어느 직원에게도 치과의 미션이나 비전을 한번도 교육하지 않았다. 환자들에게도 강조하지 않았다. 그렇게 치과의 미션과 비전은 원장 머리 속에만 있고 그저 대기실 벽에 걸린 장식품이 되었다.

개원 초부터 보험청구 강의, 양치교육 관련 강의 등 직원들의 역량 강화를 위하여 강사들을 치과에 초빙하여 내부 교육을 받고 또 직원 몇몇과 함께 경영관련 외부 강의를 듣기도 했다. 교육을 받을 때는 분명 직원들이 열심히 듣고 열심히 할 것처럼 보이지만 시간이 지나면 강의는 들었을 뿐이고 치과의 분위기나 전체적인 역량은 그대로인 것 같다는 느낌이 늘 들었다. 정체된 경영에 대한 고민과 함께 나 자신을 돌아보는 시간을 가지며 몇 년 전 지인이 선물해줘 잠깐 읽다 만 《피터 드러커의 최고의 질문》이라는 책을 자세히 읽기 시작했다.

때마침 내부 강의를 오셨던 분의 추천으로 '인파워'라는 컨설턴트 회사를 소개받게 되었고 대표님과의 면담을 통해 이 분이라면 내가 바라는 치과의 모습을 만들어 가는 데 도움을 받을 수 있을 것이라 생각했다. 다른 컨설팅 회사들이 많이 추구하는 수단, 방법을 가리지 않는 매출 증대를 목표로 삼지 않고 가치경영, 인재경영, 지식

경영을 통해 매출 증대는 자연스럽게 따라오게끔 하는 회사의 교육 방침이 마음에 들었다. 하지만 선뜻 무슨 교육부터 받아야 할지 고민이 되었다. 워낙에 인파워가 보험강의를 잘하고 실제로 매출을 많이 끌어 올려준다는 평가들이 많아 많은 원장님들이 매출 향상을 위해 보험청구 강의를 듣는다는 말은 많이 들었다. 하지만 내가 원하는 건 당장의 매출 증대가 아니라 우리 치과를 직원들이 일하기 행복한 치과로 만드는 것이었다. 그래서 비전 워크샵을 시작하게 되었다.

비전 워크샵이란 치과의 내일을 그려나가는 과정이다. 치과라는 공간에서 모든 이들이 한 마음으로 발전할 목표를 세우는 자리다. 그러나 그 시작은 순탄치 않다. 처음 워크샵에 발을 들이기 전, 많은 이들은 묻는다. "왜 이걸 해야 하는가?" 의구심이 피어오른다. 흔한 워크샵들, 그저 시간 때우기 식의 교육처럼 느껴질 때가 많기 때문이다. 그러나 그 의문에 답해야 한다. 직원들의 마음에 담긴 의문을 풀고 그들 스스로 목표와 비전을 설정하도록 하는 것이 핵심이다.

"이번에 일 년 동안 인파워 원내교육을 할 거예요. 비전 워크샵 일정 잡혔으니까 준비들 잘해요."

"원장님, 원내교육 꼭 해야 하나요? 진료 하기도 벅찬데 원내교육까지 받으려니 부담돼요."

"이번 교육은 다를 거예요. 특히 비전 워크샵이 우리 치과의 방향을 잡는 데 큰 도움이 될 거예요. 그 방향을 같이 만들어 가는 게 중요하잖아요."

"그래도 원내교육이란 게 그게 그거 같고, 결과도 별로 실감이 안

나더라고요. 그냥 형식적인 거 아닌가요?"

"이번엔 다를 거예요. 여러분이 직접 비전과 목표를 설정할 수 있는 기회니까. 우리가 함께 방향을 정하는 거죠."

"뭐, 하자고 하시면 안 할 수는 없지만…. 그래도 솔직히 큰 기대는 안 돼요."

몇 번의 비전 워크샵을 통해 직원들의 의견을 적극 반영하여 치과의 미션과 비전, 핵심가치, 핵심역량을 정했다.

"워크샵 끝나고 나니까 어때요? 뭔가 달라졌나요?"

"솔직히 처음엔 하기 싫었는데…. 막상 해보니까 괜찮더라고요. 이번엔 정말 저희 의견이 반영되는 것 같았어요."

"그렇죠? 우리가 만들어 가는 비전이니까, 다들 애정도 커질 수밖에 없어요. 특히 본인 목표 설정하는 거 어땠어요?"

"원래는 그냥 수동적으로 일만 한다고 생각했는데, 제가 설정한 목표랑 치과의 비전이 맞닿아 있다는 걸 느꼈어요. 그러니까 책임감도 생기고, 앞으로 어떻게 해야 할지도 명확해졌어요."

"그래서 내가 계속 강조했잖아요. 우리가 함께 만들어 가는 미래가 더 중요하다고."

"맞아요. 팀워크가 더 강화된 느낌이에요. 이제는 그냥 일하러 오는 게 아니라, 저도 이 치과의 일원이구나 하고 주인의식을 느낀다고 할까요. 애사심도 좀 더 생긴 것 같아요."

"좋은 변화네요. 앞으로도 계속 우리가 함께 방향을 만들어 가요."

비전 워크샵을 통해 직원들의 마음이 열렸다. 자신들도 몰랐던 변화의 기운을 느끼기 시작했다. 워크샵 이전까지는 그저 의무로만 여겨졌던 것이 어느 순간 자신의 미래와 맞닿아 있음을 깨닫게 된 것이다. 치과의 비전이 자신의 목표와 이어지고 있음을 발견했고 그 연결고리는 직원들을 조직 속으로 끌어들였다. 팀워크가 살아나고, 치과의 목표는 이제 그저 말뿐인 것이 아니라 실체를 가진 무게로 다가왔다.

비전 워크샵은 그처럼 마음을 움직인다. 번아웃에 빠진 사람들도 비전 워크샵의 힘을 통해 다시 일어설 수 있다. 전문가들은 번아웃이 단지 업무과다에서 오는 것이 아니라고 말한다. 오히려 일을 하는 의미를 잃어버렸을 때 찾아온다고 한다. 매일 반복되는 업무, 적성과 맞지 않는 직무, 변화 없는 현실, 이것들이 사람을 갉아먹는다. 사이먼 사이넥의 말처럼, "사랑하지 않는 일을 열심히 하면 스트레스가 되고, 사랑하는 일을 하면 열정이 된다." 결국 비전 워크샵은 직원들이 자부심과 열정을 느낄 수 있는 목표를 찾도록 돕는 자리이다.

비전 워크샵은 치과가 단순히 의료 서비스를 제공하는 공간을 넘어 직원들이 가치 있는 일을 하고 있음을 느끼게 하는 과정으로 일회성 행사로 그쳐서는 안 된다. 비전 워크샵에서 설정한 항목은 시간이 흐르면 희미해질 수 있다. 일상 업무에 치이다 보면 사람들은 다시 원래의 자리로 돌아가려는 경향이 있다. 이때 필요한 것이 바로 주기적인 점검이다. 비전 워크샵 이후 그 결과물들을 다시 상

기시키고, 목표와 성과를 확인하는 과정이 뒤따라야 한다. 조직 내에서 이러한 점검이 형식적인 절차가 되어서는 안 된다.

　신입 직원들이 들어오면 반드시 비전 워크샵을 통해 치과와 함께하는 방향을 제시하고 공유해야 한다. 그리고 기존의 직원들은 분기별로 치과의 미션과 핵심가치에 어긋나지 않게 달성하고자 하는 목표와 예상되는 결과를 설정해야 한다. 비전 워크샵이 성공적으로 자리 잡기 위해서는 그것이 실제 업무에 어떻게 적용될 수 있는지 구체적인 사례와 함께 지속적인 피드백이 필요하다. OKR(Objective & Key Result)을 설정하고 나면 직원들과 함께 그 목표를 향해 나아가는 발걸음이 생긴다. 직원들이 스스로 목표를 설정하고 그 목표에 도달하기 위한 길을 찾아가며, 실행하고 결과를 다시 검토하는 루틴을 만드는 것, 작은 성과들을 축적해가는 과정이야말로 비전 워크샵의 궁극적인 성공이며 완성이다.

여기서 핵심은 직원들이 스스로 주도하는 점검이다. 조직의 리더가 나서서 일방적으로 '지시'하는 것이 아니라 직원들이 주체적으로 자신들의 목표를 다시 살펴보고, 그에 맞춰 실행 계획을 수정해 나가는 것이다. 이렇게 하면 비전은 개인과 조직 모두에게 살아있는 존재로 남을 수 있다. 이런 과정에서 직원들이 스스로 만들어낸 '우리 치과의 이야기'는 대화를 낳는다. 비전 워크샵을 통해 직원들은 비전을 공유하며 새로운 대화의 주제를 갖게 되고 소통하게 된다. 이렇게 공동의 목표가 생기면 문제를 해결해야 할 명확한 기준점을 가지게 되며 같은 방향을 바라보며 서로를 존중하는 법을 배운다.

지금 내가 치과에 나와서 무얼 하고 있는지 모르겠다면, 매일이 똑같고 정체되어 있다면, 직원들이 행복하게 일하길 바란다면 일단 비전 워크샵을 하길 바란다.

환자와의 첫 만남: 라포 형성과 상담의 힘
(초진 상담, 환자 경험)

"원주로 이사를 오게 되면서 큰 숙제가 바로 정기적으로 다닐 치과를 고르는 일이었다. 1년 동안 유명하다는 몇 군데의 치과를 가봤지만, 그저 의자에 눕힌 후 견적 내고 사무적인 말들 뿐. 그러다 발견하게 된 원주치과. '당신의 평생 치과주치의가 되겠다.'는 슬로건이 무색하지 않을 만큼 치아가 잘 보전되도록 평소 관리하는 방법을 잘 안내해주시고(양치방법이나 치아압력 체크), 사실 이런건 돈이 안 되기 때문에 일반 치과에서는 크게 신경을 써주지 않는 부분인데, 개인적으로는 가장 중요한 부분이라 생각된다. 과잉진료에 대한 걱정을 하며 치과선택에 고민하게 되는 안타까운 현실. 하지만 원주치과 원장님을 뵈면서 참다운 의사로서의 사명감과 마땅한 권위를 가지신 걸 느끼게 된다. 비전과 사명이 분명하기에 한 사람의 환자들에게도 허투로 대함이 없으시… "

우리 치과의 네이버 플레이스 리뷰에 쓰여진 글 그대로 옮겨왔다. 하고 싶은 말이 많으셨는데 글자 수 제한 때문에 다 못쓰신 듯하다.

소개팅이나 거래처 사람과의 첫 미팅 등 중요한 누군가를 처음 만나러 나가는 사람은 가장 빛나 보이는 모습으로 자신을 단장한다. 상대가 자신을 마음에 들어 할 가능성을 높이고 그리하여 다음의 인연이 이어질 가능성을 조금이라도 더 키워보려는 마음이다. 치과에서의 초진 상담도 다르지 않다. 치과를 찾는 환자와의 첫 만남이 곧 치과에 대한 전체 인상을 좌우하기 때문이다. 첫인상이 좋다면 환자는 마음을 열어 안심하고 치료를 받을 것이다. 첫 만남, 그 모습이 환자에게는 치과에 대한 전체 경험으로 확장된다. 상담하는 순간이 무엇을 심는 순간이 되는 것이다.

처음 치과를 찾은 환자에게는 하나하나가 새롭다. 접수와 안내, 진료실의 모습과 의사와의 첫 대면, 환자 자신은 모든 것이 낯선 이방인처럼 느껴지고, 낯설음은 날카로움으로 이어져 치과에 들어오고 나서부터 그 모든 순간들이 다 치과의 얼굴로 각인된다. 마케팅에서 말하는 'MOT*(Moment of truth, 고객 접점 순간)*'의 연속인 셈이다. 환자가 치과를 검색하고 예약하며 처음으로 기대를 품는 그때부터 상담실에서 의사의 한마디를 듣는 그 순간까지, 모든 것이 치과를 설명하는 풍경이 된다.

작은 불편 하나, 직원의 차가운 태도 하나하나가 환자에게는 "이 치과 좀 이상한데?"라는 큰 그림으로 번져 나간다. 특히 환자가 첫 발을 들여놓는 그 순간 데스크 직원이 미소로 맞이하며 차분하게 절차를 설명하는 태도는 환자들이 느끼는 치과의 첫인상을 크게 바꾼다. 긴장과 불안을 품고 치과를 찾은 환자에게 데스크 직원의 친절함은 그 순간 안도감을 심어준다.

다른 내과나 정형외과 같은 의과와는 다르게 대다수의 치과는 진료실 문이 열리고, 의사가 자리에서 환자를 맞이하는 구조가 아니다. 치과마다 구조가 다를 수 있지만 우리 치과는 각 진료실이 방으로 구성되어 있지 않고 칸막이로 각 체어의 공간이 구분된 개방형 진료실이다. 아마 많은 치과 개원가가 이런 구조를 가지고 있을 것이라 생각한다. 그래서 환자가 진료실 체어에 앉아 먼저 긴장과 기대로 치과의사를 기다리는 구조이다. 그리고 많은 치과의사들은 바쁜 진료 와중에 신환을 맞이할 때 환자의 뒤나 옆에서 인사할 가능성이 크다.

하지만 이 순간 환자의 뒤나 옆이 아닌 두 눈 앞, 정면에 선 의사의 얼굴을 통해 자신을 배려하는 치과의 마음을 느낀다면 긴장은 사라지고 기대는 커질 것이다. 환자에게 다가가면서도 일정한 거리에서 인사를 건네고 앉기 전에 잠시 이야기를 나누는 일. 이 짧은 순간이 환자에게 '이곳이 바로 내 치아와 마음을 맡길 곳이다'라는 믿음을 심어 준다.

"○○님, 치과를 찾아 주셔서 감사합니다. 오늘 편안하게 진료받으실 수 있도록 최선을 다하겠습니다. 저는 ○○치과원장 ○○○입니다."

이와 같은 짧은 인사는 환자의 마음을 여는 첫 열쇠가 된다. 이곳이 안전하다는 믿음, 진심으로 다가와 환영하는 따뜻함이 그 짧은 미소와 말 속에 담겨 있는 것이다.

환자가 진료실에 들어서기 전에 환자의 사전 정보를 살펴보고, 진료 전에 가볍게 이야기를 나누는 것이 신뢰를 쌓는 시작이다. 많은 치과의 데스크에서 환자가 처음 내원하여 접수할 때 내원 경로를 파악한다. 보통 신규 환자들의 내원 경로 파악은 어느 부분의 마케팅이 부족한지 아니면 잘되고 있는지를 파악하는 수단 중 하나로 사용되는 것으로 안다. 하지만 우리 치과를 처음 내원하는 환자들의 70% 이상은 치과를 이미 다녀간 가족이나 지인 등 기존 환자들의 소개로 온다. 필자가 아직까지 유료 마케팅을 하지 않는 상황에서 내원 경로를 파악하는 이유 중 하나는 환자의 긴장도 풀어주면서 친밀감을 형성하기 위해서이다. 물론 앞으로 더 많은 경쟁이 예상되기에 유료 마케팅 진행도 고려하고 있다

"○○님, 저희 치과는 어떻게 알고 오셨어요?"

"인터넷 검색하고 왔어요."라고 환자가 답하는 경우에 "아 정말요? 저희 치과는 인터넷 광고를 안해서 검색만으로는 찾기 힘드셨는데, 광고가 아닌 진짜 후기를 찾아서 열심히 검색하셨나 봐요. 공들여 찾아오신 만큼 정성으로 진료해 드리겠습니다."라고 응대한다.

"주변 지인 소개로 왔어요."라고 말하는 환자도 있다.

"아 그래요? 좋은 지인을 두셨네요. 제가 그분께는 꼭 감사 인사 드리겠습니다. 그리고 내원해 주신 ○○님은 특별히 더 잘 봐드리겠습니다."

또 다른 환자는 이렇게 이야기한다.

"집이 근처인데 지나가다 간판 보고 왔어요."

"저희 치과 치세권에 사시는군요. 좋은 곳에 사시네요. 간판만 보고 오셨는데, 이렇게 좋은 치과에 오시다니 환자분이 정말 운이 좋으신 분인가 봐요. 끝까지 그 행운이 함께하도록 진료 잘 해드리겠습니다."

어찌보면 너스레를 떠는 것 같기도 하고 자의식이 너무 강해 보일 수도 있을 것이다. 하지만 이렇게 환자가 이 치과에 내원한 것이

옳은 결정이었음을 확인시켜 주는 일종의 '아이스 브레이킹' 순간을 갖는 것은 환자에게 안심과 신뢰를 동시에 줄 수 있다.

다음은 환자의 주된 문제, 사연을 듣는 시간이다. 환자가 무엇 때문에 이곳을 찾았는지, 어떤 고민을 갖고 있는지. 환자의 이야기를 들으며 마음을 엿본다. 때로는 무심히 판단하려고 서두르는 태도가 오히려 흐름을 끊을 수 있다. 다 들어주고, 충분히 공감하는 태도가 필요하다. 환자가 말할 때, 맞장구처럼 "맞아요, 저도 그런 사례를 많이 봤습니다."라며 공감해 주는 순간, 환자는 '이곳의 의사는 나를 이해하는구나.'라는 생각을 품는다.

특히 당뇨 환자들이 갑자기 잇몸이 나빠졌음을 느끼는 경우에 필자의 어머니 이야기를 해드린다. 필자가 치과에 대해 잘 모르던 치과대학 예과생이던 시절에, 어머님께서 잇몸이 아프다고 하셔서 어머니를 모시고 모교 치과대학 치주과에서 진료를 받은 적이 있다. 마침 그때 담당의로 배정된 분이 클래식기타 동아리 선배이셨던 레지던트 선생님이셨고, 정말 꼼꼼하게 진료해 주셨다. 다행히 치아를 발치하지는 않았지만 지속적으로 관리를 잘 받으라는 설명과 함께 치과대학생이면 알아야 할 당뇨와 치주질환의 연관성에 대해 상세히 설명을 들을 수 있었다. 그러면서 과거의 일이 떠올랐다.

필자가 중학생인지 고등학생때인지 기억이 잘 안 나는데 어머니께서 빠진 치아 하나를 보여주셨다.

"아들, 별로 안 아팠는데 갑자기 이가 빠졌어, 피도 별로 안나여."

문경, 점촌 사투리는 말이 '~여'로 끝나는 특징이 있다. 무뚝뚝

한 경상도 아들이라 참 무심했다. 그때는 치아가 빠질 수도, 뭐 그럴 수도 있겠다는 생각이었다. 빨리 잇몸치료를 받아야 한다거나 임플란트를 해야한다는 생각은 전혀 할 수 없었다. 지금도 어머님께 죄송스럽고 미안한 순간이다. 치주과 선배님에게 진료를 받고 집에 돌아와서 어머님께 여쭤보았다.

"엄마, 왜 그때 이 빠질 즈음에 치과에 가서 진료 안 받으셨어요?"

"갔지. ○○치과를 갔는데 의사가 '아주머이, 이대로 두면 이 다 뽑아야 되여.' 어찌나 퉁명스럽고 불친절하게 말하는지 기분 나빠서 안 갔어."

그 당시 원장님의 진단은 객관적이고 정확하셨다. 다만 당뇨와 치주질환에 대해 환자가 이해하고 현재 상태를 받아들일 수 있는 친절한 말투로 환자를 안심시키며 진료를 봐주셨다면 좋았을 것이라는 아쉬움이 남는다.

필자는 치주질환이 아직 시작되지 않았지만 당뇨가 심하게 진행되었던 환자분들에게 이 이야기를 꼭 한다. 친절하면서도 염려스러운 말투로 혈당 관리도 정말 중요하니 잘하시도록 설명드리며 치과 치료와 예방할 수 있는 시기를 놓치지 않기를 바라는 진심을 전달한다.

치아가 많이 썩어서 부끄러워하는 환자, 또는 본인의 관리 소홀로 아이의 치아가 많이 썩어서 속상해하며 자기 탓을 하는 보호자에게는 필자의 또다른 이야기를 해 준다.

"저는 중학교 1~2학년, 치아가 종종 아팠지만 치과 가기가 싫어 아픈 사실도 숨긴 채 지내다가 어느 날 너무 아파서 치과에 안 갈 수가 없었어요. 진단받고 보니 충치가 13개나 있었죠. 30여 년이 지난 지금도 치료받았던 13개는 뽑지 않고 잘 사용하고 있어요. 그 후로도 지료받은 치아들도 있어요."

"그렇게 많이 썩었는데도 잘 치료받고 잘 관리해서 지금껏 잘 사용하고 있어요. 아이들이 말하지 않으면 부모님들이 입안 문제를 놓치기 쉽죠. 치과의사들도 충치 생기고 발치하고 임플란트합니다. 양치 안 했다고(본인을 혹은 자녀를) 너무 나무라지 마세요. 지금 치료 받으러 왔다는 사실이 중요한 거죠. 늦지 않았으니 치료 잘 받고 관리 잘 받으면 오래오래 잘 쓸 수 있습니다. 관리하는 법도 따로 상세히 설명 드릴께요."

오래된 치과에 대한 두려움을 안고 찾아온 환자에게는 "치과가 좀 무섭죠? 저는 아직도 진료받으려고 하면 긴장돼요. 제가 그 마음 아니까 조금 더 편안하게 느끼실 수 있도록 최선을 다할게요"라고 말해 주는 것만으로도 마음이 풀어진다. 그리고 마취가 무서운 건지, 소리가 무서운 건지, 입을 벌리고 있는 것이 불편해서 두려운 건지 등 환자가 가장 크게 느끼는 공포가 어디서 오는지 대화를 통해 파악하고 최대한 그 원인을 제거하기 위해 노력하는 모습을 보여주는 것이 좋다.

환자가 치과를 내원한 이유를 파악했다면 사람의 오감 중에서 시각이 차지하는 비율이 약 80%라는 말이 있듯이 구강 검진과 방사선 촬영뿐 아니라 구강내 사진을 통해 환자의 문제를 시각적으로 다양하게 보여주는 것이 중요하다. 구강검진을 통한 치과의사의 일방적인 설명은 환자의 이해를 돕고 신뢰를 얻기 어렵다. 그리고 일반 환자들이 방사선 사진만으로 문제의 심각성을 즉각적으로 받아들이기는 힘들다. 그래서 환자에게 방사선 사진을 이해시키며 설명할 때는 시간이 다소 걸린다. 하지만 구강 사진을 보여주면서 문제점들을 알려주면 환자들이 좀 더 즉각적으로 문제를 받아들이고 이해하는 경향을 보인다. 이외에도 구강 내 문제를 보여주고 진단할 수 있는 도구는 많지만 결국 환자가 이해하기 가장 좋은 도구는 구강 내 사진이라고 생각한다.

문제를 보여주었다면 다음 단계는 환자와 함께 치료 계획을 잡아야 한다. 바쁜 치과일수록 치료계획 단계부터는 상담 실장이 주로 업무를 도맡아 하는 경우가 많은 것으로 안다. 하지만 이 지점에서 의사가 환자에게 직접 치료 계획과 순서, 예상되는 기간을 설명해 준다면 다른 치과와 차별화를 할 수 있으며 치료 동의율도 끌어 올릴 수 있다.

치과의사마다 진료할 수 있는 범위가 다르듯이 환자도 진료를 받을 수 있는 범위가 경우마다 다르다. 어떤 환자는 시간이나 경제적인 이유로 당장 급한 것만 진료받길 원할 수 있고, 어떤 환자는 전체적인 검진을 통해 모든 문제를 해결하고 싶어한다. 환자가 받을 수 있는 진료의 범위를 먼저 물어보고 그 의견을 존중하며 치료 계획을 수립해야 한다. 그렇다고 문제가 있는 부분을 언급하지 말라는 것은 아니다. 환자가 치료를 원하지 않는 부분이더라도 다른 문제가 있음을 알려주는 것은 의료인으로서 마땅히 해야 하는 의무임을 밝히고 치료 범위를 결정하는 것은 환자의 권리임을 말해주어 환자의 부담도 덜어주면서 앞으로 필요한 치료를 준비할 수 있도록 도와주어야 한다.

환자가 정말 원하거나 혹은 치과의사의 시간이 허락된다면 환자가 처음 내원한 당일에 모든 설명을 해주는 것이 좋다. 하지만 현실적으로 다른 예약 환자들로 인해 당일 상담이 곤란하다면 간단한 설명을 하고 다음 내원에 자세한 설명하는 시간을 한 번 더 가지는 것도 좋은 방법이다. 환자가 다른 치과에 갈 것이라고 걱정하지 않아도 된다. 앞에서 보여준 정성과 노력을 환자는 기억한다.

환자에게 설명할 때는 쉬운 말과 친근한 언어를 사용하는 것이 좋다. 치과의사로서 더 많은 정보와 치료 계획을 전달하고 싶겠지만 환자들에게 낯선 전문 용어를 남발하면 오히려 불안을 가중시킨다. 대신 치료의 필요성과 과정에 대해 친숙한 표현을 써서, 그들이 이해할 수 있는 방식으로 설명하면 환자는 마음의 부담을 덜고 치료를 받아들이게 된다. 치료의 필요성을 설명할 때도 '치아는 그저 고치는 대상이 아니라 오랫동안 함께 지켜가야 할 소중한 자산'이라는 말처럼 환자가 치아 건강을 자연스럽게 받아들일 수 있는 언어를 사용하는 것이 중요하다.

종종 상담 중에는 예상치 못한 갈등 상황이 생기기도 한다. 환자 입장에서 걱정과 우려가 크게 다가오는 순간 치료의 어려움에 직면하게 된다. 의사는 그들의 감정을 받아들이고 공감하는 태도를 잃지 말아야 한다. 상담은 단순한 치료 계획을 전달하는 것이 아니라 환자의 생각과 감정에 귀 기울이는 과정이다. 감정을 소통의 중심에 두고 상대방이 느끼는 감정의 변화를 수용할 때, 대화는 부드럽고 진실된 관계로 이어진다.

치료계획에 대한 상담이 끝나면 앞으로의 치료와 그 이후의 관리를 위해 환자분의 협조가 필요함을 설명하고 상담의 마무리 시기에는 환자에게 긴 시간 경청해주어 감사함을 꼭 표현하자.

사람들이 마음을 여는 이유는 간단하다. 그곳이 자신이 안전하고 존중받는 자리라고 느낄 때다. 환자는 자신의 고민이 가볍게 다뤄지지 않고 진심으로 받아들여지는 느낌만으로도 편안해진다. 상담 중 그들의 작은 목소리와 우려 하나하나에 귀 기울이며 대화를 이어 나갈 때, 신뢰는 더 깊어지고, 치료 과정에도 자연스럽게 순응하게 된다.

충성고객을 만드는 환자 관계 관리
(환자 경험 관리, 충성 고객)

"늘 가는 원주치과, 원장님이 아주 꼼꼼하게 잘 봐주시고 간호사 선생님들도 너무 친절해요. ^.^ 저희 가족은 여기 다닌 지 10년 가까이 된 것 같네요. 강력 추천해요."

"정기적으로 검진받는 치과. 연락이나 예약도 깔끔해서 잊지 않고 검진받을 수 있어요. 사랑니 3개 발치도 여기서 했는데, 하나도 안 아프고 사후 관리도 잘해주십니다. 얼굴도 안 붓고 정말 정말 최고예요. 모두 친절하시고 진료와 치료를 너무너무 살해주십니다. 너무 추천해요."

충성고객은 치과의 지속 가능성과 성장을 보장하는 핵심 자산이다. 치과에서 충성고객이라 하면 계획된 모든 진료를 마치고 지속적으로 내원하며 정기검진을 받는 환자를 말한다. 충성고객은 단순히 진료 서비스를 구매하는 고객이 아니라 브랜드와 감정적으로 연결된 고객이다. 정기적인 내원을 통해 치과의 매출에 기여하고, 주변에 치과를 자발적으로 홍보하며 신규환자가 내원하는 데 기여한다.

미혼 남녀들이 영식, 영자, 순자, 영철 같은 가명을 가지고, 10여 명이 며칠 동안 합숙하며 자신의 짝을 찾아가는 〈나는 솔로〉라는 프로그램이 있다. 이 프로그램을 통해 보이는 사람들의 비슷한 모습이 있다. 바로 처음 만난 첫인상을 통해 선택했던 사람과 최종 선택한 사람이 다르다는 것이다. 첫인상이 좋았던 사람과 좋은 인연이 되려고 노력하지만, 본인이 좋아하는 상대방이 다른 사람에게만 관심이 있거나 아니면 여러 가지 이유로 다른 사람에게 호감이 생기며 첫인상을 통해 선택했던 사람에 대한 본인의 마음이 식어버리는 경우가 많다.

치과를 내원한 환자들도 마찬가지일 것이다. 고객 경험은 충성 고객을 만들기 위한 가장 중요한 요소이다. 초진 상담을 잘했다고 해서 치과가 환자에 대한 진료나 서비스 부분에서 소홀해진다면 환자의 마음은 어느새 식어버리게 될 것이다. 초진 상담에서 좋은 인상을 받았던 환자가 계속해서 우리 치과에 내원하는 충성고객이 되는 것은 아니다.

진료의 질, 예약 및 예약 변경의 편리함, 짧은 대기 시간, 환자의 말을 끝까지 들어주는 경청의 자세 등, 첫 진료부터 사후 서비스까지 모든 과정에서 환자가 긍정적인 경험을 하도록 해야 한다. 진료실에서 나와 결제하고 다음 예약을 잡으며 치과를 나서는 순간까지, 작은 순간들 하나하나가 모여 환자의 마음속에 치과의 모습을 그린다. 그리고 그 순간들이 유기적으로 이어질 때, 비로소 환자와 치과 사이에 신뢰가 쌓인다.

치과와 환자 간의 감정적 연결은 충성도를 높일 수 있는 중요한 요소이다. 환자가 치과에 대한 감정적 애착을 형성하기 위해서는 치과의 가치와 철학을 효과적으로 전달하고 환자의 삶에 긍정적인 영향을 미치려는 노력이 필요하다. 그런 노력으로 대기실, 홈페이지나 블로그 등에 치과의 미션, 비전, 핵심 가치를 노출하여 치과의 스토리를 보여주어야 한다. 투명하고 정직한 스토리텔링은 환자들에게 치과에 대한 감정적 연결과 함께 신뢰와 깊은 공감을 불러일으킬 수 있다.

대부분의 환자가 두 번째 내원했을 때는 대기실에 앉아 차례를 기다리며 처음 내원했을 때 긴장해서 잘 보지 못했던 부분들을 구석구석까지 세심하게 살펴본다. 아마 지난번 첫 내원 이후에 집에 가서 원주 치과에 대해 다시 한번 조사했을 수도 있다. 온라인에 있는 치과 후기들을 통해 본인의 선택이 옳았는지 검토하는 시간을 더 가졌을 수도 있다.

여러 번 방문한 환자라도 진료실에 들어서면 긴장하기 마련이다. 치과는 환자가 처한 상황을 진심으로 이해하고, 가지고 있는 두려움이나 불안을 조금이라도 덜어줄 수 있도록 배려하는 태도가 필요하다. 환자의 이야기를 들어주는 것은 상담에서 끝나는 일이 아니다. 진료실로 들어오는 환자의 작은 변화에 대해 가벼운 대화부터 시작해 보자. 의사가 환자를 기억하고, 환자의 머리부터 발끝까지 관찰하는 세심함이 있음을 보여주자.

"머리 하셨네요. 더 어려 보이세요."

"가방은 저 주세요. 좋은 가방 아무 데나 막 놓지 마시고 제가 옷장에 보관해 드릴게요."

"어머니, 운동화 너무 예쁜데요? 한 번도 본 적 없는 스타일인데, 언제 사셨어요?"

치료 과정의 두려움을 줄이기 위해 치료 과정 중에도 환자의 반응을 세심히 살피고, 환자에게 필요한 질문을 건네며 긴장을 풀어주는 것은 신뢰를 쌓는 또 하나의 방법이다. 치과가 줄 수 있는 작은 배려의 반복이 때로는 약보다 더 큰 힘을 발휘하기도 한다.

"마취 별로 안 아픈 거 아시죠? 자, 그래도 조금은 따끔할 수 있습니다. 지금 아프세요? 아이고 아프셨구나. 좀 더 살살 놓을게요. 지금은 어때요?"

"지난번 치료받고 어떠셨어요? 이런 치료는 치료 후 통증이 있을 수 있긴 하지만, 오늘은 좀 더 신경 써서 안 아플 수 있도록 하겠습니다."

세세한 부분에서부터 배려와 신뢰를 쌓아가는 과정이 중요하다. 환자가 다시 이 치과를 찾고 싶은 이유는 뛰어난 기술과 전문성만이 아니다. 치과에서 받았던 따뜻한 기억, 인간적인 대화, 그리고 마음을 편히 열게 해준 신뢰의 순간들이 쌓여 환자가 또다시 이곳을 찾게 되는 것이다.

치과, 의과 전체를 통틀어 환자가 전신 마취도 안 한 맨정신에 오랫동안 입을 벌리고 불편한 자세로 시술 또는 수술을 받는 과는 치과가 유일할 것이다. 그리고 다른 과에 비해 진료도 한 번에 잘 끝나지 않고 여러 번 내원해야 한다. 그래서 '치과 치료는 일단 오래 걸리고 힘들다.'라는 이미지가 환자들에게 강하게 인식되어 있다.

의사 입장에서도 마찬가지이다. 모든 진료가 쉽고 원활하게 진행되면 좋겠지만, 의사에게도 진료가 힘든 경우가 있다. 진료 자체의 난이도가 있거나 쉬운 진료라도 환자의 입이 작은 경우 특히 그렇다. 보통은 그날 예상되는 진료 시간에 대해 환자에게 미리 고지하고 양해를 구하지만, 진료 시간이 길어지다 보면 환자의 움직임이 많아지고 입을 자꾸 다물려고 하며 짜증 섞인 신음, 한숨을 내쉬기도 한다. 그러다 보면 의사 본인도 모르게 짜증과 한숨이 날 수 있다.

그럴 때는 진료 중간중간 쉬는 시간을 가지고 환자도 의사도 쉬어야 한다. 바쁜 와중이라도 의사와 환자 서로에게 신체적으로나 감정적으로 쉬는 시간이 필요하다. 의사가 힘들었다는 건 그만큼 진료를 꼼꼼히 하려고 노력했다는 것인데, 그런 노력들이 한순간의 행동이나 말실수로 물거품이 될 수 있다.

"오랫동안 체어에 누워 있기 힘드시죠? 게다가 입 벌리고 있는 건 더 힘드시죠?"

"지금까지 잘 도와주셨어요. 조금만 더 하면 끝나니까 힘내세요."

환자의 불편에 공감해 주고 불편을 알고 있음을 인지할 필요가 있다. 그리고 좋은 결과를 위해 진료가 길어지는 것에 대해 충분히 설명해 줘야 한다. 다시 진료를 시작하기에 앞서 격려와 위로만큼 환자에게 필요한 것은 없다.

"많이 힘드셨죠? 꼼꼼히 보려다 보니 오랫동안 입을 많이 벌리고 있게 했네요."

"원장님이 고생 많으셨어요. 입이 작아서 많이 힘드셨죠?"

"아니에요. 저보다 환자분이 더 힘드셨죠. 저야 늘 하는 일인걸요. 누워서 입을 오랫동안 벌리고 있는 게 얼마나 힘든데요. 저도 십 분 이상 잘 못 벌리고 있어요. 정말 잘 도와주셨고 수고하셨습니다."

하지만 만약 이런 힘든 진료가 매번 이어진다면, 환자는 과연 지속적으로 치과에 내원하고 싶은 마음이 생길까? 대답은 '아니다'이다. 고객 충성도를 높이기 위해서는 무엇보다 고품질의 의료 서비스를 꾸준하게 제공하며 진료 과정 중 환자의 불편한 부분을 개선하는 것이 중요하다. 아무리 친절하고 가격이 저렴해도 진료를 받았는데도 이전의 문제가 해결되지 않고 통증이 사라지지 않는다면, 또 진료받았던 곳에 문제가 생긴다면 환자는 그 치과를 떠나 다른 치과를 찾을 것이다. 의료진은 좋은 진료와 사후 관리 등 진료 과정 모든 측면에서의 탁월함을 위해 노력하고 환자의 기대를 충족시킬 수 있도록 지속적으로 개선해 나가야 한다.

치과가 충성고객을 형성하기 위해서는 진료가 질적으로 잘 마무리된 이후의 재진과 정기 관리에서 환자와의 관계를 지속적으로 관리하고 발전시키는 것이 필수적이다. 정기검진에서 환자가 주기적인 관리와 상담을 통해 자신의 구강 건강을 꾸준히 관리받고 있다고 느끼면, 환자들이 치과를 신뢰하고 장기적인 관계를 유지할 수 있다. 충성고객은 단순히 재방문을 넘어 주변에 치과를 추천하는 마케팅 효과를 가지며, 치과의 안정적 성장과 이미지 형성에 기여하기 때문이다.

"지난 번보다 양치 잘하셨네요! 좋습니다. 치아 안쪽 면은 더 잘 닦으셨는데, 치아 사이는 상대적으로 덜 닦인 모습이에요. 치간 칫솔 잘 쓰고 있으세요? 치간 칫솔 사이즈를 좀 더 큰 것으로 바꾸고 다시 한 번 더 교육해드리겠습니다."

정기검진이 형식적인 진료가 되지 않도록 개별 환자의 구강 건강 상태와 생활 습관을 분석하고, 각 환자의 구강 건강 상태, 치료 이력, 식습관이나 흡연 여부 등 생활 습관을 파악해 환자 맞춤형 진료 일정, 관리 방법, 주의 사항을 제공할 수 있어야 한다. 환자의 건강 상태는 시간이 지남에 따라 변화할 수 있다. 따라서 주기적으로 환자의 상태를 재평가하고, 필요하면 관리 방법을 조정할 수 있는 유연한 대응이 필요하다.

정기검진 환자라 간단한 검진과 스케일링만으로 진료가 끝날 수 있지만, 추가적인 서비스로 구강 마사지를 해주었다. 환자들은 '돈을 주고서라도 받고 싶다', '너무 기분이 좋다', '힐링이 된다' 등의 긍정적인 반응을 보였다. 치과가 환자의 기대를 넘어서는 경험을 제공할 때, 환자는 자연스럽게 치과에 대한 긍정적인 인식을 갖게 된다.

환자가 치과에 지속적인 관심을 느끼도록 하기 위해 환자들의 경험과 만족도를 주기적으로 수집하고, 환자들의 의견을 반영하는 노력이 중요하다. 환자에게 직접적으로 질문하거나 설문지를 통해 의견을 들을 수도 있다. 환자의 의견을 경청하고 불만 사항을 신속하고 정확하게 처리하면, 환자는 치과와 소통이 된다고 생각하여 신뢰도가 크게 증가한다. 환자들이 겪는 문제점을 해결하는 과정에서 치과는 더 나은 서비스를 제공할 수 있는 기회를 얻는다. 환자의 피드백을 통해 지속적인 개선이 가능한 치과, 살아있는 치과가 되어야 한다.

환자와의 관계는 마치 땅에 씨앗을 심는 일과 같다. 치과가 주는 세심함과 배려는 환자들 마음속에 조용히 뿌리를 내리고, 긴 시간이 흘러 마침내 신뢰라는 열매를 맺는다. 이들은 단지 몸을 고치기 위해 치과를 찾지 않는다. 마음을 두고 돌아갈 수 있는 '안식처'로 여긴다. 이렇게 형성된 신뢰와 소속감은 단단하다. 이들은 아플 때마다 망설임 없이 치과를 다시 찾게 된다. 치과라는 공간이 그들에게 가족 같은 든든함을 주기 때문이다.

환자와의 깊은 신뢰는 치과가 걸어갈 앞으로의 길을 밝힌다. 치과가 환자의 입장에서 더 나은 경험을 제공하려는 노력을 멈추지 않는다면, 그 길은 더욱 넓고 단단해진다. 환자 개개인에게 맞춤형 건강 관리를 제공하고, 그들의 작은 불편에도 귀 기울이며 변화를 시도하는 치과. 이러한 치과는 단순한 치료의 장을 넘어 사람들의 삶에 깊은 자취를 남긴다. 끝없이 환자와 함께 성장하며 신뢰를 쌓아가는 치과, 그 치과는 한 사람 한 사람의 이야기를 품고 이어가는 공간이 될 것이다.

다음은 필자를 훈훈하게 만든 환자분의 후기 중 하나이다.

"원주치과 정기 검진 다녀왔어요. 오늘은 열심히 닦지 못한 부분 스케일링하고 이상이 있는 곳이 없는지 확인받았습니다. 20년 전에 임플란트 한 치아가 조금 흔들려서 나사 하나를 교체했어요. 우리 몸 건강을 위해 여러 치과를 다니지만, 치과 진료는 한곳에서 꾸준히 받는 것이 중요하지요. 원주치과의원 강력 추천합니다! 간단한 관리부터 중증? 임플란트까지~ (주변 사람들이 치료받는 과정을 보아서 잘 알아요) 이름은 의원이지만, 최신 장비와 진료 의자가 많이 있는 규모 있는 치과입니다.

원장님 실력 있으시고, 사후 관리도 책임 있게 해주시며, 무엇보다 비싼 치료비도 합리적으로 조정해 주십니다. ㅎㅎ 또 자상한 설명과 친절함이 돋보입니다. 결점 하나? ㅎㅎ 예약이 필요합니다. 후기가 광고처럼 되었네요. 좋은 치과를 공유하고 싶은 마음에 글이 길어졌네요..."

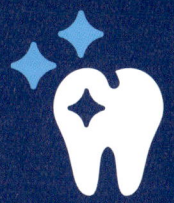

제3장

신뢰는 마음에서 시작된다

최석태 원장

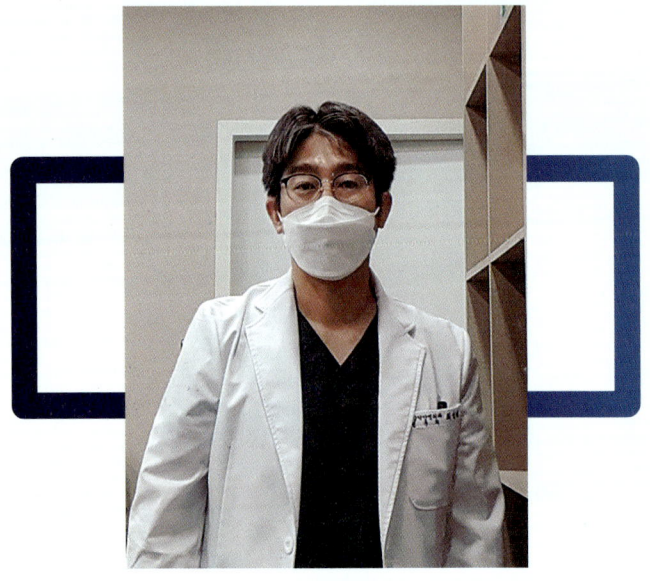

최석태 원장

    구강악안면외과 전문의. 전남대학교 공과대학 건축학과 졸업. 전북대학교 치의학전문대학원 졸업. 전북대학교병원 치과병원 구강악안면외과학 교실 수련. 현재 광주광역시 북구 용봉우리치과의원에서 대표원장으로 근무 중이다.

    아픈 사람들이 충분히 도움을 받을 수 있는 진료 여건을 마련하고, 진료 팀원들이 자신의 역량을 충분히 발휘할 수 있는 진료 환경을 구성하며, 나 자신과 진료 팀원, 그리고 우리 사회 모두가 지속 가능한 발전을 이룰 수 있는 의료 사회를 꿈꾸고 있다. 이러한 목표를 가슴에 품고, 작지만 소중한 우리 치과에서 하루하루 삶을 성실히 살아가고 있다.

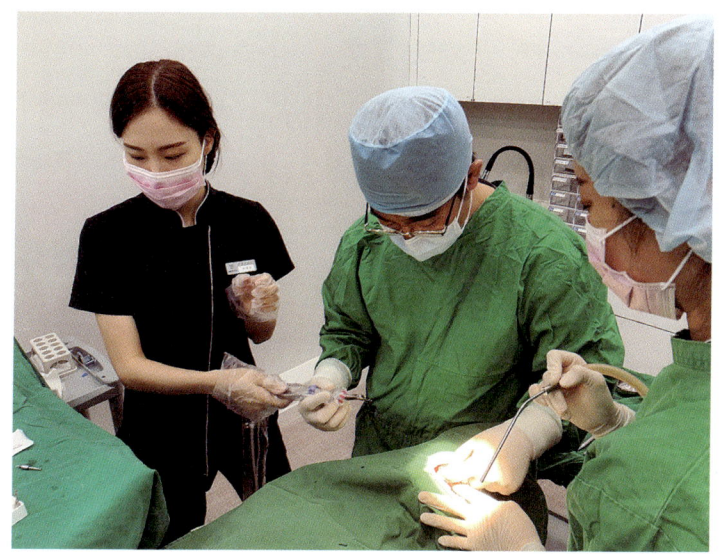

임플란트 수술 진료

신뢰는 마음에서 시작된다 : 환자와의 진솔한 소통

개원 초기, 밤새 치통으로 고생한 한 환자가 이튿날 아침 내원했다. 예약된 환자들이 대기실에 가득했지만, 나는 눈앞의 그 환자에게 집중하며 그의 이야기를 끝까지 들으려 노력했다. 밤새 얼마나 큰 고통을 견뎠을지, 그의 이야기에 귀 기울이고 고개를 끄덕이며 진심으로 이해하려는 마음을 전했다. 진료 시간이 부족할 때도 많았지만, 짧은 순간이라도 진심으로 환자에게 다가가려고 노력했던 나의 모습이 그들에게는 큰 위로가 되었을 것이라 믿는다. 이렇게 노력했던 시간들이 단순히 진료만을 위한 시간이 아니라, 환자와 의사 간 신뢰를 쌓는 중요한 순간이라고 생각한다.

의사와 환자 간의 신뢰는 마음에서 시작한다고 생각한다. 신뢰는 환자의 삶과 나아가 세상을 대하는 그의 태도에도 영향을 미친다. 치과 진료에서 신뢰가 없다면 환자는 더 불안해 하고 긴장하게 될 수 있다. 진료실에 앉은 환자는 의사의 손길에 자신의 고통을 맡기며, 의사는 환자의 두려움과 고통을 읽어내어, 단순히 기계적인 치료를 넘어서는 진정성 있는 소통으로 환자의 고통을 덜어주어야 한다.

진정성은 의사의 마음에서 우러나온다고 생각한다. 환자를 돕고자 하는 마음이 말뿐 아니라 손끝으로도 전달된다. 환자가 자신의 통증에 대해 말할 때, 의사는 단순히 증상 분석을 넘어 환자가 말하는 고통이 환자의 삶에 어떻게 영향을 미치는지 이해하려 노력해야 한다. 의사가 환자의 삶 속 고통의 순간들을 이해하려고 노력할 때 신뢰가 시작되기도 한다.

물론 이 과정에서 시행착오도 많이 발생한다. 그리고 의사는 모든 문제를 해결할 수 없다는 사실을 인정해야 할 때도 있다. 그리고 이런 솔직함이 때로는 환자에게 더 큰 신뢰를 주기도 한다. 한 환자가 여러 치과를 거쳤으나 정확한 진단을 받지 못한 채 우리 치과에 내원한 적이 있었다. 나는 그의 상태가 우리 치과에서 진료해 드릴 수 있는 범위를 넘어섰음을 인정하고 상급 치과로 의뢰했다. 그 환자는 이런 솔직한 태도에 감동해 나를 신뢰하며 다시 찾아왔다.

의사가 자신의 한계를 인정하고 진솔하게 환자에게 선택을 제안할 때 오히려 깊은 신뢰가 형성될 수도 있는 것이다. 신뢰는 마음에서 시작되어 솔직함으로 자라나, 의사와 환자가 함께 나은 길을 찾도록 돕게 된다. 의사는 종종 해결하기 어려운 문제를 마주하며, 좌절감에 젖어 있는 환자의 눈빛을 보게 된다. 자신의 한계를 인정하는 것은 쉽지 않지만, 이 순간 환자에게 다가가는 방법은 진정성밖에 없다. 환자의 고통을 함께 나누며, 해결할 수 없는 부분에 대해서는 솔직히 인정하는 것을 통해, 환자는 인간적으로 의사를 믿고 그의 진료를 신뢰하는 바탕이 되기도 한다.

현대의 의료 시스템은 빠르게 돌아가며, 환자는 대기실에서 긴 시간을 기다린다. 진료 시간이 제한적이라는 현실 속에서도 환자의 이야기를 끝까지 들어주는 의사의 태도는 환자의 마음을 움직이는 중요한 요소가 될 수 있다. '진료 시간이 부족하다.'는 생각이 종종

들 때도 있지만, 그 순간만이라도 환자에게 집중하는 것이 진정성 있는 진료를 위한 첫걸음이다.

치과 진료는 어쩌면, 환자의 삶을 들여다보는 순간에서 시작된다고 생각한다. 신뢰는 작고 어쩌면, 사소한 순간에서 자라나며, 그 순간들이 쌓여 더 나은 의료 경험이 만들어진다.

치과 운영은 팀워크 : 끊임없는 의사소통과 협업

치과 운영에서 팀워크와 협업의 중요성은 시대 변화에 따라 더욱 강조되고 있다. 특히 치과 진료에서는 치과의사의 역량만으로는 환자에게 최상의 치료 결과를 제공하기 어렵다. 환자의 구강 건강을 유지하고 개선하기 위해서는 다양한 전문가들의 노력이 필수적이며, 이들이 가진 전문성이 잘 융합되고 조율되어야 최상의 결과를 기대할 수 있다. 치과의사, 치과위생사, 치과기공사뿐만 아니라 회계와 노무 등 행정 담당자들까지 각자의 역할은 다르지만, 모두가 궁극적으로 지향하는 목표는 하나다. 바로 환자의 구강 건강과 이를 뒷받침하기 위한 치과의 성공적 운영이다. 이 모든 것은 '팀워크'와 '의사소통'이라는 두 축 위에서 이루어진다.

치과 진료에는 복잡하고 다양한 임상 과정이 포함되어 있다. 구강 내의 간단한 치료부터 보철물 제작, 심지어 악교정 수술 같은 큰 외과적 처치까지 폭넓은 술식이 요구된다. 예를 들어, 단순한 구내

염 치료조차도 치과위생사가 침을 석션해 주고 시야 확보를 원활히 해주어야 환자가 불편감 없이 편하게 진료를 받을 수 있다. 더 복잡한 술식일수록 치과의사와 치과위생사의 협력은 필수적이다. 조력자들의 도움이 없다면 원활한 진료는 불가능하며 성공적인 치료를 위해서는 모든 구성원들 간의 정확하고 신속한 의사소통이 담보되어야 한다.

팀워크는 단순히 함께 있다고 저절로 형성되지는 않는다. 팀워크는 서로의 역할을 명확히 이해하고, 각자가 해야 할 일을 인식하는 것으로부터 시작된다. 특히 임상 상황은 시시각각 변하기 때문에, 구성원들은 변화하는 조건에 능동적으로 대응할 준비가 되어 있어야 한다. 예를 들어 보철물을 제작하는 경우, 치과의사는 정확한 인상을 치과기공사에게 전달할 뿐만 아니라, 보철물 제작에 영향을 미칠 수 있는 다양한 정보를 최대한 제공해야 한다. 치과기공사는 치과에서 전해준 제한된 물리적 데이터를 중심으로 작업을 진행하므로, 환자들 각자만의 동적 교합 정보까지 제공된다면 구강내에서 기능하는 보철물의 질은 크게 향상될 수 있다. 이렇듯 진료 구성원 간의 충분한 정보 교환이 이루어질 때, 최상의 진료 결과를 기대할 수 있는 것이다.

의사소통은 어떻게 자연스럽게 이루어질 수 있을까? 구성원 간 훈련과 실습을 통해 다져질 수 있다. 예를 들어, 우리 치과에서는 매일 아침 모든 진료 구성원이 모여 그날의 진료 상황을 브리핑하는 시간을 갖는다. 이 시간을 통해 각자가 해야 할 일을 명확히 파악할 수 있으며, 빠르게 변하는 임상 상황에 대응할 수 있는 사전 정보도 얻을 수 있다. 또한 분기마다 식사 자리를 가지며 협력 치과기공소 장님들과 정기적으로 대면 미팅을 진행하며 보철물 제작 과정에서 발생하는 어려움이나 개선할 점에 대해 의견을 교환한다. 이러한 지속적인 소통은 단순한 협업을 넘어 서로에 대한 깊은 이해와 신뢰를 바탕으로 한 진정한 팀워크를 형성하게 한다.

또한 치과기공소 방문을 통해 실무적인 소통의 질을 높이는 것도 중요하다. 1년에 1번은 우리 치과 직원 모두가 협력 치과기공소를 견학하는 기회를 갖는다. 이를 통해 치과위생사들은 실제 기공소에서의 작업 과정을 이해하게 되어, 치과기공사들과의 협업이 더욱 원활해진다. 서로의 업무 내용과 환경을 이해하고 존중하는 과정에서 협업의 수준은 한층 더 발전하게 된다.

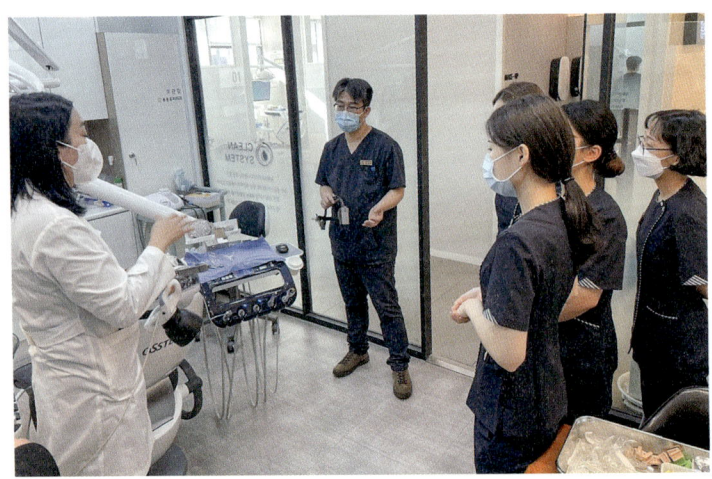

큐레이 진단기기 사용법 원내 교육

행정 업무에서도 팀워크는 필수적이다. 협력 회계사나 노무사와 원활한 소통이 이루어지지 않으면 치과 운영에 불필요한 문제가 발생할 수 있다. 예를 들어 수익과 지출 기록이 명확하지 않거나, 법적인 부분에서 간과된 사항이 발생하면 치과 운영에 큰 차질이 생길 수도 있다. 따라서 행정 업무팀들과도 정기적인 만남과 자료 공유를 통해 정확한 정보를 주고받는 것이 중요하다.

결국 성공적인 치과 운영은 각 구성원들이 얼마나 잘 협력하는가에 달려 있다고 해도 과언이 아닐 것이다. 각자의 역할을 명확히 이해하고, 원활하게 소통할 수 있을 때 비로소 팀워크가 형성된다. 이는 단순히 진료의 술기 능력 향상에 그치지 않고 치과의 전반적인 운영과 환자와의 신뢰 관계까지도 향상시킬 수 있다. 꾸준한 노력과 대화를 통해 팀워크는 다져지며, 결과적으로 환자에게 최상의 치료를 제공하는 데 큰 도움이 된다.

치의학전문대학원 후배들에게

나는 전북대학교 치의학전문대학원 1기이자, 치과대학으로는 25기로 입학하였다. 당시 나와 동기들은 새로운 전문대학원 교육과정 입학생으로서 교수님들과 선배들의 큰 기대를 받았다. 하지만 동시에 우리를 향한 일부 부정적인 시선도 존재했다. '그저 세속적인 이유로 치과의사가 되려는 사람들'이라는 편견도 있었다. 이러한 혼재된 인식 속에서 나는 전문대학원생으로서, 그리고 치과대학 25기생으로서 나만의 정체성을 찾기 위해 깊은 고민을 하게 되었다.

일부 동기나 후배들이 학부 시절을 '치의학과 무관한, 쓸모없는 과거'라고 여기는 모습을 볼 때면 안타까운 마음이 들곤 했다. 배움이란 그 자체로 의미가 있으며, 다음 학습의 자양분이 된다고 믿어왔기 때문이다. 치의학과 무관해 보였던 내 건축학 전공도 결코 헛된 것이 아니었다. 오히려 건축학적 소양은 치의학을 더욱 깊이 이해하는 데 중요한 자산이 되었다. 건축학을 통해 익힌 3차원적인 사고와 공간감은 치아와 구강 구조를 인식하고 치료하는 데 큰 도움이 된다.

중고등학교 시절의 내 꿈은 사실 공군 전투기 조종사였다. 하늘을 가르며 날아가는 전투기의 굉음 속에서 조종사의 미래를 꿈꾸었고, 전투기 모형을 만들며 간접적이나마 손끝으로 상상했던 조종사의 세계는 그 시절 나의 전부였다. 하지만 시력 저하로 인해 파일럿의 꿈은 접어야 했고, 인생의 일부가 무너진 듯한 깊은 좌절감을 느꼈다. 오직 전투기 조종사만을 꿈꾸었기에 첫번째 꿈을 접어야 할때의 그 좌절감은 더욱 컸었다.

건축학과에 입학하면서 내 인생은 새로운 전환점을 맞이했다. 건축의 세계는 그 자체로 매력적이었고, 건축 계획과 설계, 건축 역사를 배우며 인간성과 예술성이 조화를 이루는 모습에 깊이 매료되었다. 이상적인 인간의 삶을 담을 머릿속 상상의 공간이 현실 속에서 실제 모형으로 구현되는 순간의 황홀함은 그 무엇과도 비교할 수 없을 만큼 강렬했다. 그러나 시간이 지나면서 건축업에 대한 불안감이 커져갔다. 내가 과연 예술적 경지에 도달할 수 있을지에 대한 의문과 자기 검열에 따른 두려움이 생긴 것이다. 주관적인 평가가 중요한 예술 분야에서 나는 나 스스로를 확신하지 못했다.

군 생활을 마친 후, 일부 건축학과 선배들이 의학과나 치의학과로 진로를 바꾸는 것을 보고 나도 모르게 치의학에 관심을 갖기 시작했다. 치과의사가 되기로 한 결심은 단순히 건축가의 꿈을 포기하는 것은 아니었다. 전투기 조종사, 건축가, 그리고 치과의사라는 세 가지 꿈은 나에게 공통된 열망으로 이어졌다. 기계나 도구를 통해 3차원 공간을 다루는 열망, 그 자체는 변함이 없다. 전투기를 조종하며 가르는 하늘은 구강 내 더욱 세밀한 공간으로, 건축 설계를 통해 구상하던 건물은 이제 치아와 잇몸을 설계하는 일로 대체되었을 뿐이다.

전투기 모형 부품을 조립하며 익혔던 3차원 공간감과 부분과 전체의 개념은 치의학을 다양하게 바라볼수 있는 관점을 제공해 주고 있다. 세밀한 부품을 다루던 손의 감각은 정밀한 치과 장비를 사용할 때 큰 도움이 되었다. 프라모델을 조립하며 친구들과 항공역학적 지식을 토론한 경험 또한 남들과는 다른 관점에서도 치의학을 바라볼수 있게 해준다. 나는 치과 장비를 단순히 주어진 대로 사용하는 데 그치지 않고, 어떻게 하면 더 작고 견고하며 효율적인 도구로 설계해 사용할 수 있을지를 늘 고민한다. 이런 공학적 접근 사고방식 덕분에 때로는 내가 직접 치과 장비를 설계하고 제작해 사용해 보고 싶은 열망도 생기곤 한다.

돌아보면 내 인생의 목표는 한결같았다. 전투기 조종사로서 하늘을 누비는 꿈이 구강 내 공간을 개선하는 치과의사로 바뀌었을 뿐이다. 나는 전투기 조종사로, 건축가로, 치과의사로, 언제나 공간을 다루고 싶어 했다. 그리고 그 과정에서 쌓아온 다양한 배움과 경험은 현재 치과의사인 나를 더욱 견고하게 만들어주고 있다.

나는 후배들에게 그들이 걸어온 각자의 길을 소중히 여기라고 말하고 싶다. 비록 치의학과 직접 관련이 없을 것 같은 학부의 전공자였을지라도, 그 전공 과정을 이수하면서 체득한 전공 소양 지식들은 치과 진료를 다른 관점에서 더욱 깊이 이해하는 데 중요한 자산이 될 수 있다. 나와 같은 과정을 거친 후배들이 자신들의 학부 전공 지식들을 능동적으로 치의학에 접목해 각자의 독특한 방식으로 진료와 연구에 기여하기를 소망한다. 다양한 관점의 융합이 치의학의 미래를 더욱 밝게 할 것이다. 물론 기존 치과대학 후배들에게도 마찬가지다.

학이불염(學而不厭)

배움에 대한 열정은 언제나 나를 사로잡아왔다. 옛 성현들이 강조한 '학이불염(學而不厭)'의 가르침은 그저 책 속에 갇힌 교훈이 아니라, 내 삶의 철학이자 지침이었다. 배움을 싫어하지 않고, 그 속에서 끊임없는 즐거움을 찾는다는 이 가르침은 중·고교 학창시절부터 지금까지 나를 이끌어 준 원동력이었다. 고등학교때 담임 선생님께서 "배우는 자는 언제나 갈증을 느낀다."고 말씀하셨던 순간이 생각난다. 당시에는 그 말씀이 다소 어렵게 느껴졌지만, 이제는 그 뜻을 마음 깊이 이해하게 되었다. 배움의 갈증은 나를 앞으로 나아가게 하는 힘이었고, 그 끝없는 여정 속에서 나는 늘 새로운 길을 발견할 수 있었다.

배움의 기쁨은 정말 끝이 없는 것 같다. 나는 배움을 통해 인생의 여러 가지 길을 찾았고, 그 과정에서 스스로 성장하는 즐거움을 느껴왔다. 고등학교 시절, 내게 위로와 영감을 준 책은 《공부가 가장 쉬웠어요》였다. 단순히 성적을 올리는 것 이상의 의미를 깨닫게 해주었고, 배움 그 자체에서 행복을 찾을 수 있다는 것을 알게 해 주었다. 치과대학을 졸업하고 인턴과 레지던트 과정을 거쳐 개원의로 살아가는 지금도, 여전히 배우고 싶은 것들이 너무 많다. 세상은 넓고, 배움은 끝이 없다는 생각을 자주 한다. 더욱이 요즘은 인터넷과 유튜브 덕분에 시간과 장소의 제약 없이 마음껏 배울 수 있는 시대가 되었다. 배우고자 하는 마음만 있다면, 정말 무한한 배움의 기회가 펼쳐져 있다.

특히 치의학 분야에서는 아날로그에서 디지털로의 전환이 빠르게 진행되고 있다. 치의학은 분명, 과학의 영역이지만, 진단과 치료 과정에서는 주관적인 판단이 중요한 역할을 했다. 예를 들어, 치과 의사마다 충치를 진단할 때 기준이 달라질 수 있는데, 경험과 직관에 의존하는 경우가 많기 때문이다. 그러나 최근 디지털 기술의 발달로 이러한 주관적 판단의 영역이 점점 객관화되고 있다. 디지털 장비들이 제공하는 수치화된 진단 정보 덕분에, 이전에 직관에 의존하던 주관적인 진단이 명확한 기준에 따라 객관화되고 있다. 예를 들어, 디지털 엑스레이나 정량광형광기(Qray 장비) 등을 이용한 치아우식증 검사법 덕분에, 치아 우식의 범위와 정도를 시각적으로 확인하고 수치화하여 객관적인 진단 정보를 얻을수 있게 되었다. 이러한 객관적인 정보는 환자분들에게 더욱 큰 신뢰를 주고, 치과의사에게는 정확한 진단을 내릴수 있는 든든한 자료가 된다.

이러한 변화는 그 속도가 매우 빨라 치과의사에게 꾸준한 배움을 요구한다. 학교에서 배운 지식만으로는 따라가기 어려운 시대가 되었으며, 최신 기술과 트렌드를 따라가기 위해서는 끊임없이 공부해야 한다. 나는 배움의 갈증을 해소하기 위해 지역은 물론 전국 단위의 다양한 세미나와 학술대회에 참석하고 있다. 그곳에서 최신 치의학 기술과 연구 결과를 접하는 것은 매우 유익하다. 또한, 각종 인터넷 치의학 교육센터에서도 양질의 학습 자료들을 무료로 제공하고 있어 시간을 내어 꾸준히 학습하고 있다. 배우고자 하는 마음만 있다면, 언제 어디서든 배울 수 있는 기회가 무궁무진하다.

치의학의 여러 분과학회들도 배움의 중요한 장이다. 수련을 받고 전문의 자격을 갖춘 사람들만이 아니라 누구나 배우고자 하는 의지만 있다면 학회에 가입해 최신 지견을 익힐 수 있다. 소정의 절차를 거쳐 필요한 과정을 이수하고 학회비를 납부하면 누구에게나 배움의 문은 열려 있다. 나 역시 구강악안면외과 전문의이지만, 대한치과보철학회에 가입하여 보철학적 최신 지견을 배우고 있다.

분과 학회를 통한 학습은 치과의사의 역량을 더욱 키워주고, 이를 통해 환자들에게 더 나은 진료를 제공할 수 있다.

또한 나에게는 끊임없는 배움의 자극을 주는 소중한 동료 원장님들이 곁에 있다. 매주 화요일 밤과 일요일 아침에 함께 배움을 나누는 동료 구강악안면외과 전문의이신 늘푸른치과의 황웅 원장님과 더블엠구강악안면외과치과의 김현섭 원장님이다. 광주숭의중학교 선후배이자 동기로, 출신 치과대학은 다르지만 모두 구강악안면외과 수련을 받았다는 공통점이 있다. 단 3명이지만, '숭의 아카데미'라는 모임으로 오랜 시간 교류하며 배움을 나누고 있다. 짧게는 30분에서 길게는 3~4시간 동안 만나 서로의 안부를 묻거나 치과적 이슈에 대해 의견을 나누며, 때로는 특정 주제나 텍스트를 중심으로 세미나를 진행하기도 한다. 개인 사정이 있을 때는 않고 유연하게 모임 일정을 조정할 수 있어 지속적으로 모임을 이어가고 있다.

직원들과 시덱스 학술대회에서 인파워 신인순 대표님과 함께

이러한 모임은 내게 큰 활력을 준다. 치과에서 잠시 벗어나 동료들과 이야기를 나누고 서로의 애로사항을 공유하면서, 동시에 최신 학문과 트렌드를 배우며 현재에 머무르지 않고 정체되지 않도록 나 자신을 자극해 준다. 가끔은 서로의 치과를 방문해 좋은 점들을 배우기도 하고, 각자의 치과 운영에 실제적인 도움을 받기도 한다. 이러한 교류와 배움의 과정은 내 일상에 큰 의미를 부여한다.

일반 개원의 생활이 단순한 종착점이나 나를 가두는 틀이 되지 않도록 나는 항상 배움에 깨어 있고 싶고, 동료들과의 소통을 통해 끊임없이 성장하려고 노력한다. 배움과 소통을 통해 환자들에게는 더 좋은 진료를 제공할 수도 있고, 나 자신에게는 더 큰 만족감을 안겨주기도 한다. 무엇보다 나는, 이러한 과정을 통해 단순히 치과의사의 역할을 넘어 사회에 기여하고 공헌하는 삶을 살아가고 있다고 생각한다. 배움은 나에게 단순한 기술적 향상을 넘어, 우리 사회에 더 나은 삶을 제공할 수 있는 밑거름이 되어 준다. 매일 배우고 익히는 과정에서 나는 진정한 행복을 느낀다.

환자의 말에 집중, 진료에 집중, 기록에 집중

점심시간에 잠시라도 누워 쉬지 않고 계속 일하는 내 모습이 가끔 나 자신에게 '쉬지 못하는 바보'라는 생각을 들게 하곤 한다. 되돌아보면, 군 복무 중 여름에 강제로 주어졌던 오침(午寢) 시간만큼 달콤한 휴식도 없었던 것 같다. 내무실 침상에서의 낮잠은 사막의 오아시스와 같았고, 그 순간만큼은 세상에서 가장 행복했다. 하지만 치과의사로 살아가는 지금, 점심시간은 대부분 환자의 진료기록을 작성하는 데 사용되고 있다.

개원 후 나의 점심시간은 자연스레 진료기록을 채우는 시간으로 자리 잡았다. 외부 손님과 식사하는 경우를 제외하면, 점심시간에 마음 편히 쉴 여유가 거의 없다. 그런데도 이 바쁜 시간이 이상하게도 불편하지 않게 되었다. 오히려 그 안에서 묘한 안정감을 느끼기도 한다. 40대 중반을 넘어서면서 오전 진료 중 환자들과 나눈 대화가 금세 떠오르지 않을 때가 많아졌고, 그 결과 점심시간에 진료기록을 작성하는 것이 중요한 일상이 되었다. 환자들과 나눈 이야기들, 호소했던 증상들, 그리고 진료에서 놓치지 말아야 할 세세한 사항들이 기록을 통해 생생히 떠오르며 내 기억 속에 자리 잡는다. 때로는 진료 팀원들이 놓친 부분을 보완하거나, 잘못 기록된 내용을 수정하기도 한다. 이렇게 점심시간을 활용해 환자들의 이야기를 기록하며 흐릿해지던 기억을 체계적으로 정리한다.

군복무 중 강제로 주어진 오침 시간이 내게 재충전의 시간이었던 것처럼, 지금의 점심시간은 또다른 형태의 충전이다. 치과 진료는 단순히 술기에만 의존하지 않는다. 환자들에게 세심하게 다가가고 그들의 이야기를 귀 기울여 듣는 것이 진정한 치과의사의 역할이라고 생각한다. 그렇기에 점심시간을 활용하여 오전 환자들과 나눈 대화를 정리하고, 특이사항이나 불편을 호소했던 것들을 바로바로 기록할 수 있는 이 시간이 역으로, 내 마음을 차분하게 만들어 주며 다음 진료의 안정성을 높여준다.

물론 진료기록 작성은 때로 지루하게 느껴질 수 있다. 그러나 이 시간은 환자들과의 대화를 다시 떠올리고 그들의 긴장 상태를 더 정확히 파악하게 해 준다. 만약 기록하지 않고 넘어간다면, 기억력의 한계로 인해 다음 진료 때 환자들이 겪었던 불편함을 놓칠 가능성이 크다. 예컨대 충치 치료 후에도 잔존했던 미세한 통증을 호소했던 환자의 말을 기록하지 않으면 그 문제를 잊어버릴 수 있다. 그러나 이를 기록해 두면 다음 진료에서 문제를 빠르게 해결할 수 있다. 이런 경험을 통해 기록의 작은 습관이 환자들에게 더 나은 진료를 제공하는 데 얼마나 중요한지 깨닫게 된다.

환자와 나눈 이야기를 기록하는 것은 단순히 정보를 저장하는 일이 아니다. 그 안에는 환자와의 교감이 담겨 있다. 환자의 작은 불편 하나까지 꼼꼼히 기록하는 일은 그 불편을 해결하기 위한 첫걸음이자 환자에 대한 진심어린 태도를 보여주는 방법이다. 실제로 내가 작성한 꼼꼼한 진료기록 덕분에 환자와의 관계가 더 깊어진 경험도 많다. 어떤 환자들은 내가 그들의 말을 기억하고 있다는 그 사실 자체에 감동했고, 이는 환자와 나 사이의 신뢰를 더욱 공고히 했다.

한편으로는 점심시간에 누워 잠깐 쉬는 것이 더 나은 선택일 수도 있겠다고 생각하지만, 현재의 나에게는 그 시간을 활용해 진료기록을 작성하는 것이 더 큰 휴식으로 느껴진다. 물론 가끔 육체적으로 쉬고 싶은 마음이 들 때도 있지만, 오전 환자들의 기록을 꼼꼼히 남겨두면 오후 진료에 더 집중할 수 있고 돌발 상황에도 대비할 수 있었다.

예를 들어, 점심시간에 기록을 작성해 두면 갑작스러운 문서 발급 요청이나 진료 내용에 대한 문의가 들어왔을 때 빠르게 대응할 수 있다. 이미 검토가 끝난 문서를 언제라도 발급할 수 있으니, 혹여 시간에 쫓겨 부정확한 문서를 발급하게 되지는 않을까 하는 불안감을 해소할 수 있다. 그리고 점심시간에 작성한 기록은 단순히 나만을 위한 것이 아니라, 진료실 내의 의사소통을 원활하게 하고 환자에게 더 나은 서비스를 제공하는 중요한 연결고리가 될 수도 있다.

물론 점심시간에 쉬지 않고 집중을 유지하는 일이 항상 쉬운 것은 아니다. 육체적으로 지칠 때는 온전한 휴식을 취하기도 한다. 그리고 점심시간의 휴식을 벌충하기 위해, 작성하지 못한 기록은 오후 진료 중이라도 짬짬이 완성하려고 한다. 군복무 중의 오침이 하루의 에너지를 채워 준 것처럼, 지금의 점심시간 기록 작업은 내 진료에 새로운 활력을 불어넣어 준다.

결국 점심시간을 활용해 오전 진료 기록을 완성하는 것은 나에게는 휴식을 통해 얻는 육체적 회복만큼이나, 아니 어쩌면 그보다 더 큰 정신적 안정과 회복을 준다. 물론, 육체적인 휴식도 중요하므로 기록 시간을 효율적으로 줄이는 방안은 꾸준히 고민해야 한다. 더불어 기록은 단순한 업무를 넘어, 진료의 질을 높이는 중요한 과정임을 나는 매일 실감하고 있다.

결국은 사람

2017년 개원한 이후, 우리 치과에는 여러 변화가 있었다. 직원들이 입사와 퇴사를 거듭하며 새로운 얼굴들이 들어왔다 나갔지만, 변함없이 우리 치과를 든든하게 지지해 주는 분들이 몇 분 있다. 그 분들 중 한 분은 바로 개원 첫날부터 지금까지 우리 치과와 함께해 온 든든한 파트너, ㈜참사람덴탈의 이정준 대표님이다. 그는 매니저와도 같은 역할을 하며, 우리 치과에서 사용하는 거의 모든 기구와 장비, 재료를 공급하고 각종 재무 관련 문제와 기구 장비의 고장을 종합적으로 관리해 준다.

그와의 첫 만남은 내가 치의학전문대학원 3학년이던 시절로 거슬러 올라간다. 당시 실습실에 새로 도입될 유니트 체어들이 실습실 복도에 줄지어 있었다. 평소 장비와 기구에 대한 호기심이 많았던 나는 유니트 체어들을 유심히 살펴보았고, 그때 설치 작업 중이던 직원에게 궁금한 점을 물어보았다. 그 직원이 바로 이 대표님이었다. 당시 그는 치과 유니트 체어 제작과 판매를 전문으로 하는 ㈜신흥에서 전주 소장님으로 일하고 있었다. 짧은 대화였지만, 그것이 인연의 시작이 되었고, 훗날 내가 개원을 결심하면서 그의 도움을 받게 될 줄은 전혀 예상하지 못했다.

수련을 마치고 봉직의로 근무하던 시절, 나는 개원을 결심하고 준비에 들어갔다. 준비 과정이 한창일 때, 그가 ㈜신흥을 퇴직하고,

치과 의료용 재료와 기구, 장비를 주력으로 하는 사업체를 운영하고 있다는 사실을 알게 되어 그에게 연락을 하였다. 마치 결혼 준비를 돕는 결혼 매니저처럼, 인테리어부터 재료, 장비, 기구까지 세세하게 챙겨주었고, 덕분에 나는 안정적으로 개원을 준비할 수 있었다.

대부분의 치과원장들이 이러한 개원 과정을 겪지만, 개원 후에는 여러 이유로 파트너와의 관계가 소원해지기도 한다. 요즘은 저렴한 치과 온라인 쇼핑몰들이 많아지면서, 많은 원장들이 더 편리하게 물건을 구매하고 정보를 얻을 수 있는 경로를 찾기도 한다. 하지만 나는 지금도 여전히 대부분의 치과 재료와 기구를 그를 통해 구입하고, 경영상 문제가 생길 때에도 허심탄회하게 논의한다. 온라인 쇼핑몰의 편리함을 알면서도 여전히 모든 것을 그와 상의하는 이유는 무엇일까?

바로 우리치과와 나를 대하는 그의 인간적인 태도 때문이다. 그는 진료와 관련된 일 외에도 내가 묻는 모든 질문에 항상 진심으로 답해준다. 치과에 필요한 특정 재료나 장비가 그의 취급 품목이 아닐지라도, 그는 여러 루트를 통해 답을 찾아준다. 마치 우리 치과의 직원처럼 수소문하여 최선의 해결책을 제시해 주는 모습은 감동적이다. 덕분에 치과 운영에서 발생하는 긴급 상황에서도 나는 진료에만 집중할 수 있다. 치과의 컴프레서나 석션과 같은 중요한 장비가 갑자기 멈출 때조차, 그는 신속하게 대체품을 제공하고 해결책을 제시하며 마치 자신의 일처럼 처리해 준다. 이러한 그의 태도 덕분에 나는 그와의 신뢰를 더욱 깊게 유지할 수 있다.

위와 같이 단순히 치료를 제공하는 서비스 제공자가 아니라, 환자들에게 신뢰를 줄수 있는 존재로 받아들여진다면 환자들은 쉽게 떠나지 않을 것이다. 치과는 결국 사람을 상대하는 곳이다. 아무리 최신 장비와 기술이 도입되고 근처에 새로운 치과가 생기더라도, 환자들이 돌아오는 곳은 결국 사람 간의 신뢰가 숨 쉬는 곳이다. 환자들이 어떤 치과를 선택할지는 이 신뢰에 달려 있다고 해도 과언이 아니다.

의료 환경은 끊임없이 변화하고, 치과계에도 늘 새로운 변화가 존재하지만, 내가 누구보다도 그를 신뢰하듯, 우리 치과 환자들에게도 한결같은 신뢰를 줄 수 있다면 우리 치과도 변하지 않는 든든한 사랑을 받을 것이다.

글을 쓰기 이전의 제 자신을 반추하며, 글을 쓰고 있는 지금 이 순간의 저를 돌아보고, 글을 완성한 이후의 제 모습을 상상해 봅니다.

이 글에 직접적으로 언급되지는 않았지만 용봉우리치과를 응원해 주시는 모든 분들께 진심 어린 감사의 마음을 전하고 싶습니다. 또한 늘 변함없는 마음으로 응원해 주고 헌신해 주는 사랑하는 가족들에게도 이글을 통해 깊은 고마움을 전합니다.

나아가, 책을 쓸 수 있는 소중한 기회를 주시고 따뜻한 격려를 아끼지 않으신 인파워의 신인순 대표님과 공동저자분들께도 진심으로 감사드립니다.

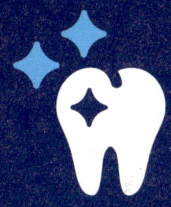

제4장

흔들리지 않는 마음이 위기를 기회로 만든다

서원교 원장

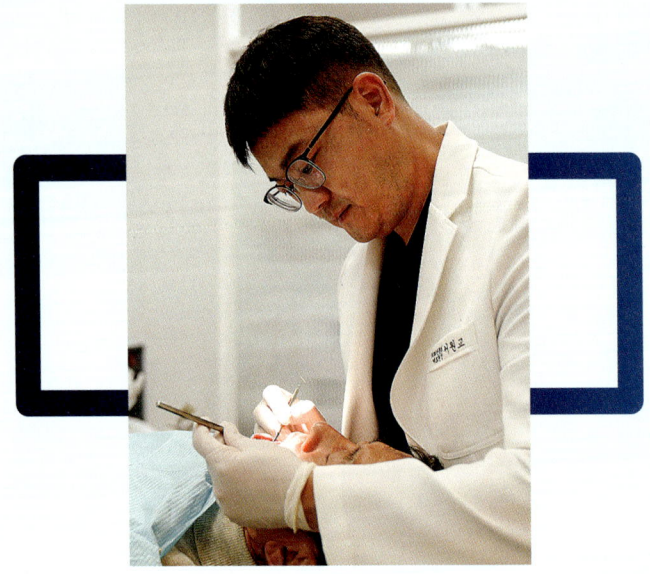

서원교 원장

　부산대학교 치과대학 00학번으로, 현재 부산 동구 범일동에서 이진치과 대표원장으로 진료 중이다. 주임 과장으로 3년을 거친 후, 현재는 개원의로서 3~4년 차이다. 통합치과 전문의로서 최대한 많은 경험을 쌓고 환자에게 도움이 되는 실력을 갖춘 후 개원하고자 했으며, 어려운 경험과 힘든 시간이 나에게 피와 살이 될 것이라 믿고 최선을 다해 진료에 임했다.

　진심을 다해 하루하루를 보내다 보니 소심하고 부족했던 나 자신에게도 스스로 믿음이 생겼다. 특히 마음을 다해 진료했던 좋은문화치과에서의 3년 동안, 오롯이 환자들에게 집중하며 신뢰를 얻었을 때 스스로에 대한 확신이 생겼다. 그러나 개원 후에는 단순히 진료 실력만으로는 충분하지 않다는 것을 깨달았다. 인파워 강의들을 통해 새로운 시야를 갖게 되었고, 그 덕분에 진료와 경영이 나름 안정적인 궤도에 올랐다. 또한, 그동안의 원장 경험만이 전부가 아님을 깨닫고, 전국 각지에서 진료와 경영을 훌륭히 병행하는 저자님들 같은 훌륭한 원장님들에 대한 존경과 인식을 넓힐 수 있었다.

【비전하우스】

사명_
신뢰와 이해를 바탕으로 말과 마음의 소통이 하나되어 곧게 이어나가는 병원

비전_
신뢰구축을 위한 경청하는 자세
상황인지 후 원활한 의사소통
정서적 지지
개별화된 치료
환자의 자율성 존중

핵심가치_

배려와 신뢰 - 환자의 안전과 편안함을 최우선으로 고려하며 환자의 기대에 귀 기울인다.

전문성_

전문적이고 질 높은 진료를 제공한다.

지속적인 개선_

의료와 서비스의 개선을 위해 피드백을 수용하고 새로운 교육을 통한 발전 가치를 중요하게 생각한다.

핵심역량_

의사소통능력

문제해결능력

팀워크

사람마다 치과에 기대하는 바가 다를 수 있다. 물론 최고의 진료가 밑바탕이겠지만 그 외에 요구되는 것을 잘 알아야 서로가 원원하는 진료로 이어질 수 있다고 믿는다.

이청득심(以聽得心)

귀 기울여 경청하는 일은 사람의 마음을 얻는 최고의 지혜라는 말이 있다. 들은 내용을 이해하고 말하는 사람의 심정을 공감하며 내가 경청하고 있음을 상대방을 느끼도록 듣는 것이다. 의사로서 환자의 이야기를 직원들의 이야기를 잘 듣는 것만으로도 상대방의 마음이 안정되고 말하고자 하는 것들을 이해하고 받아들일 수 있다. 원활한 소통 속에서 오는 편안함과 안정감은 우리가 상상하는 그 이상일 것이다. 그 속에 배려, 신뢰, 사랑, 정성이 다 들어있다.

하나, 신뢰의 기반

의사와 환자 간의 신뢰는 치료의 성공에 필수적이다. 의사는 환자의 이야기를 경청하고 그 마음을 이해하려 노력함으로써 신뢰를 구축할 수 있다. 환자가 자신의 증상과 감정을 솔직하게 표현할 수 있는 환경을 만드는 것이 중요하다.

둘, 상호 소통

의사는 환자의 말을 귀 기울여 듣고 환자는 자신의 상태와 우려를 자유롭게 이야기할 수 있어야 한다. 이런 상호 소통은 환자가 자신의 건강 상태에 대해 더 잘 이해하고 의사의 조언을 따르도록 돕는다.

셋, 정서적 지원

환자는 종종 치료 과정에서 감정적인 어려움을 겪는다. 의사가 환자의 말을 듣고 그 감정을 이해하면 환자는 정서적 지지를 받을 수 있다. 이는 환자가 치료에 대한 긍정적인 태도를 유지하는 데 도움이 된다.

넷, 개별화된 치료

환자의 개인적인 경험과 감정을 이해하는 것은 의사가 맞춤형 치료를 제공하는 데 매우 중요하다. 의사는 환자의 삶의 맥락을 고려하여 치료계획을 세울 수 있으며 이는 환자의 치료 만족도를 높이고 회복을 촉진한다.

다섯, 환자의 자율성 존중

환자가 자신의 건강에 대한 정보를 알고 있으며 의사와의 대화를 통해 적극적으로 치료과정에 참여할 수 있도록 하는 것이 중요하다. 이는 환자가 자신의 치료에 대한 책임감을 느끼게 하고 더 나은 결과를 가져올 수 있다.

이청득심의 원칙을 바탕으로 한 의사와 환자의 관계는 단순한 진료를 넘어 신뢰와 이해를 바탕으로 한 협력적 관계로 발전할 수 있다고 믿는다. 이러한 관계는 환자의 치료 효과를 높일 뿐만 아니라 전반적인 의료 경험을 개선하는 데 중요한 역할을 하게 되는 것이다. 의사는 환자의 목소리를 듣고 그 마음을 이해함으로써 더욱 효과적이고 인격적으로 존중받는 치료를 제공할 수 있다.

이진치과는 의사와 환자와 직원들과의 원활한 의사소통으로 인해 말과 마음의 소통으로 어긋나지 않고 곧게 이어나가고자 한다. 그것이 모여 미래의 우리의 자산이 될 수 있다는 믿음으로 하루하루를 차곡차곡 쌓아나갈 것이다.

적응력과 유연성

처음 임플란트 치료를 배울 때, 아날로그 방식을 고집하는 원장님 밑에서 5년을 보냈다. 그분은 1세대 임플란트 기술을 철저히 따르면서 손으로 직접 만지고 체험하는 것을 중요하게 생각하셨다. 마치 손끝에서 모든 결과가 나오는 것처럼, 기계에 의존하지 않고 오로지 감각과 경험에 의지해 임플란트를 식립하였다. 그 아래에서 나도 수술 도구의 작은 변화 하나 놓치지 않으려고 긴장하며 배우기 시작했다. 환자의 입안에서 뼈를 다듬고 신경을 피하는 작업은 오직 숙련과 판단력에 달려 있었으니, 하루 종일 수술에 매달리며 차근차근 몸으로 익혔고, 그렇게 쌓인 시간이 손끝의 감각으로 스며드는 걸 느꼈다.

하지만 시간이 흐르면서, 이 아날로그 방식만으로는 현대 치과에서 요구하는 새로운 기술을 따라가기가 어렵다는 생각이 들었다. 그래서 나는 새로운 길을 찾기로 했다. 디지털 치과를 선도하던 원장님 밑에서 3년을 보내며 3D 스캐너, CAD/CAM 시스템, 디지털 임플란트 가이드 같은 첨단 장비들을 활용하게 됐다. 아날로그 방식에서 긴 시간이 걸리던 수술이 디지털로 단축되는 것을 보며, 시대가 변하고 있음을 실감했다. 디지털 임플란트 수술은 환자에게도 더 빠르고 안전한 치료를 제공했으며, 치과 운영 측면에서도 큰 이점이 있었다. 이렇게 상반된 두 가지 방식을 통해 얻은 경험은 큰 자산이었지만, 기술만 좋다고 해서 환자의 마음을 얻을 수 있는 건 아니라는 점도 배울 수 있었다.

그 후 2차 병원에서 주임 과장으로 3년을 일하며, 이 두 가지 기술을 바탕으로 다양한 환자들을 접했다. 치과에는 많은 환자들이 찾아왔고, 그때마다 환자 상태에 맞는 치료 계획을 세워야 했다. 환자와 신뢰를 쌓는 일은 결코 쉬운 일이 아니었다. 여러 치과를 전전하던 환자들은 이미 예민해져 있었고, 처음 만났을 때부터 불안감을 표현하는 경우가 많았다. 그럴 때마다 환자의 이야기를 진심으로 듣고, 그들에게 맞는 최선의 치료 방안을 찾기 위해 노력했다. 이때 깨달은 건 아무리 기술이 발달해도 환자와의 신뢰가 없으면 진료의 성공을 보장할 수 없다는 점이었다. 이 경험은 나중에 독립하여 진료를 시작하면서 큰 힘이 되어 주었다.

독립 후 치과를 운영하면서 가장 크게 배운 건 바로 책임감이었다. 이제는 모든 결정이 내 손에 달려 있었고, 치과에서 생기는 크고 작은 문제들까지 모두 내 몫이었다. 처음엔 실수도 많았다. 직원들과의 소통 문제부터 환자 관리까지 치과 운영의 모든 것이 쉽지 않았다. 낮에는 환자를 보고, 밤에는 치과 관련 공부와 치과 운영에 대해 연구하면서 차츰 경험을 쌓아갔다. 통합치과전문의 자격을 따기 위해 끊임없이 공부하며 더 넓고 깊이 있는 진료를 제공할 수 있게 됐다. 환자들이 점차 나를 신뢰해 주기 시작했고, 그 신뢰는 자연스럽게 치과의 성장으로 이어졌다.

하지만 돌아보니 불필요했던 부분도 있었다. 가장 먼저 지나친 완벽주의가 그랬다. 처음 아날로그 방식으로 배울 때는 모든 걸 스스로 해결해야 한다는 강박이 있었다. 그 결과 디지털 기술을 배우기 전까지 많은 시간을 스스로 낭비하게 된 것이다. 조금만 더 빨리 변화를 받아들이고 적응했더라면 시간과 에너지를 더 효율적으로 쓸 수 있었을 것이다. 2차 병원에서 주임 과장으로 일할 때도 과도한 자기 기대가 큰 부담이 되었다. 환자에게 완벽한 결과를 보여주고 싶다는 압박감에 스스로를 너무 몰아붙였던 시기도 있었다. 하지만 결국 환자들이 중요하게 생각하는 건 완벽한 기술보다는 그 과정에서 느껴지는 따뜻한 배려와 신뢰라는 점을 알게 되었다.

또 하나 중요한 교훈은 바로 균형의 중요성이었다. 치과를 운영하며 공부도 하고, 직원들과 환자를 관리하는 과정에서 어느 한쪽에만 집중하다 보면 다른 부분이 소홀해질 수 있다는 점을 느낄 수 있었다. 특히 밤낮없이 일하고 공부하다 보면 몸이 견디지 못하게 되고, 결국엔 진료의 질에도 영향을 미치게 됐다. 진료의 질을 높이기 위해서는 자기 자신을 돌보는 것도 중요하다는 것을 배웠다.

이 모든 과정을 통해 가장 크게 얻은 깨달음은 바로 적응력과 유연성이었다. 아날로그에서 디지털로, 대형 병원에서 독립된 병원로의 전환, 공부와 경영을 병행하며 변화하는 환경 속에서 어떻게 잘 적응하고 유연하게 대처할 수 있느냐가 성공의 열쇠였다. 기술은 계속 발전하고, 환자의 요구도 달라지기 때문에 변화에 빠르게 대응할 수 있는 능력을 갖추는 것이 정말 중요하다는 점을 알게 되었다.

위기를 습관처럼 대비하는 법은 경험을 통해 단단한 마음가짐을 만들어 가는 과정이라고 생각한다. 처음부터 우리는 위기를 예측하거나 위기 상황에서 완벽하게 대처할 준비가 되어 있지 않다. 그러나 시간이 지나면서 여러 번의 위기와 도전을 마주하게 되고, 그것을 견뎌내며 극복하는 과정에서 자신만의 대처 전략이 자연스럽게 몸에 배게 되는 것 같다. 나 역시 이러한 과정을 거치며 위기가 찾아올 때마다 두려워하지 않고, 오히려 그것을 기회로 삼는 법을 배워왔다.

첫 번째로, 대형 치과에서의 경험이 위기 대처 능력을 키우는 데 중요한 역할을 했다. 많은 환자를 짧은 시간 안에 진료해야 했고, 특히 디지털 기술을 통해 빠르고 정교하게 문제를 해결해야 할 때가 많았다. 위기가 발생했을 때 당황하지 않고, 평소에 익힌 시스템과 기술을 적용해 즉각적으로 대처하는 것이야말로 진정한 해결책이었다. 환자가 많을수록 다양한 임상 상황에 노출되면서 기술이 단련되고, 결과적으로 자신감도 쌓이게 됐다. 이 과정에서 자연스럽게 '위기에 익숙해지는 법'을 배울 수 있었다.

두 번째로, 지분 투자 경험이 큰 교훈을 주었다. 유명한 원장님 밑에서 배움을 얻고자 5년간 지분 투자를 했는데, 단순히 임상 기술만 배운 게 아니었다. 투자금을 돌려받지 못하고 법적 다툼까지 이어지면서 큰 스트레스와 혼란을 겪었지만, 시간이 지나며 '큰 고생을 해보니 작은 고생은 아무것도 아니구나.'라는 깊은 깨달음을 얻을 수 있었다. 쉽지 않은 과정이었지만, 그 경험 덕분에 이후에 찾아오는 작은 문제들에도 흔들리지 않고 차분히 대처할 수 있는 마음가짐을 가질 수 있게 됐다.

세 번째로, 2차 병원에서의 경험은 내 위기 대처 전략의 핵심이 되었다. 투석 질환 환자, 유방암 환자, 임신 중인 환자 등 전신 병력을 가진 환자들을 치료하면서 복잡한 상황에서도 신속한 판단과 행동이 요구됐다. 그들에게는 단순한 치료조차 위험이 될 수 있어서, 매번 세심한 계획과 철저한 준비가 필요했다. 이 과정을 거치면서 다각적인 시각을 키우고, 문제를 미리 예상하며 준비하는 습관을 들이게 됐다. 이런 경험이 쌓이면서 환자들에 대한 신뢰가 두터워지고, 내 자신에 대한 자신감도 함께 쌓였다.

그렇다면, 어떻게 위기를 습관처럼 대비할 수 있을까? 우선 중요한 것은 반복적인 경험이다. 위기를 한 번 겪고 끝나는 게 아니라, 다양한 형태로 반복해서 마주칠 때마다 조금씩 더 익숙해지고, 그 위기를 더 잘 다룰 수 있게 되는 것이다. 매번 새로운 상황에서 배우고, 그 배움을 다음 위기에도 적용할 수 있어야 한다.

두 번째는 철저한 준비다. 평소에 어떤 문제가 발생할 수 있을지 미리 예상하고, 그에 맞는 대비책을 세워두는 게 중요하다. 나 역시 환자들의 전신 병력이나 복잡한 상황을 대비해 늘 최신 의료 정보를 업데이트하며, 필요할 때 바로 대응할 수 있도록 체계적인 준비를 해왔다. 이런 사전 준비가 위기 상황에서 나를 더욱 차분하게 만들어 주었다.

세 번째로, 가장 중요한 것은 불안에서 벗어나는 법이다. 위기 앞에서 우리는 종종 불안에 사로잡히기 쉽지만, 큰 고생을 몇 번 겪고 나면 작은 고생은 더 이상 큰 문제로 느껴지지 않는 법이다. 나 역시 처음에는 작은 실수에도 크게 동요했지만, 여러 번의 큰 문제를 마주하고 나니 작은 일은 더 이상 걱정할 대상이 아니게 되었다. 이를 통해 스스로에 대한 확신과 믿음을 키우게 되었고, 이제는 위기 앞에서도 불안하지 않게 되었다.

이처럼 위기 대처는 단순한 순간의 대응 능력이 아니라, 반복된 경험과 준비, 그리고 마음가짐의 문제라고 생각한다. 불안보다는 자신의 능력에 대한 믿음을 쌓아가는 것이야말로, 위기를 습관처럼 대비하고, 그것을 오히려 성장의 기회로 만드는 가장 중요한 방법이라고 믿는다.

위기의 순간, 흔들리지 않는 마음의 힘

위기의 순간은 언제나 예고 없이 찾아온다. 그 순간 많은 사람들은 두려움과 혼란에 빠지며, 마음이 흔들리고 시야가 좁아진다. 특히 치과원장이라는 자리는 작은 문제 하나도 치과 전체에 큰 파문을 일으킬 수 있는 자리다. 그 순간 무엇이 우리를 지켜줄까? 기술일까? 재정일까? 아니다. 그 순간 가장 중요한 것은 눈에 보이지 않지만 모든 것을 움직이는 힘, '흔들리지 않는 마음'이다.

마음의 힘은 쉽게 눈에 보이지 않는다. 그러나 위기의 순간에 모든 상황을 이끄는 실질적인 원동력이다. 마음이 흔들리면 치과의 뿌리까지 흔들리지만, 나의 마음이 견고하면 아무리 강한 바람이 불어도 중심은 유지된다. 단단한 마음은 단순히 위기를 견뎌내는 것이 아니다. 그것은 위기의 순간에도 문제를 직시하고, 그 속에서 해결책을 찾아내며, 상황을 자신에게 유리하게 이끄는 힘이다.

위기 속에서 흔들리지 않는다는 것은 문제를 피하거나 무시하는 것이 아니다. 오히려 문제의 본질을 파악하고, 그 해결책을 차분히 찾아가는 것이다. 의료 사고나 직원 간의 갈등이 발생했을 때 원장이 흔들리지 않고 중심을 잡아주면, 그 안정감은 직원들과 환자들에게 고스란히 전달된다. 마치 거센 파도에도 뿌리 깊이 내린 나무가 끝내 쓰러지지 않는 것처럼 말이다.

마음의 힘은 결국 위기를 기회로 바꾸는 힘이다. 스스로의 마음을 굳건히 하면 위기는 치과의 성장을 촉진하는 계기가 될 수 있다. 반대로 마음이 흔들리면 문제 해결이 늦어지고 치과의 신뢰는 떨어진다. 그러나 중심을 잡고 차분하게 문제를 해결하면, 그 과정에서 신뢰는 더 깊어지게 되는 것이다.

몇 년 전, 나는 아날로그 임플란트로 유명한 원장 밑에서 더 큰 배움을 얻기 위해 지분 투자를 하여 5년 동안 근무했었다. 걱정과 고민이 많았던 시기였던 만큼 선택 또한 신중해야 했다. 그 당시의 나는 치료기술뿐만 아니라 치과 경영도 함께 배워 성장하고 싶었고 그 열정이 이끈 결과였다. 하지만 세상은 늘 우리가 계획한 대로만 흘러가지는 않는다.

5년 뒤, 약속된 투자금을 돌려받지 못하는 상황이 닥쳤고, 법적 다툼까지 벌어졌다. 본업에 큰 방해가 될 수밖에 없는 일이었고, 나와 가족은 불안에 빠졌고, 간혹 환자들 역시 그 불안을 느꼈다. 치과의 분위기는 무겁게 가라앉았다. 그런데 나는 한 번도 진료를 멈추지 않았다. 불안정한 상황 속에서 무너지지 않으려 무던히 애썼다. 나는 더 깊어지는 갈등 속에서도 오히려 마음을 단단히 다잡고, 매일 환자들을 맞이하며 최선의 치료를 이어갔다. 그것이 내가 안정을 찾을 수 있는 유일한 방법이었다.

법적 싸움이 지속되는 동안, 스스로 감정적으로 휘둘리지 않도록 노력했다. 진료는 진료대로, 분쟁은 분쟁대로 철저히 구분하며 치과의 운영을 흔들리지 않게 했다. 그 모습은 환자들에게 큰 안도감을 주었고, 직원들에게는 확고한 신뢰를 심어주었다. 흔들리지 않는 마음이 결국 치과의 모든 구성원을 지켜냈다.

 법적 다툼이 끝나고 나서, 나는 인생의 깊은 교훈을 얻었다. 단순히 금전적인 손실이나 갈등을 해결하는 것이 아니었다. 그 과정에서 배운 인내와 문제 해결 능력, 그리고 자기 자신에 대한 신뢰는 금전적 성공보다 훨씬 더 큰 자산이 되었다. 이 경험은 치과 경영뿐만 아니라 인생을 대하는 태도에도 커다란 변화를 가져왔다.

 삶의 큰 고비는 언제나 예고 없이 찾아온다. 개원 후 나에게 닥친 또 다른 고비 중 하나는 통풍이었다. 처음에는 평소처럼 테니스를 치고, 피티를 받으며 운동을 즐기고 있었다. 그런데 어느 날 발목에 심한 통증이 찾아왔다. 처음엔 그저 과도한 운동으로 인한 일시적 통증이라 여겼다. 하지만 통증은 점점 심해져 결국 걷는 것조차 힘들게 되었다. 테니스를 치며 느꼈던 즐거움은 사라지고, 발목이 부어오르며 고통이 시작됐다. 나는 한 발짝도 내딛기 힘든 상태가 되었고, 심지어 운전조차 할 수 없게 되었다. 매일 진료를 보고 난 뒤 집에 돌아오면 그저 누워서 쉴 수밖에 없었다.

 테니스는 나에게 단순한 운동 이상의 의미가 있었다. 그것은 일상 속 스트레스를 해소하고 활력을 불어넣어 주는 중요한 취미였다. 하지만 이제 그 테니스조차 할 수 없게 되면서 내 일상은 정체된 것처럼 느껴졌다. 몸이 움직이지 못하니 자연스럽게 마음까지 침체되었다. 진료를 마치고 집에 가서 지쳐 누워있는 나를 바라보며 앞으로 무엇을 해야 할지 생각할 수밖에 없었다.

 그러던 중 문득 이런 생각이 들었다. 몸을 움직일 수 없다면 그 시간에 뭔가를 배워보자. 나에게 주어진 이 시간을 그냥 흘러가게 두지 말자. 그렇게 찾아본 것이 바로 온라인 강의였다. 처음에는 시간을 때우기 위해 시작했지만, 강의를 들으며 점차 머릿속이 깨어나는 것을 느꼈다. 그동안 미뤄왔던 공부를 다시 시작하게 뇌었고, 치과의사로서 성장하고자 하는 열망이 되살아났다. 그렇게 찾아온 기회 중 하나가 바로 '인파워 닥터스' 강의였다.

'인파워 닥터스' 강의는 나에게 큰 전환점이 되었다. 이 강의는 치과의학의 이론과 실제를 넘나들며 실질적인 임상 적용에 대한 깊은 통찰을 제공했다. 단순히 기술을 배우는 것을 넘어 내가 환자에게 제공하는 진료의 질을 어떻게 높일 수 있을지 고민하게 만들었다. 이 강의를 들으며 내가 알고 있던 지식에만 안주해서는 안 된다는 사실을 깨달았다. 치과의사로서 끊임없이 배우고 발전해야 한다는 마음가짐이 생긴 것이다.

이후 나는 본격적으로 학회에 참여하기 시작했다. 학회에서 만난 치과의사들은 나에게 새로운 세상을 열어 주었다. 그들은 단순히 진료를 넘어 연구와 학문에 몰두하며 더 나은 임상 결과를 위해 밤낮으로 공부하는 사람들이었다. 주경야독, 낮에는 진료를 보고 밤에는 공부를 멈추지 않는 그들의 모습을 보며 나 또한 큰 자극을 받았다. 내가 겪은 통풍과 그로 인한 좌절이 오히려 나를 더 성장하게 만든 계기가 되었다.

그 이후로 나는 공부하는 치과의사로서의 길을 걷기 시작했다. 몸은 활발히 움직이지 못했지만, 마음과 정신은 더 활발하게 움직였다. 학회에 참석하고 다양한 연구와 강의를 통해 새로운 지식을 쌓으며 치과의사로서 나를 다시 세워 나갔다. 그리고 그 과정에서 깨달았다. 위기는 우리를 시험하는 순간이기도 하지만 그 위기를 어떻게 받아들이느냐에 따라 새로운 기회로 바꿀 수 있다는 사실이다.

결국 통풍으로 인해 움직일 수 없었던 그 시간은 나에게 축복 같은 시간이 되었다. 그 시간을 통해 나는 다시 배우는 법을 알았고, 치과의사로서 더 넓은 시야를 가지게 되었다. 이제는 더 이상 좌절하지 않는다. 오히려 나는 그 위기를 통해 성장하고 더 나은 치과의사가 되기 위한 길을 걷고 있다.

이처럼 위기의 순간마다 중요한 것은 흔들리지 않는 마음이다. 그 마음은 단순한 감정의 안정이 아니다. 그것은 상황을 객관적으로 바라보는 힘이며 그 안에서 최선의 결정을 내릴 수 있는 냉철함이다. 당신이 흔들리지 않는다면 그 어떤 위기도 결국에는 극복될 것이다.

위기의 순간마다 흔들리지 않는 마음가짐은 단순한 강인함을 넘어 리더로서의 진정한 자질을 증명하는 것이다. 그것은 단순히 문제를 해결하는 능력만을 뜻하지 않는다. 문제를 해결하는 과정에서 직원들과의 신뢰를 다시 쌓고, 환자들에게는 안정감을 주며, 치과의 시스템을 재정비하는 것까지 아우른다. 그 속에서 원장은 단순한 관리자에 그치지 않고 치과의 중심이 되어 모든 상황을 이끌어간다.

이 경험에서 무엇을 배울 수 있을까? 단순히 성공과 실패의 교훈을 넘어, 진정한 리더십의 본질을 깨닫게 된다. 법적 다툼이나 재정적 어려움 속에서도 흔들리지 않는 마음, 그것이 결국 치과를 지켜내는 힘이었다. 원장의 태도는 단순히 직원들과 환자들에게 안도감을 주는 것을 넘어, 그들이 신뢰할 수 있는 믿음의 상징이 된다.

이러한 경험은 치과 경영을 넘어 인생을 대하는 태도에도 커다란 변화를 가져왔다. 어떤 위기가 닥치더라도, 그것을 어떻게 풀어 나가느냐에 따라 결과는 크게 달라질 수 있다. 흔들리지 않는 마음을 가지고 있으면 어떠한 위기가 찾아와도 새로운 기회로 바꿀 수 있는 능력을 경험하게 될 것이다. 그리고 그 과정에서 쌓이는 신뢰와 경험은 더 큰 자산이 된다.

위기 속에서 얻은 경험과 교훈은 단순한 성공의 이야기가 아닌 리더로서의 진정한 모습을 드러낼 수 있는 기회일 것이다. 마음의 힘은 단순히 강한 의지나 인내심을 의미하지 않는다. 그것은 상황을 냉정하게 바라보고, 문제의 핵심을 파악하며, 차분하게 해결책을 찾아가는 과정에서 빛을 발한다. 그런 리더가 있을 때 치과는 어떤 위기에서도 굳건히 설 수 있다고 생각한다.

모든 위기는 결국, 어떻게 맞이하느냐에 따라 그 결과는 현저히 달라진다. 마음의 힘을 잃지 않는다면, 그 위기는 반드시 기회가 되어 찾아옴을 잊지말아야 할 것이다.

아날로그와 디지털의 조화

짧은 개원 경험이 더 강력한 해결책을 만들어내는 이유는 단순히 시간의 길이가 아니라, 그 안에 담긴 깊은 고민과 노력 때문이라고 생각한다. 나는 개원한 지 3~4년밖에 되지 않았지만, 그 짧은 시간 동안 쌓인 경험들은 마치 오랜 세월 동안 다져진 자산처럼 느껴진다. 아날로그와 디지털 방식의 치료법을 모두 접해보았고, 2차 병원에서는 전신 질환을 가진 다양한 환자들을 돌보며 치료하는 경험을 쌓았다. 이 경험들이 내가 짧은 개원 기간에도 불구하고 강력한 해결책을 제시할 수 있는 바탕이 되었다고 믿는다.

젊은 개원의로서 처음 개원할 때는 수많은 고민이 있었다. 그중 가장 큰 걱정은 '환자들'이었다. '내가 개원한 치과에 과연 환자들이 찾아와 줄까?', '환자들이 만족할 만한 실력을 내가 갖추고 있을까?'라는 고민이 머릿속을 떠나지 않았다. 하지만 개원하고 얼마 지나지 않아 놀라운 일이 일어났다. 2차 병원에서 진심을 다해 치료했던 환자들이 내 치과를 찾아와 준 것이다. 그 순간의 감동과 감사함은 지금도 잊을 수 없다. 그들이 내게 보내준 신뢰와 그 신뢰를 치과 밖에서도 이어가려 했던 마음이 내가 개원을 한 이유를 더욱 굳게 만들어 주었다.

짧은 개원 경험이지만, 나에게는 그것이 오히려 날카롭게 고민하고 문제를 직면하게 해주는 소중한 시간이다. 오랜 시간 운영된 치과들은 안정적인 시스템과 많은 환자를 가지고 있지만, 나는 새로운 시작을 하며 하나하나 직접 해결해야 하는 문제들이 많았다. 이 과정에서 배운 가장 중요한 점은 초기 환자가 적은 시기에도 한 명 한 명의 환자에게 진심을 다하는 것이 치과를 성장시키는 가장 핵심적인 방법이라는 사실이다.

　내가 일했던 2차 병원에서는 투석 질환, 유방암, 임신 중인 환자 등 전신 질환을 가진 환자들을 치료하며 각 환자의 상황에 맞춘 맞춤형 치료 계획을 세우는 법을 배웠다. 이런 경험은 개원 후에도 큰 자산이 되었다. 개원 초기에는 환자가 많지 않았지만, 나는 작은 문제라도 세심하게 살피고, 환자 한 명 한 명에게 맞춤형 진료를 제공하는 데 집중했다. 시간이 지나면서 그 진심을 느낀 환자들이 점점 더 찾아오기 시작했고, 나의 개원 경험은 점차 확실한 성과로 이어졌다.

　특히 아날로그와 디지털 치과의 두 가지 방식을 모두 경험한 것도 큰 도움이 되었다. 전통적인 치료법에서 최신 디지털 기술까지 다양한 방법을 접목해 환자들에게 맞춤형 치료를 제공할 수 있었고, 이는 젊은 개원의로서 짧은 시간 안에 환자들에게 깊은 인상을 남길 수 있는 중요한 요소가 되었다. 환자들은 단순히 기술이 뛰어난 것만으로는 만족하지 않는다. 그들이 원하는 것은 기술을 넘어선 진심 어린 관심과 세심한 배려다.

　짧은 개원 경험을 통해 얻은 큰 깨달음은 시간이 길다고 해서 반드시 좋은 해결책을 제시할 수 있는 것은 아니라는 점이다. 오히려 젊은 개원의로서 겪는 고민과 도전이 나를 더 **빠르게** 성장하게 했고, 환자들에게 더 나은 진료를 제공할 수 있는 기반을 다질 수 있게 해 주었다. 이 모든 경험이 결국 나만의 강한 해결책을 만들어 가는 원천이 되었다.

　과거의 경험은 마치 깊게 뿌리 내린 나무와 같다고 생각한다.

과거의 배움이 없었다면 지금의 성장은 불가능했을 것이다. 나는 임플란트 1세대 원장님 밑에서 오랜 시간 철저히 아날로그 방식을 배우며 치과의 기본을 다졌다. 그분의 진료실에서 배운 것은 단순한 기술이 아니었다. 임플란트 진료가 많지 않던 시절, 많은 공부를 통해 강의도 하시고 책도 내셨다. 아날로그적인 기초가 단단히 다져진 분이었고, 그 깊이가 상당했다. 무엇이 중요한지 아시는 분이었지만, 나는 그것을 이해하고 받아들이기에는 많이 부족한 상태였다. 그래도 정확한 수술과 보철, 교합 개념이 얼마나 중요한지 옆에서 조금이나마 느끼고 배울 수 있었다. 그때의 경험은 디지털 기술이 발전한 지금에도 내 치료의 중요한 축을 담당하고 있다.

1세대 임플란트 원장님 밑에서 보낸 수년은 철저한 훈련의 시간이었다. 그분은 임플란트 수술이나 보철 치료에서 한 치의 오차도 허용하지 않으셨다. 수술대 위에서 치아 하나하나를 다루는 모습은 마치 예술가가 자신의 작품을 세심하게 완성하는 것과 같았고, 나는 그 과정에서 철저한 수술 계획과 정밀한 손기술의 중요성을 배웠다. 당시 치과 진료는 모든 것이 수작업으로 이루어졌다. 환자의 구강 구조를 직접 손으로 만지고, 석고 모형을 만들어 치아 상태를 분석했다. 3D 스캐너나 디지털 시스템이 없던 시절이었기에 모든 것이 눈과 손의 감각에 의존해야 했다.

그 시간 동안 나는 전통적인 방식의 강점을 깊이 체득했다. 디지털 기술이 발전한 지금도, 나는 여전히 그때 배운 섬세함과 주의 깊음을 잊지 않고 있다. 이러한 아날로그적인 경험은 내가 수술을 진행할 때 언제나 기본이 되는 기준이다.

그러나 치과 기술은 계속해서 발전하고 있고, 시대의 변화는 피할 수 없는 흐름이다. 그래서 나는 그간의 전통적 아날로그 방식에서 벗어나 디지털 치과의 세계로 들어갔다. 디지털 치과에서 보낸 몇 해는 또 다른 혁신의 시간이었다. 처음에는 익숙하지 않은 기계들과 씨름했지만, 점차 3D 스캐너와 CAD/CAM 시스템, 디지털 가이드를 활용한 임플란트 식립이 치과 진료를 얼마나 효율적으로 바꿔줄 수 있는지 깨닫게 되었다. 환자의 구강을 디지털로 스캔하고, 그 데이터를 바탕으로 정밀한 보철물을 제작하는 과정은 과거의 수작업과는 비교할 수 없을 만큼 신속하고 정확했다.

디지털 기술은 진료의 속도를 빠르게 해주었고, 오류를 줄여 환자들에게 더 나은 결과를 제공할 수 있었다. 특히 임플란트 수술에서 디지털 가이드를 사용하면서 수술의 정밀도가 크게 향상되었다. 전통적인 방식에서는 경험에 의존해 잇몸을 절개하고 뼈를 다듬었지만, 이제는 디지털 가이드가 잇몸 속 신경과 뼈의 위치를 미리 정확하게 분석해 주기 때문에 불필요한 절개를 최소화할 수 있었다. 이로 인해 환자들의 회복 속도가 빨라졌고, 통증도 줄어드는 효과가 있었다.

이처럼 아날로그와 디지털의 경험은 상반된 것처럼 보이지만, 사실 두 가지는 조화를 이뤄야 한다. 전통적인 아날로그 방식에서 배운 치밀함과 디지털 기술이 제공하는 효율성은 서로 상충되는 것이 아니라, 함께할 때 더 큰 시너지를 발휘한다. 아날로그 경험이 없다면 디지털 기술의 한계를 놓치기 쉽고, 디지털 기술을 이해하지 못하면 과거의 방식을 고집하다가 시대에 뒤처질 수 있다.

이 두 가지를 모두 경험한 내게는 이러한 조화가 자연스럽게 몸에 배어 있다. 예를 들어 디지털 장비로 구강 구조를 분석하고도 여전히 손으로 만져보는 감각을 놓치지 않는다. 그 미세한 차이가 환자에게 큰 영향을 줄 수 있기 때문이다. 디지털 시대에서도 전통적인 방법의 세밀함을 잃지 않는 것이 중요하며, 전통적인 방법을 더 효율적으로 만들어 주는 것이 디지털 기술이 할 일이라고 생각한다.

과거의 경험이 미래를 만든다는 말은 단순히 기술적 전수를 의미하는 것이 아니다. 그 속에서 배운 철학, 마음가짐, 그리고 사람을 대하는 태도 역시 미래의 토대를 쌓아가는 중요한 요소이다. 나는 1세대 원장님에게서 배운 인간미와 환자 중심의 진료 철학을 여전히 가슴에 간직하고 있으며, 디지털 치과의 최신 기술과 접목해 더 나은 진료를 제공하기 위해 노력하고 있다.

페이닥터 시절, 담금질했던 나만의 분출구

페이닥터 시절은 치과의사로서 경력을 다져가던 중요한 시간이었지만, 동시에 많은 스트레스와 긴장감이 쌓이던 시기였다. 지분 투자 시절과 페이닥터로 일하던 그 시간들은 결코 쉽지 않았다. 2차 병원 주임 과장으로서의 생활 또한 막중한 책임감을 요구했다. 많은 환자와의 만남, 끊임없이 이어지는 진료, 그리고 치과 내에서의 역할 등은 나를 끊임없이 긴장하게 만들었다. 이 모든 과정 속에서 나만의 스트레스 해소법이 없었다면 지금의 나는 아마 더 지치고 힘들었을 것이다. 그때 나에게 중요한 분출구가 되어준 것은 다름 아닌 테니스였다.

테니스는 단순한 취미가 아니라 내 삶에서 중요한 역할을 해왔다. 치과대학 6년 동안 테니스 동아리에 가입해 꾸준히 열심히 활동했다. 전국 치과대학, 국립대, 6-9제 여러 치과대학 교류 대회에 참가하며 전국의 공부도 잘하고 운동도 잘하는 멋진 친구들, 선후배들을 만날 수 있는 기회를 가졌다. 처음에는 테니스를 하나도 할 줄 몰랐지만 열심히 훈련하고 레슨도 받으며 실력을 키웠다. 본과 2학년 때는 부산대 단체전 우승과 운 좋게도 단식 개인전 우승을 차지한 경험이 있다. 처음엔 테니스를 전혀 모르던 내가 예과 2년, 본과 4년 동안 해마다 동아리 활동과 레슨에 매진하며 시합에서 성과를 얻었을 때 느낀 짜릿함은 말로 표현하기 어려웠다. 그 시절 흘린 땀과 노력은 나에게 큰 성취감을 안겨주었고, 졸업 후에도 테니스에 대한 열정은 계속 이어졌다. 그때부터 더욱 열심히 테니스를 쳤고, 테니스는 내 삶의 중요한 일부가 되었다.

치과의사로서 환자들을 돌보는 일은 분명 소중하고 가치 있는 일이지만, 때로는 그 책임감이 무겁게 다가오기도 한다. 그런 순간마다 나는 치과의사라는 직업을 잠시 내려놓고 오롯이 한 인간으로서 테니스를 치는 시간을 가졌다. 진료복을 벗고 라켓을 쥐면 머릿속의 걱정과 스트레스는 잠시 사라졌다. 코트 위에서 땀을 흘리며 공을 쫓을 때만큼은 치과의사라는 타이틀이 아닌 단순히 몸을 움직이고 땀을 흘리는 한 사람이 되어 있었다. 그 순간이 나에게 얼마나 큰 위안이 되었는지 모른다.

나날이 느는 테니스 실력은 나를 더 강하게 만들었다. 몸이 점점 단단해지고 체력이 좋아지니 자연스럽게 진료실에서의 집중력도 높아졌다. 테니스를 통해 얻은 체력은 하루 종일 환자들을 돌보는 힘의 원천이 되었고, 그 덕분에 나는 더욱 열심히 진료에 임할 수 있었다. 테니스는 단순한 스포츠 그 이상이었다. 나에게는 스트레스를 해소하는 도구이자 신체적 건강과 정신적 안정의 원천이었다. 다만 경쟁이기에 항상 노력해야 했고, 잘하면 잘할수록 나보다 더 잘하는 사람들을 만나게 되었다. 치과든 운동이든 겸손이 중요한 것 같다. 치과대학 시절 한 교수님께서 마지막 수업에서 말씀해주셨다. "치과의사로서 자만하지 말고 자부심을 가지는 사람이 되어라." 그 말씀이 운동이든 임상이든 너무나 와닿는 말씀이었다.

테니스 클럽에서 만난 형들과 동생들은 또 다른 소중한 인연이었다. 그들은 나를 단순히 치과의사가 아닌 한 사람으로 대해주었다. 치과 진료로 힘들어하는 나를 격려해 주고, 함께 땀 흘리며 스트레스를 풀어주던 그들과의 시간은 내 삶에 큰 활력이 되었다. 테니스 코트에서 함께 나눈 이야기들은 치과에서 느꼈던 무거운 짐을 잠시 잊게 해 주었다. 진료실 밖에서 만난 그들과의 교류는 내가 치과의사라는 직업을 다시 한번 감사하게 여기게 했고, 내가 왜 이 길을 선택했는지 돌아보게 만들어 주었다.

테니스는 내 인생의 중요한 축이었고, 나를 다잡아준 힘이었다. 페이닥터로서의 치열한 시간 속에서 테니스는 나를 더 건강하고 단단하게 만들어 주었다. 그 덕분에 나는 더 많은 환자들을 진심으로 대할 수 있었고, 그들에게 최선을 다하는 의사로 남을 수 있었다.

2차 병원에서 쌓은 나 자신만의 경험 및 무형 자산

2차 병원에서의 3년은 단순한 치과 진료 경험을 넘어서는 소중한 시간이었다. 치과의사로서 전신 질환을 가진 환자들을 만나며 환자들과 신뢰를 쌓는 법을 배우고, 의사로서의 진정한 가치를 깨닫는 기회가 되었기 때문이다. 처음에는 개원이 두렵기도 했고, 오직 나의 실력만으로 환자들을 끌어들일 수 있을지 의문도 많았다. 그래서 선택한 것이 바로 2차 병원이었고, 그곳에서 나는 새로운 치과 생활을 시작하게 되었다.

처음 내가 지원한 2차 병원은 치과가 활발히 영향력을 발휘하는 곳은 아니었다. 환자가 넘쳐나는 곳이 아닌, 비교적 한적하고 환자가 많지 않은 병원이었다. 하지만 오히려 그 점이 나에게 큰 기회였다. 어떤 명성이나 마케팅, 치과의 규모가 아닌 오롯이 나의 능력이 어디까지 발휘될 수 있는지 궁금했다. 내가 개원했다고 생각하고 환자를 책임지며 그동안 배우고 익힌 것을 열심히 진료해 보기로 마음먹었다. 첫 1년 동안은 휴가도 반납하고, 오로지 진심으로 환자를 대하는 데만 집중했다. 하루하루 성실하게 환자들과 마주하다 보니 자연스럽게 신뢰가 쌓이기 시작했다. 치과의사로서의 실력뿐 아니라 환자들의 이야기를 진심으로 들어주고 그들의 고통을 함께 나누려는 자세가 신뢰를 쌓는 가장 큰 원동력이었다. 처음에는 낯설어하던 치과 직원들도 시간이 흐르면서 나를 존중하기 시작했고, 그들의 신뢰는 나에게 더 큰 동력이 되어 더욱 열심히 일할 수 있었다.

특히 2차 병원에서의 경험은 개인 치과에서는 쉽게 접할 수 없는 다양한 기회를 주었다. 이 치과는 산부인과로 시작한 종합병원이어서, 나는 신생아실에 들어가 신생아들의 구강을 점검하는 경험도 했고, 산업재해나 교통사고로 외상을 입은 환자, 항암 치료 중인 환자들을 만나며 전신 질환을 가진 환자들의 복잡한 상황을 접했다. 개인 치과에서는 만나기 어려운 이런 환자들은 내가 치과의사로서 한 단계 더 성장하는 기회가 되었다.

이러한 환경 속에서 통합치과 전문의 과정을 할 수 있는 기회가 생겼다. 낮에는 치과에서 환자들을 돌보고, 밤에는 독서실에서 공부하며 통합치과 전문의 과정을 준비했다. 레지던트 과정을 거치지 않은 나에게 주어진 기회였기에 이 과정을 만들어 주시고 강의를 해주신 전국 치과대학 교수님들께 너무 감사한 마음으로 온라인, 오프라인 강의를 들었다. 일하면서 시험을 치러야 했기에 부담이 컸지만, 2차 병원에서 치료했던 투석 환자, 항암 치료 환자들이 공부 속 이론으로만 존재하는 것이 아니라 실질적인 경험으로 다가왔기 때문에 더욱 집중할 수 있었다. 모든 공부가 현실과 연결되니 진정한 배움이 되었고, 시험을 마친 후에는 단순한 자격증이 아닌 치과의사로서의 자신감을 얻을 수 있었다.

가장 큰 보람은 그렇게 진심을 다해 치료했던 환자들이 개원 후에도 나를 찾아주었다는 사실이다. 개원 초기의 불안 속에서도 2차 병원에서 쌓아온 신뢰가 이어져 환자들이 나를 믿고 찾아오는 것이 얼마나 감사한 일인지 매번 느낀다. 그 신뢰는 단순히 기술에서 비롯된 것이 아니라 환자와의 관계 속에서 쌓아온 진정성에서 비롯된다는 것을 깨달았다. 그 치과에서 함께 근무했던 행정 직원분들도 찾아 주셨기에 너무나도 큰 감동과 감사함을 느낀다.

2차 병원에서의 3년은 단순한 진료 경험 이상의 의미를 지녔다. 전신 질환 환자들을 만나며 그들의 삶과 병의 복잡성을 이해하게 되었고, 단순히 구강 건강을 넘어 그들의 전반적인 건강과 안녕을 신경 쓰는 의사로서의 자세를 배우게 되었다. 그 경험들은 지금도 나의 진료 철학의 중심에 자리잡고 있으며, 앞으로도 내가 계속 나아가야 할 방향을 제시해 주는 소중한 자산으로 남아 있다.

인파워 강의와 보험 청구 공부 및 성과, 학회 강의를 통한 성장

개원을 하고 예상보다 빨리 안정을 찾았지만, 나는 거기서 멈추고 싶지 않았다. 치과의사로서, 그리고 개원의로서 점점 더 많은 환자들을 돌보며 내 진료가 과연 제대로 된 것인지, 내가 잘하고 있는지 확인하고 싶은 마음이 컸다. 환자들에 대한 책임이 막중해질수록 더 나은 진료를 제공하고 경영적 측면에서도 성장하고자 하는 열망이 커졌다. 그래서 마음에 드는 강의를 무작위로 듣기 시작했다. 그러던 중, 인파워에서 주관한 인파워 닥터스 경영 스토리 가인지 컨설팅 그룹 손창훈 강사의 '비지니스는 사랑이다' 강의를 접하게 되었고, 이 강의는 나에게 새로운 시야를 열어주었다.

그때까지 나는 비즈니스라는 것이 생존과 경쟁이라고만 생각했다. 더 많은 환자를 오게 하고, 경쟁 치과들 사이에서 살아남아야 한다는 부담이 컸기 때문이다. 그러나 '비즈니스는 사랑이다'라는 강의는 나에게 완전히 새로운 충격을 주었다. 환자에게 진심을 다해 진료하는 것, 직원들과 좋은 관계를 유지하는 것, 그리고 세미나를 통해 끊임없이 임상 공부를 이어가는 것이 단순한 경영 기술이 아니라, 사랑의 표현이라는 것을 느끼게 되었다. 사실 나도 모르게 환자와 직원들을 그렇게 대하고 있었을지도 모르지만, 강의를 통해 이 모든 과정이 사랑이라는 큰 틀 안에 있다는 것을 깨닫고 나니 내 시각이 완전히 달라졌다.

그 이후로 나는 인파워의 여러 강의를 듣기 시작했고, 특히 신인순 대표님의 '주경야독' 강의는 또 다른 성장의 동력을 제공해 주었다. 이 강의는 단순히 진료만 잘한다고 해서 개원의로서 성공하는 것이 아니라는 사실을 일깨워 주었다. 특히 보험 청구와 관련된 공부는 나에게 새로운 방향을 제시해 주었다. 그전에는 환자 진료에만 집중하고, 보험 청구에 대해서는 깊이 있게 알지 못했는데, 보험 공부를 시작하면서 내가 모르는 부분이 얼마나 많았는지 몸소 느꼈다. 보험이 어떻게 적용되고, 환자에게 더 나은 혜택을 줄 수 있는지 배우기 시작하자 진료 못지않게 중요한 부분이 바로 보험 청구라는 것을 알게 되었다.

처음 보험 청구 강의를 들었을 때는 모든 것이 낯설고 어렵게 느껴졌다. 그러나 강의를 두 번, 세 번, 네 번 반복해서 들으면서 점차 뿌옇게 가려졌던 것들이 선명히 보이기 시작했다. 보험 적용의 원리와 시스템을 이해하고 나니 그것이 얼마나 중요한 부분인지를 깨닫게 되었고, 내 진료 방식에도 긍정적인 변화가 생겼다. 이제는 환자들이 받을 수 있는 혜택을 더 잘 설명하고, 그들의 입장에서 더 나은 서비스를 제공할 수 있게 되었다.

이 과정은 단순히 나의 경영 능력을 향상시키는 데 그치지 않았다. 보험 청구에 대한 이해가 깊어지면서 치과의 매출이 자연스럽게 향상되었고, 그로 인해 더 나은 강의를 듣고 성장할 수 있는 여력과 마음의 여유가 생겼다. 이제 서울에 가서 좋은 강의를 듣는 것이 부담스럽지 않게 되었다. 무엇보다도 환자들에게 더 나은 진료를 제공할 수 있다는 자신감이 생겼고, 직원들과의 소통과 경영에도 긍정적인 영향을 미쳤다.

결국 강의를 통해 얻은 지식과 경험은 나를 한층 더 성숙한 개원의로 성장시켜 주었다. 인파워 강의와 보험 청구 공부는 단순한 지식의 축적이 아니라, 치과 경영과 환자 진료에 큰 변화를 가져온 중요한 요소였다. 이제는 단순히 환자를 돌보는 것뿐만 아니라, 그 과정에서의 경제적 효율성, 그리고 그로 인한 치과의 성장까지도 고려할 수 있게 되었으며, 이를 통해 환자와의 신뢰 관계도 한층 더 단단해졌다.

지식은 단순히 책 속에 머무르지 않는다. 그것은 손끝에서 피어나며, 실무에서 살아 숨 쉬게 되는 것이다. 치과의사로서 19년 동안 다양한 환자들을 치료해 왔지만, 어느 순간 내가 모르는 것이 더 많을 수도 있다는 생각에 이르게 되었다. 특히 보험 청구 공부를 시작하면서 그동안 간과했던 중요한 부분들을 깨닫게 되었다. 그때부터 나는 다양한 학회에 등록하고, 여러 세미나에 참석하며 더 깊이 있는 지식의 세계로 발을 들여놓았다.

학회에 참여해 전국에서 모인 훌륭한 교수님들과 원장님들의 강의를 듣는 것은 새로운 즐거움이었다. 강의실에 앉아 계신 분들은 각자의 분야에서 이미 많은 것을 이룬 분들이었지만, 그들의 이야기를 들으며 나 역시도 그 안에서 끊임없이 성장해 나갈 수 있음을 느꼈다. 몸으로 익혔던 것들, 진료실에서 경험했던 수많은 순간들이 강의를 들으며 이론적으로 다시 정리되는 과정을 겪을 때, 머릿속에서 퍼즐이 맞춰지듯 짜릿한 기분이 들었다. 일요일에 강의를 통해 얻은 새로운 지식이 월요일에 진료실에서 환자들에게 실질적인 도움이 되는 순간, 그 지식이 내 손끝에서 피어나는 기쁨을 느낄 수 있었다.

이 과정에서 교수님들의 진심 어린 조언은 큰 힘이 되었다. 그들은 단순히 지식을 전달하는 것을 넘어 진정으로 후배 의사들이 성장하길 바라는 마음을 강의 내내 느끼게 해주었다. 그 덕분에 나는 더욱 열심히 강의에 몰입할 수 있었다. 주말이면 서울로 강의를 들으러 갔다가 다시 돌아오는 생활이 힘들 때도 있었지만, 강의를 준비하는 분들의 노고와 진심을 생각하며 오히려 감사한 마음으로 모든 과정을 받아들였다. 몸은 피곤했지만 그 시간들이 나를 더 단단하게 만들어 주었다.

테니스를 치며 느꼈던 육체적 성취감은 강의를 통해 지식적으로 성장하는 과정에서도 동일하게 느낄 수 있었다. 몸을 단련하며 체력을 키웠던 경험 덕분에 강의장으로 이동하고 주말을 반납하며 공부하는 것도 큰 부담 없이 할 수 있었다. 내가 성장하고 있다는 사실을 스스로 느낄 때의 기쁨은 그 어떤 성취와도 비교할 수 없는 것이었다.

이렇게 지식을 쌓고 성장해 나가면서 자연스럽게 직원들과의 신뢰도 깊어졌다. 직원들은 내가 세미나와 학회를 통해 새로운 지식을 배우고, 그것을 실제 진료에 적용하는 모습을 보며 점점 더 나를 믿고 따르게 되었다. 나는 그들의 존중과 신뢰를 받기 위해 더욱 노력했고, 그들이 맡은 일에서도 더 많은 지식과 경험을 나누며 성장할 수 있도록 돕기 시작했다.

환자들도 마찬가지였다. 내가 학회에서 배운 것을 진료에 반영하고 더 나은 치료 방법을 제시할 때 환자들은 나를 더욱 신뢰하게 되었다. 이는 단순히 실력의 문제가 아니라, 진심을 다한 노력이 환자들에게도 고스란히 전달되었기 때문이라고 생각한다.

결국 지식은 이론과 실무의 조화 속에서 진정으로 꽃을 피운다. 학문적으로 쌓아가는 이론이 진료실에서 실질적으로 구현될 때, 그것은 단순한 지식이 아니라 손끝에서 피어나는 진짜 경험이 되는 것이다. 그리고 그 경험이 쌓여 갈수록 나는 더 성장하게 되고, 그 결과 직원들과 환자들 모두에게 신뢰를 받는 치과의사가 될 수 있었다. 운동을 통해 다져온 체력 덕분에 이러한 성장의 과정을 꾸준히 이어갈 수 있었던 것 또한 나에게는 큰 행운이었다.

이처럼 손끝에서 피어난 지식은 나를 더 나은 치과의사로 만들어 주었고, 앞으로도 계속해서 성장할 수 있도록 이끌어 줄 것이다.

세상은 끊임없이 변하고 있고 우리는 그 변화 속에서 열심히 길을 걷고 있습니다. 많은 선택과 결정이 우리의 삶을 만들어 가고 그 과정 속에서 수많은 경험을 쌓아갑니다. 이 경험이 제가 살아가는 데 또 다른 한 페이지가 될 수 있다니 가슴이 벅차네요.

항상 곁에서 응원해 주고 격려해 주는 사랑하는 나의 가족들.

너무 사랑합니다. 이진치과가 성장할 수 있도록 열심히 일하고 최선을 다하는 치과 식구들. 늘 고맙습니다. 새로운 경험을 할 수 있게 기회를 주신 인파워 신인순 대표님. 너무 감사드립니다.

여러분도 삶에서 흔들리는 순간이 있을지라도 꿋꿋하게 이겨내시리라 믿습니다. 기쁨과 희망이 가득하시길, 늘 건강하고 행복하시길 기원합니다.

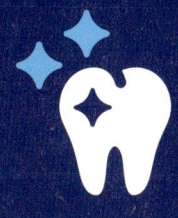

제5장

대표원장이 겪는 고통의 진단과 치료법

성민재 원장

성민재 원장

    1984년, 경상북도 경산에서 태어났다. 온순한 부모님 아래에서 자란 형제 중 둘째였다. 어린 시절, 개구리를 잡고 소를 타던 순간들을 유독 자랑스러워하며, 학창 시절에는 적당히 모범생의 길을 걸었다. 지나치게 튀지도 않았고, 그렇다고 뒤처지지도 않았다.

    삶에서 가장 큰 사건 중 하나는 2003년 대학수학능력시험이었다. 3교시 과학탐구영역 종료 5분 전, 답안지를 점검하다가 12문제를 한 칸씩 밀려 작성한 것을 발견했다. 등줄기가 서늘해졌다. 다급히 감독관에게 답안지를 교체해달라고 요청했지만 거절당했다. 그때

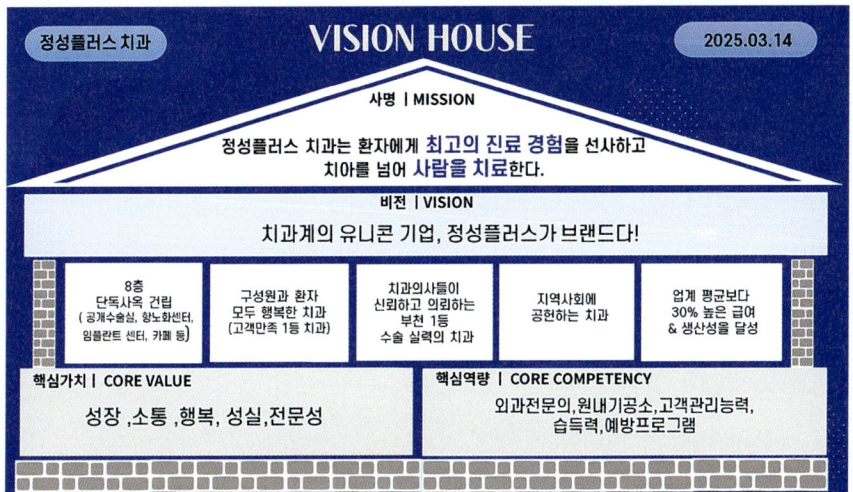

깨달았다. 내 권리를 더 당당하게 주장해야 했다고. 착한 범생처럼 굴다가 인생에서 손해를 볼 수도 있다는 교훈을 얻었고, 결국 삼수를 선택했다. 사실 치과의사가 되고 싶었던 것은 아니었다. 다만, 미래에 대한 막한 불안감 속에서 삼수를 했고, 결국 자유를 찾아 멀리 떨어진 조선대학교 치과대학에 입학했다.

졸업 후에는 공중보건의로 근무하면서 대한공중보건치과의사협의회 학술부장을 역임했다. 하지만 불안감은 여전했다. 명확한 목표 없이, 그저 더 나은 길을 찾는 마음으로 경희대학교 구강악안면외과 수련을 선택했고, 전문의 면허를 취득한 뒤 2년 후에는 통합치의학 전문의도 취득했다. 이후 봉직의로 2년간 무려 주 6일 근무, 야간진료 3번을 소화했다.

　개원 자리를 찾기 위해 100여 곳을 발품 팔아 다닌 끝에, 여러 현실적인 이유로 부천시 고강동에 자리를 잡고 2020년 개원했다. 하지만 '좋은 대표'와 '좋은 사람'은 다르다는 사실을 간과한 채 경영을 시작했고, 처음에는 운 좋게 무난하게 흘러가는 듯했지만, 곧 한계에 부딪혔다. 고민과 방황이 깊어지던 중, 인파워 닥터스를 만나 조직문화에 대해 연구하기 시작했다. 지금도 매일 1%씩 성장하는 중이다.

CC(주된 증상) :
우울감, 스트레스와 함께 사는 숙명, 치과원장.

2022년 여름의 어느 토요일, 서울 신촌의 한 상담심리센터에서 격한 소리가 들렸다.

"아니 그래서 일 년간 나아진 게 없잖아요! 나도 의사라고요! 내 몸은 내가 잘 알아요. 약을 받게 해 달라고요!"

한 치과원장이 분노에 차서 소리쳤다. 상담실의 차분한 분위기는 한순간에 깨져버렸다. 이 치과원장은 1년 동안 답답함과 우울감에 시달리며, 지푸라기라도 잡고 싶은 심정으로 상담을 받아왔다. 그리고 그 앞에는 50대의 선한 인상을 지닌 상담사가 앉아 있었다. 상담사는 오랜 시간 원장의 내면을 들여다보고, 그가 겪는 고통과 불안의 원인을 찾아내려 했으나, 지금 이 순간만큼은 그 과정이 마치 헛된 시간으로 여겨졌다.

이 치과원장은 흔히 볼 수 있는 '성실한 모범생'이었다. 공부도 잘했고, 남들이 인정할 만한 치과대학을 졸업하고, 지금은 치과원장으로 성공적인 커리어를 쌓아가고 있는 듯 보였다. 그러나 그의 내부에서는 계속해서 곪아가고 있었다. 치과 운영이라는 무거운 책임감, 직원들과의 소통 문제, 그리고 자신이 겪는 감정적 고립감이 그를 서서히 무너뜨리고 있었다. 그는 더이상 상태를 견딜 수 없었고, 문제를 해결하고자 상담을 받기 시작했다.

하지만 1년이라는 시간이 지나도, 마음속에 자리 잡은 우울감은 쉽게 사라지지 않았다. 그날 상담센터에서 터진 원장의 외침은 단순한 좌절감의 발로가 아니었다. 그것은 오랫동안 억눌린 감정들이 마침내 폭발한 순간이었다. 그는 자신을 치료해 달라는, 더 정확히 말해 자신을 구해달라는 절박한 마음으로 약을 원했다. 치과의사로서 그는 항상 문제를 진단하고, 그에 맞는 즉각적인 처방을 내리는 데 익숙했다. 그러나 심리적인 문제는 그가 생각하는 것처럼 단순한 '처방'으로 해결되지 않았다. 그 상담사는 약을 주는 정신과 의사가 아니었고, 원장의 마음의 상처를 단순히 약물로 덮어버릴 수 없는 상황이었다.

바로 내 이야기다. 이제는 상담심리나 우울증이라는 게 흔한 증상이고, 오히려 적극적으로 드러내고 치료받는 것을 권장하는 세상이다. 쉬쉬하고 부끄럽게 생각하는 그간의 내 세상을 깨트리고 발전하고 성장하는 용기 있는 커밍아웃, 그리고 누군가에게 반드시 도움이 될 것이라는 확신과 위로가 되기를 간절한 마음으로 말한다.

치과원장으로 살아가는 것은 생각보다 많은 무게를 지고 가야 하는 삶이다. 때로는 그 무게가 너무 버거워 스스로를 의심하게 만들기도 한다. 직원 관리는 물론, 매출 상승을 위한 전략적 고민과 실행, 그리고 무엇보다 진료에서는 완벽을 추구하며, 그 모두를 잘 해내야 한다는 압박감 속에서 원장들은 쉽게 지쳐간다. 그러나 이 자리에서 말하고 싶은 것은, 당신은 혼자가 아니라는 것이다. 그리고 당신의 노력은 결코 헛되지 않다는 것이다.

치과원장들은 슈퍼맨이 아니다. 우리는 종종 슈퍼맨처럼 모든 것을 다 할 수 있어야 한다는 압박감을 받는다. 진료는 기본으로 하고, 사업체의 대표로서 매출에 신경 쓰고, 직원들을 관리하며 조직문화를 발전시키는 일까지 해야 한다. 하나 하나가 단순한 업무가 아니다. 그럼에도 불구하고 우리는 계속해서 더 많은 것을 요구받고, 더 나은 결과를 기대하게 된다. 그러나 중요한 것은 완벽을 추구하는 것이 아니다. 완벽하지 않아도 괜찮다는 것을 스스로에게 허락하는 것이 중요하다. 실수를 하고 그것을 인정하며 배우는 과정에서 우리는 성장한다. 모든 것을 완벽히 처리하지 못한다고 해서 그것이 당신의 능력을 정의하는 것은 아니다.

비교는 나보다 나은 자에게는 비굴하고 나보다 못한 자에게는 교만한 것이다. 하지만 우리는 자주 남들과 자신을 비교하게 된다. 다른 치과는 직원이 몇 명인지, 매출이 더 높은지, 더 큰 성공을 이루었는지 등 솔깃한 정보가 끊임없이 주위를 맴돈다. 그러나 남들과의 비교는 결국 자신에게 상처를 남길 뿐이다. 남들이 보여주는 성공은 그들의 전체적인 삶을 반영하지 않는다. 그들이 겪는 고충과 실패는 보이지 않는다. 당신은 타인의 성공에 눈을 돌리기보다 자신의 길을 걸어가야 한다. 중요한 것은 남들의 평가가 아니라 자신이 이루어 온 것들이다. 자신을 되돌아보고, 그간의 성취를 인정해주는 것이 필요하다.

타인의 100% 공감을 기대하는 것은 환상이다. 이 세상은 고독

하며, 타인은 나를 100% 이해할 수 없다. 아무리 가까운 사람이라도 내 고충을 온전히 이해하지는 못한다. 이 고독을 인정하고, 내가 할 수 있는 일을 꾸준히 해 나가며 내 삶을 꾸려가는 것이 중요하다. 치과 경영도 마찬가지다. 결국 할 수 있는 것들에 집중하고, 나 자신을 칭찬하며 나아가는 길만이 답이다.

내 아들이 3살 무렵, 힘들게 일 마치고 새벽 3시에 분유를 타주던 기억이 있다. 30ml를 타줬더니 많다고 울었다. 1ml를 빼줬지만 아이는 여전히 울었다. 왜 우냐고 물어도 그냥 계속 울었다. 그때 나는 도무지 왜 우는지 알 수 없었고 짜증이 났다. 문제는 아이가 아니라, 내가 화를 내는 나 자신에게 더 큰 화가 난 것이다. '애는 그냥 짜증이 많은 아이구나.' 하고 받아들이면 세상이 훨씬 쉬워질 것을.

직원들도 마찬가지다. 대표원장과 직원은 애초 입장이 다르다. 각자의 생존이 가장 중요하다. 서로에게 전 재산을 달라고 이야기하면 선뜻 내줄 것인가? 그러면서 내 치과처럼 일하라 혹은 무조건적으로 나를 따르라는 리더십은 발휘될 수 없다. 따르지 않는다고 실망하지 않을 것, 있는 그대로 상황과 각자의 입장을 받아들일 것, 그 와중에 다 같이 성장하고 소통할 수 있는 비전을 제시하고 함께 만들어 가는 노력이 대표가 할 수 있는 것이다.

당신의 가치는 매출이나 직원들의 평가로만 정의될 수 없다. 우리가 하는 일은 숫자로 환산될 수 없는 가치도 분명히 존재한다. 치과원장으로서, 그리고 한 사람으로서 당신이 지금까지 걸어온 길은 소중하다. 당신은 이미 충분히 잘하고 있다. 어려움이 있을 때일

수록, 스스로에게 너무 가혹하지 말자.

그러면 스트레스를 어떻게 하면 벗어날 수 있을까? 직관적이고 누구나 할 수 있는 방법을 소개하겠다.

첫째, 자리를 떠나 다른 공간으로 이동하는 방법이 있다. 이는 김경일 교수의 《마음의 지혜》에서 강조하는 스트레스 해소법이다. 스트레스 상황에서는 감정이 고조되기 쉽고, 순간적인 판단이 흐려지기 마련이다. 나도 그런 경험이 있었다.

한 틀니 환자가 2년 동안 수십 번 내원했다. 그날도 최선을 다해 응대했지만, 환자가 갑자기 "다른 곳에서는 공짜로 해주는데, 여기는 잘하지도 못하면서 돈도 많이 받아!"라고 했다. 그 순간 내 귀에는 두 가지 말이 동시에 들렸다. '못한다'와 '비교'였다. 다른 치과와 나를 비교하며 평가하는 말을 들으니 화가 치밀어 올랐다. 더 이상 그 상황에서 대처할 수 없었다.

그때 내가 한 말은 "잠시만요."였다. 그리고 침착한 걸음걸이로 원장실로 들어가서 달달한 오렌지 주스를 한 모금 마셨다. 마시고 나니 기분이 조금 나아졌다. 이것이 바로 김경일 교수가 말한 방법 중 하나다. 화가 나면 그 상황을 통제할 수 없기 때문에, 내가 통제할 수 있는 행동을 통해 활성화된 뇌의 편도체를 진정시키는 것이다. 즉, 화나고 복잡한 환경에서 벗어나 뇌에게 '위험한 상황을 벗어났다.'는 신호를 주는 것이다. 그렇게 하면 뇌가 반응하고, 감정도 차츰 진정된다. CS 불만고객응대에서도 강조하는 지침이다.

둘째, 미간에 집중하면서 스스로에게 "풀어져라!"라고 말하는

방법이다. 데일 카네기의 《자기관리론》에서 제안한 이 방법은 긴장된 얼굴 근육을 풀어주고, 동시에 마음의 긴장도 완화시키는 효과가 있다. 진료할 때도 얼굴에 힘이 들어가고, 미간을 찌푸리게 되는 순간이 많다. 긴장된 상태에서 환자와 대화하고, 진료를 이어가다 보면 몸이 경직되기 마련이다. 이런 상황에서 미간에 집중하고 "풀어져라!"라는 말을 마음속으로 되뇌면, 긴장이 빠르게 풀린다. 중요한 팁은 20초 이상 해야 한다는 것이다. 짧게 하면 효과가 없다.

셋째, **운동을 하는 것이다.** 많은 논문에서도 입증된 확실한 방법이다. 운동은 단순한 신체 활동 이상의 효과를 준다. 특히 스쿼트 같은 전신 운동은 짧은 시간 동안 집중력을 요구하며, 그 순간에는 스트레스를 잊게 만든다. 내가 자주 사용하는 방법 중 하나가 스쿼트 1RM(최대 반복 무게)이다. 무게를 점점 올려가며 한계에 도전하는 것이다. 예를 들어, 1RM으로 100kg을 들었을 때 그 무게가 어깨에 얹히는 순간, 머릿속은 오직 한 가지 생각만으로 가득 찬다.

바로 '죽을 것 같다.'는 생각이다. 그 순간에는 스트레스가 떠오를 틈도 없다. 무게에 짓눌리면서 그 순간에는 오로지 버티고, 일어나고, 다시 내려가는 반복만 남는다. 그 순간 모든 것이 사라진다. 스트레스도, 진료실에서 있었던 크고 작은 일들도, 환자와의 불편한 대화들도 모두 사라져 버린다. 운동이 끝난 후에는 몸은 힘들지만 마음은 가벼워진다. 스쿼트 같은 강한 운동은 단지 신체를 움직이는 것이 아니라, 스트레스를 해소하는 강력한 도구가 된다. 1RM에 도전하는 순간, 무게와 함께 마음속의 잡념과 스트레스가 한꺼

번에 사라지는 것을 느낄 수 있다.

넷째, **날파리 의인화 방법이다.** 시각화 기법이라고 불리는 이 검증된 방법인데, 나는 애니메이션 〈진격의 거인〉에서 아이디어를 빌려왔다. 부정적인 감정과 생각을 아주 작은 파리로 상상하는 것이다. 반면 나를 거대한 거인으로 상상한다. 그리고 이렇게 말하는 거다. "또 왔냐? 그냥 내 옆에 앉아." 부정적인 감정을 억지로 몰아내려 하지 않고, 오히려 그것을 아주 사소한 존재로 축소해 버리는 거다. 그렇게 작아진 감정은 더 이상 나를 뒤흔들거나 지배하지 못한다.

이 기법의 핵심은 감정의 크기를 줄이는 데 있다. 부정적인 감정이나 생각은 원래 그 자체로는 크기가 없다. 하지만 사람의 머릿속에서 끊임없이 증폭되고 과장된다. 날파리 의인화는 그 부풀려진 감정에 바늘을 꽂아 공기를 빼내는 작업과도 같다. 파리가 아무리 윙윙거려도, 나를 공격하지 못하고 한 손바닥이면 간단히 쫓아버릴 수 있다.

실제로 이 방법은 감정의 흐름을 차단하지 않고 받아들임으로써 억눌리지 않게 한다. 부정적인 감정을 막으려 들면 오히려 그것이 더 강해진다. 심리학에서는 이를 '백곰 효과'라 부른다. 무언가를 생각하지 말라고 하면, 오히려 그 생각이 머릿속에서 더 선명해지는 현상이다. 날파리 의인화는 이와 반대로, 감정을 내쫓으려 하지 않고, 그것을 아주 하찮고 우스운 존재로 만들어 무력화시킨다.

진료실에서 이런 방법을 써본 적이 있다. 환자가 치료 후 계속 아프고 멀쩡한 치아를 망쳤으니 이 치과를 망하게 할 거라고 협박했다. 그 말들이 뇌리에 박혀 몇 번이고 떠오를 때가 있다. 그럴 때 마음속에서 그 불안감을 날파리로 바꾼다. 파리가 내 머릿속에서 윙윙거릴 때, 나는 이렇게 생각한다. "파리야~! 또 왔니. 네 자리 거기다." 그 순간, 비극이 희극이 된다. 마음의 여유가 조금 생기고, 몰랐던 해결책이 나온다.

    이 방법은 단순해 보이지만, 효과적이다. 부정적인 감정이 나를 짓누르는 게 아니라, 내가 그 감정을 다스리는 주체가 되는 것이다. 감정을 다루는 힘은 이런 사소한 상상에서부터 시작된다. 날파리 의인화 기법은 그저 감정을 없애는 게 아니라, 감정과 함께 살아가는 기술을 가르친다. 이 작은 상상이 나를 더 단단한 사람으로 만들어 주는 거다.

    다섯째, **심호흡이다.** 단순히 깊게 숨을 들이마시고 내쉬는 것만으로도 마음을 차분하게 만들 수 있지만, 올바른 호흡법을 사용하는 것이 중요하다. 흔히 심호흡을 할 때 흉곽이 들썩이는 경우가 많은데, 이는 상체 근육, 특히 자주 사용하는 승모근에 과도한 긴장을 줄 수 있다. 특히 치과의사로서 장시간 고개를 숙이고 진료를 하다 보면 이미 승모근이 많이 긴장된 상태다. 이런 상황에서 흉곽 호흡을 하면 이완보다는 더 큰 부담을 줄 수 있다. 이때 필요한 것이 바로 복식 호흡이다. 복식 호흡은 배로 숨을 들이마시고 내쉬는 방식으로, 배가 올라갔다 내려가면서 몸 전체가 자연스럽게 이완된다. 특히 긴장된 상황에서는 복식 호흡을 5번 정도 크게 해보면 몸과 마음이 동시에 안정되는 것을 느낄 수 있다. 이 방법을 어린이 환자에게도 응용할 수 있다. 진료 중에 무서워서 우는 환아가 있다면, 함께 심호흡을 시도해 보자. 아이에게 천천히 배를 내밀며 숨을 들이쉬고, 다시 천천히 내쉬는 방법을 알려주면 놀랍게도 아이들이 금세 울음을 멈추고 안정감을 찾는다. 나는 이 방법으로 부모님들의 감탄의 눈빛을 많이 받았다. 환아뿐만 아니라 어른 환자에게도 도움이 되는 간단하면서도 효과적인 방법이다. 복식호흡은 간단하지만, 스트레스를 관리하고 환자에게 진정 효과를 줄 수 있는 강력한 도구다.

마지막으로, **스트레스가 완전히 없어지지 않는다는 사실을 받아들이는 것**이 중요하다. 스트레스를 없애려는 것이 아니라, 그것을 얼마나 빨리 벗어날 수 있느냐가 핵심이다. 개원을 하면 스트레스는 일상처럼 따라붙는다. 스트레스를 피하거나 없애려는 시도는 비현실적인 기대일 뿐이다. 오히려 그 순간을 인정하고, 빨리 벗어나는 능력을 기르는 것이 더 중요하다. 스트레스 없이 행복하게 사는 것은 과장된 꿈이다. 중요한 것은 그 스트레스로부터 빨리 회복하고 다시 일상에 집중할 수 있는 힘을 키우는 것이다.

PI(증상) : '나는 불안하다'를 인정하기

"아이고 원장님, 매일 이렇게 일찍 오시면 안 힘드세요? 정말 대단 하세요~."

오전 8시, 건물에 아직 아무도 출근하지 않았을 때 청소하시는 이모님이 날 보면서 너스레를 떨었다. 그때 나는 내 자신에게 조금은 자부심을 느끼고 있었다. 매일을 헛되이 보내지 않았다고 스스로에게 말할 수 있었다. 정말 성실했다. 치과는 빈창했고, 직원들은 오래 머물러 주었다. 겉으로 보기엔 모든 게 순조로워 보였지만, 그 속에는 아무도 몰랐던 공허함과 두려움이 뒤섞여 있었다.

나는 항상 가장 먼저 치과 문을 열었다. 이른 아침, 빈 진료실을 지나 원장실에 들어가서 하루 일정을 검토할 때마다 마음속엔 알 수 없는 불안이 소용돌이쳤다. 준비된 사람처럼 보이기 위해 한 시간 일찍 시작하지만, 사실 그 시간은 내 불안을 달래기 위한 것이었다. 완벽한 원장의 이미지를 만들기 위해 안간힘을 쓰며 두려움을 억눌렀다. 열심히 일하는 이유가 성공에 대한 갈망이 아니라 실패와 무너짐에 대한 공포였다는 사실을 무의식적으로 외면했다.

퇴근할 때의 풍경도 비슷했다. 다른 직원들이 모두 집으로 돌아간 후에도, 나는 치과에 홀로 남아 무엇인가를 계속 확인했다. 마치 그렇게 하면 무언가를 더 잘 해낼 수 있을 거라는 착각에 빠진 채였다. 때로는 일주일에 서너 번이나 가장 늦게 퇴근하며, 그런 나 자신에게 '고생했다'며 위로했다. 하지만 그 위로가 진심일 리 없었다. 내가 알고 있었던 진실은 따로 있었다. 나는 열정적인 사람이 아니었다. 나를 움직인 것은 불안과 두려움이었다. 진료를 더 완벽히 하고 싶었던 것도 아니었고, 치과 경영에 특별한 열망이 있었던 것도 아니었다. 그저 모든 것이 무너질까 봐, 그런 두려움에 사로잡혀 있었다.

그렇게 나는 불안에 쫓기면서도 달렸다. 그리고 그 움직임 속에서 내 자신을 지켜낼 수 있었다. 성공을 위해 치열하게 살았다고 말할 순 없지만, 실패를 피하기 위해 열심히 살았던 그 시간들은 내 인생을 지탱하는 힘이 되었다. 아직도 완벽하진 않았지만, 그 과정에서 조금은 더 단단해졌고, 이제는 내가 걸어온 그 길을 조금은 자랑스럽게 여기게 되었다. 불안 속에서도 끝내 멈추지 않은 나를 말이다.

이 경험으로 나는 단순히 돈이나 인정만을 추구하는 목표만으로는 장기적인 성공을 보장하지 못한다는 사실을 깨달았다. 개원 첫 2년 동안은 모두가 함께 열심히 하자는 분위기였지만, 시간이 지나면서 본질적인 문제가 드러났다. 대표로서 조직문화에 대한 명확한 개념, 재정적인 안정, 그리고 분명한 비전의 부재가 결국 나를 힘들게 했다.

이 문제를 해결하기 위해 끊임없이 질문했고, 현재진행형의 답은 '자기계발'이었다. 김미경 강사의 "요즘 40살은 청년이다. 평균수명, 사회활동 연령대가 높아짐에 따라 20대라고 보면 된다."라는 말은 나이에 연연하지 않고 계속해서 성장해야 한다는 메시지를 전한다. 인생은 길고, 그 과정에서 실패나 유급은 쉽게 지워지지 않는다는 사실을 깨닫는 것이 중요하다. 개원하면서 겪는 어려움이나 스트레스는 누구나 겪을 수 있지만, 그 상황에서 남을 탓하는 것은 아무런 변화를 가져오지 않는다. 결국 우리가 처한 상황은 우리가 만들어 온 결과이며, 그 사실을 인정하고 앞으로 나아가는 것이 중요하다.

성공으로 가는 길에서 가장 중요한 것은 스스로를 구원하는 것이다. 외부의 인정이나 남들의 시선에만 매달려서는 결코 진정한 성공을 이룰 수 없다. 인정 중독에서 벗어나, 내 삶의 중심을 내가 잡아야 한다. 특히 어렸을 때부터 공부를 잘하고 모범생으로 인정받으며 자란 치과의사라면, 개원 후 직면하는 현실은 더욱 충격적일 수 있다. 개원이 마치 지옥처럼 느껴지며, 직원이나 환자에게 책임을 전가하기 쉽다. 그러나 탓을 해서 바뀌는 것은 아무것도 없다. 지금의 상황은 결국 과거의 내가 만든 결과라는 사실을 받아들여야 한다.

이제는 남을 탓하지 말고, 특히 스스로를 탓하는 것을 멈추어야 한다. 한 걸음씩 조금씩 나아가면 된다. 유재석이 말했듯이, 아무리 돌을 맞아도 우리는 묵묵히 나아갈 수밖에 없다. 메가젠의 박광범 회장님은 지금도 매주 수요일에 라이브 수술을 한다. 유튜브로 꾸준히 임상 팁을 알리고 소통한다. 내가 그 분보다 더 성공했는가? 학교 다닐 때 공부 잘하고 성실했던 것만으로 개원 생활이 평탄할 것이라는 기대는 어리석을 수 있다. 세상은 공평하지 않으며, 꾸준한 노력이 있어야만 그 어떤 형태로든 성취를 이룰 수 있다.

마지막으로, 인생은 길고, 누구도 대신 숙제를 내주거나 지시하지 않는다. 우리는 스스로 책임져야 할 부분이 많다. 남을 탓하기 전에, 자신을 돌아보고 스스로를 더 나은 방향으로 이끌어 가는 노력이 필요하다. 인정받고 싶고, 성공하고 싶다는 욕망은 누구에게나 있지만, 그 욕망을 어떻게 다루느냐에 따라 결과는 달라질 것이다. 그러니 이제는 탓하기를 멈추고, 묵묵히 앞으로 나아가야 할 때이다.

Dx.(진단) : 존경으로 둔갑한 인정중독

2021년 겨울, 서울 신촌 어딘가의 직업심리상담소

심리상담사 스트레스, 불안, 우울 해소법, 어디서나 많이 들으셨죠? 요즘 워낙 흔하다 보니 솔직히 좀 식상하게 들릴 수 있어요.

치과원장 아, 네. 뭐, 그게 다 뻔한 이야기 아니겠어요? 그냥 듣기 좋은 소리들로 포장한 거잖아요.

심리상담사 음, 맞아요. 그런 느낌 들죠. 근데 재미있는 건, 그런 뻔한 이야기들이 결국 진리일 때가 많다는 거예요. 중요한 것들은 반짝거리거나 눈에 띄지 않고, 늘 곁에 있는 공기나 물 같은 존재들이니까요. 오늘은 조금 다르게 접근해 볼게요.

치과원장 좋아요. 뭐. 또 뻔한 얘기만 아니면 들어보죠.

심리상담사 알겠습니다. 자, 먼저 왜 스트레스를 받는지 한번 깊이 들어가 봅시다. 여기서 중요한 키워드가 있어요. '인정 욕구'와 '결핍'이에요. 사실 우리가 인정받고 싶어 하는 마음은 대부분 내면의 결핍에서 시작돼요. 사람은 자기가 부족하다고 느끼는 부분을 알게 마련이고, 그걸 메우려고 애쓰는 거죠.

치과원장 흠…, 인정 욕구라. 근데 전 그냥 당연히 인정받아야 할 일을 하고 있는 거 아닌가요? 제가 그만큼 노력하잖아요.

심리상담사 그렇죠, 그럴 수 있죠. 하지만 예를 들어볼게요. 치과원장으로서 직원들이나 환자들한테 존경받고 싶다는 마음, 그게 어디서 왔는지 생각해 보신 적 있나요? 어쩌면 과거에 충분히 인정받지 못했던 경험 때문일 수 있어요. 혹은 지금 성과가 훌륭해도 스스로 만족하지 못하다 보니, 외부에서 더 많은 인정을 바라는 거죠. 그러니까 내가 나 자신을 100% 인정하지 못하니까, 밖에서 그걸 채우려는 거예요.

치과원장 아니, 그게 꼭 결핍 때문일까요? 그냥 저는 일을 제대로 하고 싶어서 그런 건데요. 환자들에게 최상의 진료를 제공하고, 직원들한테도 모범이 되려고 하는 거예요.

심리상담사 물론, 그렇게 생각하실 수 있어요. 하지만 가끔 동료들하고 비교하면서 '내가 왜 저 사람보다 부족한 것 같지?'라는 생각, 해본 적 있지 않으세요? 아니면 내 경력이 충분히 인정받지 못한다고 느껴질 때요. 그런 생각이 쌓이면 더 많은 인정을 받고 싶어지거든요. 결핍이 그렇게 욕구로 나타나는 거예요. 인정받으려는 마음이 더 커지고 말이죠.

치과원장 뭐…, 비교할 때가 없진 않죠. 근데 전 솔직하게 부럽다고 인정하고 닮고 싶어 열심히 하는 거예요. 그게 무슨 문제라도 되는 건가요?

심리상담사 아니요, 그 자체가 문제라는 게 아니에요. 다만, 그 경쟁심이나 불안이 결핍에서 나온 건 아닌지 돌아보자는 거죠. 그렇게 내 마음속 깊은 곳을 들여다보는 게 스트레스를 이해하고 관리하는 첫걸음이 될 수 있거든요. 결국 자기 내면을 탐구하는 게 가장 큰 자기계발이 될 수 있죠.

《내면소통》의 저자 김주환 교수님은 인정 욕구와 인정 중독을 구분한다. 인정 욕구는 타인에게 긍정적인 평가와 지지를 받고자 하는 본능이다. 인간은 인정받을 때 에너지를 얻고, 그 힘으로 성장한다. 적당한 인정 욕구는 자연스럽고 건강하다. 문제는 인정 중독이다. 인정 욕구가 지나치면 자신의 가치와 행복이 타인의 평가에 매달리게 된다. 인정을 받으면 들뜬다. 인정받지 못하면 무너진다. 삶의 많은 선택이 타인의 시선을 의식하며 이루어진다. 김주환 교수는 이것이 '타인에게 목줄을 내어주고 끌려다니는 것'이라고 말한다. 인정 중독자는 삶의 주도권을 잃는다. 살면서 살아가는 것이 아니라 보여주기 위해 살게 된다. 그 끝은 늘 불행이다.

특히 한국 사회에서는 인정에 대한 갈망이 강하게 드러난다. 사회적 지위나 성과에 대한 기준이 높고 엄격하기 때문에 결핍을 느끼는 사람들이 많다. 치과원장으로서 성공적인 경력을 쌓고 있음에도 불구하고, 자신에게 부족한 부분이 있다고 느낄 수 있다. 가정에서는 부모로서, 배우자로서 완벽해야 한다는 기대가 있고, 직장에서는 리더로서 모든 것을 완벽히 해내야 한다는 부담감 속에서 결핍이 생겨날 수 있다.

주변을 둘러보면 학창 시절 함께 웃고 떠들며 지냈던 친구들 중, 개원 이후로 연락이 끊기고 마치 잠수타듯 사라진 이들이 한두 명 쯤은 있을 것이다. 나는 과대표도 하고 검도부 동아리 회장도 했다. 그때 나는 활발하게 사람들과 어울리며 그들의 인정 속에서 나 자신이 채워진다고 느꼈다. 그러나 시간이 흐르면서, 사회적 책임감과 압박 속에서 그 친구들과의 관계는 점점 희미해졌다.

우리는 종종 누군가의 인정에 기대어 스스로의 가치를 평가한다. 그 인정이 사라질 때, 깊은 결핍이 찾아온다. 학창 시절에는 내가 속한 집단에서의 인정이 나의 가치를 증명해 주는 것처럼 보였지만, 개원 후의 현실은 다르다. 더 이상 친구들의 응원과 칭찬 속에서 나 자신을 찾을 수 없을 때, 그때 느껴지는 결핍은 한층 더 깊고 고통스럽다. 사회에 나와 개원하고 나면, 인정받는 기회는 훨씬 줄어든다. 그 과정에서 우리는 점차 고립되어 간다. 과거의 친구들이나 지인들과의 관계가 멀어지는 것도, 어쩌면 그들이 더 이상 우리의 인정 욕구를 채워줄 수 없는 존재가 되었기 때문일 것이다. 인정에 대한 갈망은 남아있지만, 그것을 채워줄 수 있는 사람이나 상황은 점점 줄어든다. 그리고 결국 우리는 큰 결핍감을 마주하게 된다.

이러한 결핍은 스스로 채워야 한다. 타인의 인정에 의존하지 않고 스스로를 인정할 수 있는 힘을 길러야만 그 빈자리를 메울 수 있다. 만약 개원 후에도 인정 욕구에 집착한다면, 우리는 끝없는 외로움 속에 머물고, 결국 잊혀지게 될 것이다. 따라서, 이 결핍을 직시하고 나 스스로를 인정하는 과정이 필요하다. 외부로부터 인정받지 못할 때, 자신을 돌아보고 스스로를 어떻게 평가하고 있는지에 집중해야 한다. 나 자신을 인정할 때, 비로소 그 결핍이 채워질 수 있으며, 진정한 만족감과 행복을 느낄 수 있다.

결핍과 인정 욕구에 대한 연구는 매슬로의 욕구 이론에서도 중요한 개념으로 다뤄진다. 매슬로는 인간의 동기를 결핍 욕구와 성장 욕구로 나누며, 결핍 욕구가 충족되지 않으면 성장 욕구에 도달할 수 없다고 설명했다. 결핍 욕구는 생리적 욕구에서 시작해 안전, 사랑과 소속감, 자존감까지 다양한 형태로 나타난다. 이 욕구들이 충족되지 않으면 사람들은 불안과 불만족을 느끼며, 더 많은 인정을 갈망하게 된다.

현대 사회에서 자존감과 인정 욕구는 중요한 심리적 요인으로 자리 잡고 있다. 외부의 인정이 자존감을 채워줄 수는 있지만, 결핍이 근본적으로 해소되지 않으면 일시적인 위안에 그칠 수 있다. 이런 경우, 인정 욕구는 과도한 성취 추구나 사회적 비교로 이어져 스트레스와 번아웃을 초래할 수 있다.

따라서 결핍에서 비롯된 인정 욕구를 해결하기 위해서는 외부의 평가에 의존하지 않고, 내적 성장을 통해 자기 인정을 추구하는 것이 중요하다. 이는 자아실현으로 가는 중요한 단계이며, 자기 수용과 내적 충족감이 더 큰 행복을 가져다줄 것이다.

실패는 끝이 아니다.

새로운 시작이다. 치과가 잘 안 된다고 해서 인생이 끝나는 건 아니다. 우리는 다시 일어설 힘을 가지고 있다. 실패는 끝이 아니라, 새로운 시작을 위한 단계일 뿐이다. 폐업을 해도, 우리는 다시 시도할 수 있다. 사람들의 평가나 수근거림은 순간적이다. 그들의 관심은 잠깐이고, 시간이 지나면 대부분 그 이야기를 잊는다. 결국 중요한 것은 내 인생이다. 내 인생의 주인공은 나 자신이다. 남의 시선에 휘둘리지 않고 살아야 한다. 실패는 삶에서 필연적으로 맞닥뜨릴 수밖에 없는 길이다. 우리는 실패를 통해 배운다. 치과가 잘 안 돼도 다시 시도하면 된다. 사람들이 뭐라고 하든, 결국 그들의 말은 오래 남지 않는다. 내 인생을 결정짓는 것은 남들의 평가가 아니라, 내가 앞으로 어떻게 다시 일어서는지에 달려 있다.

솔직함과 명확한 목표

솔직해지는 것이 중요하다. "돈을 벌고 싶고, 직원들이 일에 집중했으면 좋겠다."는 말은 부끄러운 게 아니다. 일터에서 솔직하게 말하면 오해와 갈등이 줄어든다. "근무 시간에 휴대폰을 봐야 하는 상황이라면 스태프실에서 잠시 확인해주세요."라고 명확하게 말할 때, 직원들도 더 쉽게 받아들일 것이다. 솔직한 의사소통이 오해를 줄이고, 규칙과 기대를 명확히 한다. 너무 많은 생각을 하지 마라. 인생의 목표를 세우고 그 목표를 향해 실천해 나가라. 명확한 목표가 있다면, 걱정과 불안에서 벗어나 행동에 집중할 수 있다. 실패와 두려움 속에서도 앞으로 나아갈 힘은, 내가 세운 목표에서 나온다.

세상의 평가에 휘둘리지 말라.

세상의 평가에 흔들리지 마라. 세상은 언제나 다른 잣대로 우리를 재단하려 든다. 하지만 내 인생은 나만이 책임져야 한다. 남들의 기대에 맞춰 살다 보면, 결국 나 자신의 길을 잃어버리게 된다. 내 인생의 주인공은 나 자신이다. 부모도, 친구도, 타인도 아닌 오직 나다. 이것을 깨닫는 순간, 남들의 시선에 흔들리지 않고, 내 길을 걸을 수 있다. 이 말들이 처음엔 이상적이고 비현실적으로 들릴지 모른다. 하지만 반복해서 자신에게 되새기다 보면, 그 진실을 깨닫게 될 것이다. 내 인생은 나의 것이고, 그 누구도 대신해 주지 않는다. 이것이 삶의 본질이다.

실패를 두려워하지 말고 계속 나아가라.

실패는 두려워할 것이 아니다. 실패는 끝이 아니라, 다시 시작할 기회다. 사람들은 실패를 두려워하지만, 진정한 두려움은 그 실패 속에 잠식되는 것이다. 실패는 우리가 앞으로 나아가는 과정에서 겪는 하나의 통과의례다. 어느 유명한 말처럼 "소년에서 어른이 되는 순간은, 넘어졌을 때 아무도 구하러 오지 않는다는 사실을 깨달았을 때"다. 스스로를 구할 수 있는 사람은 나 자신밖에 없다. 실패를 겪고, 그것을 딛고 일어나 앞으로 나아가는 것이야말로 우리의 힘이다.

내 인생의 주인공은 나다.

인생은 한 번뿐이다. 실패는 그 자체로 나를 정의하지 않는다.

실패는 배움의 기회이고, 그 기회에서 우리는 더 나은 방향으로 나아갈 수 있다. 스티브 잡스는 "만약 오늘이 당신의 마지막 날이라면, 무엇을 하며 하루를 보낼 것인가?"라고 물었다. 이 질문은 우리가 매일의 삶을 어떻게 살아야 할지 상기시킨다. 남들의 시선에 맞추는 인생이 아니라, 내가 주인공인 인생을 살아가라. 삶은 짧다. 그리고 실패는 그것을 정의하지 않는다. 중요한 것은, 내가 누구인지, 무엇을 위해 사는지 끊임없이 질문하고, 남들의 기대가 아닌 내 삶의 가치를 스스로 만들어 나가는 것이다.

마음의 근력을 키우는 것이 중요하다.

김주환 교수의 《내면소통》에서 제안하는 것처럼, 타인의 인정보다 자기 자신과의 소통이 중요한 이유는 명확하다. 인정중독에 빠지면, 외부의 평가와 인정에 의존하게 되고, 그것이 부족해지면 큰 상처를 받게 된다. 나 역시 그렇게 살아왔다. 인정받고 싶었고, 그것이 나의 자존감을 지탱해 주는 줄 알았다. 그러나 내가 진정으로 필요한 것은, 타인이 나를 어떻게 보느냐가 아니라, 내가 나 자신을 어떻게 대하고 있는가에 대한 것이었다. 지금 당신에게 필요한 것은 자기 자신과의 대화다. 스스로의 성취를 인정하고, 자책보다는 자신을 돌보는 방향으로 시선을 돌리는 것이 중요하다.

Tx.plan(치료계획) : 치과의사 필수 능력, 리더쉽

리더십의 사전적 의미는 '어떤 조직이나 단체를 이끌어 나가는 능력'이다. 이는 단순히 지시를 내리고 사람들을 통제하는 것이 아니라, 조직 내에서 목표를 설정하고 그 목표를 달성하기 위해 구성원들과 함께 나아가는 과정이다. 사람들을 이끄는 힘뿐만 아니라 스스로 방향을 정하고 그에 따라 조직과 자신을 이끌어가는 능력이 바로 리더십이다. 그러나 많은 치과의사들이 리더십에 대해 갖는 생각은 다소 피상적이다.

대부분의 치과의사들은 스스로를 '의사' 혹은 '개인 전문가'로 인식하며, 자신이 쌓아온 전문 지식과 경력이 곧 권위와 리더십으로 이어진다고 믿는다. 이는 착각이다. 의료 분야에서 전문성을 쌓아가는 과정에서 오는 권위는 당연히 존재한다. 그러나 그것이 곧바로 리더십으로 이어지지는 않는다. 리더십은 단순히 높은 전문성에 의존하는 것이 아니다. 진정한 리더십은 사람들을 설득하고, 그들의 협력을 이끌어 내며, 목표를 향해 함께 나아가도록 동기를 부여하는 능력에서 비롯된다.

치과의사로서 우리는 종종 진료실에서 모든 과정을 혼자 책임지기 때문에, 스스로를 팀의 리더가 아니라 고립된 전문가로 느끼기 쉽다. 환자를 치료하는 데 필요한 모든 기술적 지식과 경험을 가진다는 사실은 자부심을 주지만, 이는 곧 '내가 전문가니까 나를 따르라'는 식의 생각을 불러일으킬 수 있다. 그러나 진료실을 넘어서는 순간, 진정한 리더십이 필요하다. 환자와의 관계, 스태프와의 협업, 그리고 조직의 전반적인 방향성을 결정하는 과정에서, 단순한 전문성만으로는 부족하다. 치과의 리더십은 기술적 권위를 넘어, 사람들을 이해하고 이끄는 능력을 요구한다.

본과 3학년 때, 나는 과대표를 맡았었다. 우리 과는 매년 수학여행을 해외로 가는 전통이 있었지만, 그 해에는 상황이 복잡했다. 일부 학생들은 "해외여행은 너무 비싸다, 국내로 가자."고 했고, 다른 학생들은 "그래도 5년 동안 고생했으니 해외로 가야 한다."고 주장했다. 나는 무엇이 옳은지 판단하지 못하고 우왕좌왕하다가, 결국 다수결에 의존해 나이 많은 형들의 의견을 따랐다. 우리는 국내 지리산으로 여행을 갔고, 나중에 술자리에서 해외를 원했던 친구들이 나를 원망하는 이야기를 듣고 많이 울었던 기억이 난다. 그때의 나는 자신을 설득할 힘도, 사람들을 설득할 힘도 부족했다.

지금 돌이켜보면, 그때 나의 리더십은 미흡했을지도 모른다. 그러나 더 중요한 사실이 있다. 지금은 아무도 그 사건을 기억하지 않으며, 그때의 결정이 내 리더십을 평가하는 중요한 기준이 아니었다는 점이다. 당시 나에게는 큰 결단처럼 느껴졌던 그 일이, 이제는 지나간 작은 일에 불과하다.

여기서 내가 하고 싶은 말은 명확하다. 지금 당신의 리더십이 강하든 약하든, 그것은 중요한 것이 아니다. 중요한 것은 당신이 당신의 치과를 어떻게 이끌고 있는가, 그 안에 당신의 생각과 신념이 얼마나 녹아들어 있는가이다. 나를 비롯한 대부분 치과원장들이 명확한 비전과 철학없이 치과를 운영하고 있는 경우를 많이 볼 수 있다. 그저 속으로 생각만 하고 있을 뿐이다. 하지만 외부로 드러내지 않으면 그것은 없는 것이나 마찬가지다.

치과의 리더십은 막연한 이론이나 추상적인 개념이 아니다. 리더십이 강한지 약한지를 고민하기 전에, 내 치과가 어떤 사명을 가지고 있으며, 그 목표를 달성하기 위해 어떻게 나아가고 있는지를 고민해 보자. 지금 종이와 펜을 꺼내서 내 치과가 가진 비전과 철학을 적어보자. 그것이 '치과의사는 환자에게 최고의 의료 서비스를 제공해야 한다'는 단순한 원칙일 수도 있고, '스태프가 즐겁게 일할 수 있는 환경을 만든다'는 목표일 수도 있다. 중요한 것은 그것이 실제 진료와 조직 운영에 구체적으로 반영되느냐는 것이다.

리더십은 바로 이 지점에서 시작된다. 치과의사로서 전문성에만 의존하는 리더십은 오래가지 않는다. 구성원들은 당신이 가진 지식과 기술보다, 당신이 보여주는 신념과 철학에 따라 움직인다. 따라서 리더십은 단순한 관리 능력에서 끝나는 것이 아니라, 당신의 비전과 철학을 조직 내에서 어떻게 실천하고 있는가에 달려 있다.

리더십은 거창하지 않다. 당신의 치과가 가고자 하는 방향을 명확히 하고, 그 방향성을 구성원들과 환자에게 일관되게 전달하는 것이 리더십의 첫걸음이다. 그러니 리더십에 대해 고민하고 좌절하기보다, 지금 내가 무엇을 원하는지, 그리고 그것을 어떻게 실천할지를 생각해보는 것이 중요하다. 당신의 리더십이 강하건 약하건, 중요한 것은 그 리더십이 당신의 조직과 어떻게 연결되어 있는가이다.

Tx.(치료) : 가장 확실한 성과, 말하기 훈련

　우리는 이과 직업인이다. 수학, 과학, 통계와 친숙하다. 입력값과 출력값이 확실한 걸 좋아하고 불확실한 것을 불안해하고 믿지 못한다. 대표원장이라면 모두가 우리 치과 직원들이 나에게, 동료에게, 환자에게 친절하길 바란다. 그래서 교육을 하고 피드백을 하고, 회의를 하고, 행동규칙을 정한다. 때로 극소수의 원장은 화를 내기도 한다. 하지만 조직관리는 수학이 아니다. 과학이 아니고 10년간 공부해 온 의학과 결이 다르다. 인간관계론과 조직문화는 치아를 빼면 통증이 사라지고, 고름을 빼면 완치되는 예지성이 강한 영역이 아니다. 사람을 대하고, 생각을 바꾸고, 말과 행동을 바꾸는 시도이다. 이는 마음을 다루는 복잡한 작업이다. 이 책의 다른 장에서는 조직 관리의 다양한 방법론을 소개한다. 하지만 여기서는 대표원장으로서 어떻게 말해야 하는지, 그 훈련에 대해 이야기하려 한다.
　많은 사람들은 CEO가 되려면 '말하기' 기술이 중요하다고 생각한다. 그러나 그 '말하기'가 단순한 정보 전달을 넘어서 퍼스널 브랜딩과도 맞닿아 있다는 사실은 종종 잊힌다. 블로그나 유튜브처럼 대중에게 자신을 드러낼 수 있는 도구들이 늘어나면서, 마치 CEO처럼 말하는 법을 배웠다고 착각하는 이들이 많아졌다. 하지만 실제로

CEO처럼 행동하며 말하는 것과 단순히 말을 배우는 것은 완전히 다르다. 말하기는 단순한 스킬이 아닌, 자신의 생각과 결단, 그것을 세상에 어떻게 풀어놓는가에 대한 종합적인 결과물이다.

'생각은 드는 것이고 말은 하는 것이다.'라는 문장은 흥미롭다. 우리는 흔히 생각을 고쳐먹을 수 있다고 생각한다. 내 생각을 통제할 수 있다고 착각한다. 유명한 예시를 하나 소개한다. 지금 당신에게 "흰 코끼리를 생각하지 마세요."라는 말을 들었다 해보자. 머리속에서 떠오르는 흰 코끼리를 절대 지울 수 없을 것이다. 하지만 말은 어떠한가. 정말 보기 싫은 환자가 내원했다고 가정하자. 속으로는 '안 왔으면 좋겠다' 따위의 생각들이 들어오겠지만 실제 말을 "오셨어요~!"라고 생각과 말이 다르게 나타난다. 왜 신은 인간에게 이런 능력을 주셨을까? 성장하기 위해서다.

이 통제된 말이 나의 이미지를 형성하는 중요한 도구가 된다. 생각을 표현하는 말은 우리가 완전히 통제할 수 있는 유일한 것이다. CEO 교육에서 말하기를 강조하는 것도 결국은 말로써 사람들에게 영향을 미치고, 자신을 브랜딩하는 강력한 툴이기 때문이다.

CEO나 리더에게 말과 행동을 일치시키는 것은 필수적이다. 그들의 말은 정보 전달을 넘어서 행동을 예고하는 중요한 수단이다. CEO의 한 마디가 회사의 방향을 정하고, 직원들의 행동을 이끄는 중요한 원동력이 된다. 말하기가 단순한 표현 기술이 아니라, 행동을 수반하는 전략적 도구가 되는 이유가 여기 있다. 우리는 종종 "말만으로는 부족하다."고 생각하지만, CEO의 말은 그 자체가 곧 행동이다. CEO가 내뱉은 한마디가 회사의 미래를 결정하고, 수많은 사람들의 움직임을 결정짓기 때문이다.

그러므로 말은 행동이다. 우리가 통제할 수 있는 것은 말뿐이지만, 그 말이 제대로 전달되고 실행되면 결국 현실이 된다. CEO 입장에서 말은 단순한 언어적 도구가 아니다. 그것은 회사의 비전이 되고, 직원들에게는 행동 지침이 된다. 말은 행동 그 자체이며, 이를 깨닫는 것이 퍼스널 브랜딩의 핵심이다.

한 예로 카카오의 김범수 의장을 들 수 있다. 그는 창업 초기부터 "카카오톡은 무료일 것이다."라고 자주 말해 왔다. 이것은 단순한 말이 아니라 기업 전략을 결정짓는 중대한 선언이었다. 이 말은 사용자들에게 신뢰를 주었고, 카카오가 한국의 대표 메신저 플랫폼으로 자리 잡는 데 중요한 역할을 했다. 김범수 의장의 말은 카카오의 성공을 이끄는 등불이 되었다.

쿠팡의 김범석 대표도 그렇다. 그는 "쿠팡은 고객 만족을 위해 모든 것을 집중하겠다."라고 말했고, 이는 단순한 약속이 아니라 현실적인 행동으로 이어졌다. 물류 시스템을 혁신적으로 개선하기 위해 대규모 투자를 했고, 이를 통해 쿠팡은 한국 이커머스 업계의 대표 기업으로 성장할 수 있었다. 김범석의 말은 쿠팡의 전략적 결단으로 연결되었고, 결국 실현되었다.

해외에서는 일론 머스크가 좋은 예다. 그는 테슬라와 스페이스X를 운영하면서 끊임없이 혁신적인 비전을 제시하고, 이를 실현하기 위해 대중 앞에서 당당히 목표를 선언했다. 많은 사람들이 그를 허풍쟁이라고 비웃었지만, 그는 자신의 말에 맞는 행동을 지속적으로 보여줬다. 그는 자신이 한 말을 현실로 만들어 가며, 그 말 자체가 행동임을 입증해 보였다.

또한 제프 베조스는 '고객 중심의 기업'이라는 말을 꾸준히 강조해 왔다. 이 말은 아마존의 모든 의사 결정에 반영되었고, 세계 최대 전자상거래 기업으로 자리잡게 된 결정적 요소가 되었다. 베조스의 말은 기업 전략에 강력한 영향을 미쳤고, 이를 통해 아마존의 성공을 이끌었다.

여기서 나 포함 대부분의 치과의사들이 이렇게 생각할 것이다. '이건 기업 이야기잖아. 나는 그저 치과의사일 뿐인데, 이런 거창한 이야기가 필요할까?' 여기서 나는 스스로를 설득하는 논리를 말해보겠다.

먼저, 나는 환자가 내 말을 잘 듣고 신뢰하기를 바란다. 그리고 매출이 높은 환자들이 많이 내원하기를 바란다. 환자 동의율이 높아지길 바란다. 소개환자 비율이 높아지길 바란다.

그렇다면 어떻게 해야 할까? 내가 믿을만한 치과의사라는 증거가 필요하다. 또는 내 말을 통해 그 신뢰를 쌓아야 한다. 그러려면 내 말하기가 훌륭해야 한다. 내 말하기가 훌륭하려면 재능이 있거나, 연습을 많이 하면 된다. 그러니 나 스스로도 내 말에 대한 확신을 가지게 연습해야 한다. 왜냐하면 말하기는 내가 바꿀 수 있는 유일한 것이니까.

내가 하는 방법을 소개한다. 심각한 컴플레인 환자를 상대할 때 나 중요한 직원들과 공지 전 메모장에 할 말을 적어본다. 미리 준비한 말을 거울 앞에서 몇 번이고 연습한다. 우리 모두 학창 시절에 공부 참 열심히 하지 않았던가? 지식은 이미 충분히 쌓여 있다. 그런데 문제는 실행이다. 실행을 하려면 용기가 필요하다. 하지만 용기는 그냥 마음 먹는다고 생기는 게 아니다. 그렇다. 반복이 답이다. 실전만으로는 부담스럽고 우리 마음이 약해질 수 있으니, 미리 연습하는 것도 나쁘지 않다. 부끄러워할 필요 없다. 자, 같이 해보자. 화장실로 들어가서 문 잠그고 차근차근 연습해 보자. 나는 화장실 거울을 보며 연습한다.

"홍길동 님, 임시치아가 목에 걸려서 정말 큰일 날 뻔하셨다고요? 안타깝네요."

말을 할 때는 상대의 눈을 바라봐야 한다. 만약 그게 어렵다면 눈 사이 미간을 보면 된다. 훨씬 편해진다. 데일 카네기가 그랬고, 나도 자주 사용하는 방법이다.

"선생님들, 공지합니다. 업무시간에 치과에서 개인 휴대폰 사용은 자제해 주세요. 꼭 필요한 일이 있으면 휴게실에 잠깐 들어가서 확인해 주세요."

어깨는 펴고, 목은 높이 들고, 목소리는 단호하게, 눈은 상대방을 보며. 그리고 경청. 그저 듣는 것이 아니라 진심으로 열심히 듣는 것이다. 나는 정말 열심히 듣고 있을까?

경청의 기준에 대해 한 번 살펴보자. 책 《리더의 말하기》에서 배운 내용이다.

- 상대의 눈을 보고 듣는다.
- 몸을 상대 쪽으로 향한다.
- 손과 발은 가만히 둔다, 아무것도 하지 않는다.
- 들은 내용을 정리해 최대한 똑같이 되풀이해 말한다.
- 그리고 내가 이해한 내용이 맞는지 확인한다.
- 내 주장을 내세우지 않는다.

'뭘 이렇게까지 해야 해?'라고 생각할 수도 있다. 하지만 그런 마음이 들면, 제대로 경청하지 않고 그저 적당히 하고 있다는 뜻일지도 모른다. 더 나은 고객 응대 방법이 있음에도, 스트레스나 불편함을 이유로 대충 넘어가는 것이다. 마치 '저 포도는 신 포도일 거야!' 하고 시도조차 안 해보는 것과 같다. 하지만 한 번만 용기 내 보자. 단 열 번 중 한 번이라도 제대로 해보면, 그 만족감은 정말 짜릿할 것이다.

처방전: 메타인지= 3가지 자아

메타인지는 자신의 사고 과정과 감정을 객관적으로 인식하고 통제하는 능력을 의미한다. 다시 말해, 자신의 생각을 들여다보고, 그 생각을 분석하며 스스로를 돌아보는 힘이다. 나에게 메타인지라는 개념은 처음에는 낯설었다. 개원을 준비하던 초창기에는 그저 '난 수술을 잘하고 환자들에게 친절하고 직원들에게 착하니깐 잘할 수 있을 거야.'라는 막연한 자신감만 있었을 뿐이었다. 치과를 운영하며 마주하게 될 복잡한 문제들이 나를 기다리고 있다는 사실 소차 생각하지 못했다. 그 당시 나는 태평양 항해를 앞두고 폭풍, 난동, 기아는 우리 범선에는 없을 거라 외면하고 그저 100일 기도만 하고 출항한 대책없는 선장이었다.

개원을 하고 그저 열심히만 하면 모든 게 잘 될거라 생각했다. 하지만 아니었다. 치과의사로서의 진료 실력은 쉽게 성장하지 않았고, 치과의 운영도 내 바람처럼 굴러가지 않았다. 그 와중에 나는 대표로서 책임져야 할 무게에 짓눌렸고, 행복도 저절로 오지 않았다. 예상보다 복잡한 문제들이 연이어 터져나왔다. 나는 비바람 치는 망망대해에 던져진 나룻배였다. 나는 그때 비로소, 내 안의 세 가지 자아가 서로 충돌하며 나를 흔들고 있다는 것을 깨달았다.

첫 번째 자아는 실력 좋은 치과의사였다. 실수 한 번 없이 완벽하고 흠 없는 의사가 되고 싶었다. 두 번째는 사장이다. 소상공인으로서 높은 영업 이익을 추구하는 경영자의 자아였다. 치과를 성장시키고 싶었고, 그 숫자가 나를 증명해주기를 원했다. 마지막은 한 인간으로서의 욕구였다. 착한 사람이고 싶었다. 다른 사람들에게 호감을 얻고, 좋은 말만 들으며 남을 배려하는 내가 되고 싶었다. 이 세 가지 자아는 각각 반대방향으로 나를 끌고 갔다. 나는 갈피를 잡지 못했다. 진료할 때의 나는 치과의사로서의 자아가 전면에 나

섰다. 환자들의 기대와 믿음을 저버리지 않으려 애썼다. 하지만 한편으로는 실수가 두려웠다. 작은 실수 하나라도 생기면 곧바로 입소문이 퍼져 내 평판에 금이 갈 것만 같았다. 그 부담감이 내 어깨를 눌렀다. 진료 시간 동안은 숨 쉬는 것조차 조심스러웠다. 환자의 눈에 비친 나는 믿음직스러운 전문의로 보였을지 몰라도, 속으로는 작은 실수라도 할까봐 두려움과 싸우고 있었다.

그러다 문득, 치과 수익을 계산할 때면 내 안의 또 다른 자아가 나타난다. 이번 달 수익은 왜 이 모양이지? 광고비는 너무 많이 썼고, 경비는 줄지 않았다. 나는 경영자의 얼굴로 변했다. 조급하게 지출을 따지고, 효율을 고민하며, 임대료와 늘어날 비용을 걱정했다. 여기서 더 떨어지면 안 된다. 고객을 더 끌어들일 방법은 없을까? 그러면서도 수익을 쫓는 나 자신이 한심하게 느껴질 때가 있었다. 마치 치과의사의 윤리를 돈과 바꿔치기 하는 사람처럼 느껴졌다.

그렇지만 결국 나를 가장 많이 흔드는 건 세 번째 자아였다. 착한 사람이 되고 싶은 욕망, 남에게 호감 받고 싶고, 인정받고 싶은 욕구였다. 나는 항상 부드러운 미소로 환자를 대하고, 직원들에게도 함부로 말하지 않았다. 모두를 배려하고 싶었다. 하지만 문제는, 이 '착한 사람'의 자아가 때때로 나의 다른 역할들과 충돌했다는 것이다. 불편한 부탁을 하는 환자를 단호히 거절하지 못하고, 불합리한 요구를 들어주기도 했다. 매출이 급한 상황에서도 필요 이상의 진료는 절대 하지 않겠다는 스스로의 윤리적 기준을 지켰다. 그것이 환자를 위한 것이기도 했지만, 동시에 '나는 좋은 사람'이라는 내 이미지를 지키기 위한 것이기도 했다.

　이 세 자아가 하루에도 몇 번씩 서로 충돌했다. 완벽한 치과의사가 되고 싶으면서도 수익도 놓칠 수 없었고, 동시에 누구에게도 미움을 받고 싶지 않았다. 어떤 일이 벌어지고 있는지 감도 잡지 못한 채로 그저 한국 흙수저 쩜빵 치과원장의 운명이라 생각하고 스스로를 방치했다. 한참의 시간이 지난 후에 책을 보고, 강의를 듣고 사색을 하다 문득 나를 흔드는 건 외부의 환경이 아니라, 바로 내 안에서 벌어지는 현상이라는 것을 깨달았다. 강아지 3마리와 산책을 나갔는데 각자 가고 싶은 방향이 달라 서로 반대 방향으로 당기는 꼴이었다. 한쪽은 훌륭한 임상실력에, 다른 한쪽은 매출에, 마지막 가장 덩치 큰 강아지는 좋은 사람이고 싶은 욕망쪽으로 당기고 있었다.

　모두 퇴근하고 혼자 남은 불 꺼진 치과, 가장 좁은 화장실 바닥에 웅크려 앉은 기억이 난다. 거울속 내 모습은 무표정했고, 웅웅거리는 기계음이 낮게 들렸다. 환자가 남긴 긍정적인 리뷰를 보며 잠깐 안심하다가도, 금세 통장 잔고와 종소세 고지서가 머릿속을 덮쳤다. 그리고 그 와중에도 스스로를 책망했다. "왜 이렇게 힘든가? 내가 남들보다 부족해서 그런 건가?" 착한 사람으로, 행복을 주는 사람으로 살고 싶었지만, 내 속마음은 이미 지쳐 있었다. 하지만 이런 내적 갈등이 꼭 나쁘지만은 않다. 아이러니하게도, 이 복잡한 충돌은 나를 계속 고민하게 만들었다. 내가 정말 원하는 것은 무엇인지, 어떤 치과의사, 어떤 대표, 어떤 사람이 되고 싶은지를 되묻게 했다. 치과의사로서의 이상, 경영자로서의 현실, 그리고 인간으로서의 내

욕망 사이에서 균형을 잡아야 한다는 것을 깨달았다.

지금도 균형을 찾은 건 아니다. 하지만 적어도 지금 어떤 걸 고민하고, 어떤 방향으로 노력하면 될지 그 방향성이라도 알게 된 것이 가장 가치있다. 나를 흔드는 세 가지 자아간 갈등을 완벽히 합의 볼 수는 없지만, 적어도 그들을 이해하려 노력한다. 치과의사로서의 완벽을 추구하면서도 실수를 받아들이고 개선에 대해 이야기하고, 대표로서의 성장을 꿈꾸면서도 현실의 벽을 인정한다. 그리고 착한 사람이 되고 싶은 욕망이 얼마나 나를 갉아먹고 있는지 직시했다.

구강악안면외과 전문의로서 자신만만하던 개원초, 임플란트 수술을 받은 30대 남성이 입술 감각이상을 호소했다. 신경손상이었다. 당시 난 현실 회피를 하다 자책을 하다 오갈데 없는 분노로 우왕좌왕했다. 실수는 누구나 할 수 있다는 진리를 받아들이는 데는 많은 밤이 필요했다. 중요한 건 실수를 반복하지 않기 위해 노력하는 자세라는 것을, 몇 번이고 내 자신에게 상기시켰다. 그렇게 진료실에서 나는 과잉 긴장을 조금씩 내려놓고 환자와 더 진솔하게 소통할 수 있게 됐다.

치과를 운영하는 대표로서도 마찬가지였다. 초기엔 감사하게도 훌륭한 협력자들 덕분에 경영이 쉬워서 숫자에 관심없는 쿨한 대표, 인덕으로 성공하는 대표 코스프레에 취해 있었다. 이후 돈이 모든 것을 결정짓는 건 아니지만, 기업의 목적은 이윤을 내는 것이라는 본질을 깨닫는 데는 오래 걸리지 않았다. 이 밸런스를 잡기 위해 치과의 철학, 내가 하고 싶은 의료의 방향을 잡아야만, 그 뒤에 수익도 따라온다는 것을 알게 됐다. 단기적인 성과에 급급하지 않고 장기적인 목표를 세우면서, 나는 점점 경영자로서의 균형을 찾아가기 시작했다.

그러나 가장 큰 변화는 착한 사람으로 보이고 싶었던 자아에 있었다. 나는 늘 남에게 좋은 인상을 남기려 애썼다. 환자에게는 너무 많은 배려를, 구성원들에게는 너무 많은 이해를 바라고 노력했다. 그러나 그것이 나를 더 행복하게 만들지는 않았다. 지나친 배려는 나를 희생시켰고, 무리하게 좋은 사람이 되고자 하는 욕망은 내 자존감을 갉아먹었다. 배려와 눈치를 구별하지 못하는 천둥벌거숭이였다. 어느 순간, 나는 '착한 사람'이 아닌 '진짜 나 자신'이 되는 법을 배워야 한다는 결론에 도달했다.

그래서 나는 환자에게 단호하게 말하는 법을 연습했다. "환자분의 딱한 가정상황은 안타깝지만 치과의 신뢰감을 지키기 위해 환자분께만 할인을 해드릴 순 없습니다."라고 말하며, 불필요한 요구를 정중히 거절하기 시작했다. 직원들에게도 나의 의도를 분명히 전달하기 시작했다. 불편한 말을 하는 것이 큰 스트레스가 발생하지만, 조직문화를 지키기 위한 외길이라는 걸 깨달았다.

결국 나는 이 세 자아를 다독이며 살아가는 법을 배워가고 있다. 치과의사로서, 대표로서, 한 인간으로서의 삶이 완전히 조화를 이룬 것은 아니다. 하지만 한쪽으로 치우치지 않으려 애쓴다. 추구할 이상향은 완벽한 고요가 아니라, 끊임없는 흔들림 속에서도 중심을 찾아가는 과정이라는 것을. 이 모든 과정 속에서 얻은 교훈은 단순하다. 개원은, 인생은, 평온한 유토피아 따위는 영영 오지 않는다. 내가 나를 이해하고, 다듬고, 변화하는 과정 그 자체가 목적이고 그 속에서 하루하루 사는 게 개원의 경영이다.

"나는 이게 좋아."

봉직의때 수원에 위치한 유명한 신경치료 연자분의 세미나에 참석한 적이 있었다. 그분의 세미나는 늘 새벽1, 2시까지 계속되었고, 그 시간까지 지치지 않고 열정적으로 강의를 이어가시는 모습이 인상적이었다. 마치 기름이 다 떨어져가는 램프인 줄 알았는데, 불은 오히려 더 밝게 타오르는 것 같았다. 나를 포함해 그곳에 모인 많은 치과의사들은 지쳐 있었지만, 그분은 더 큰 에너지를 발산하며 우리를 몰입시켰다.

연자분 입장에선 일일이 코치를 해주시고 소수로 운영되어 큰 돈을 벌기는 힘든 구조였다. 그분이 새벽까지 치아가루를 뒤집어쓰며 열심히 강의하는 모습을 보면서 문득 의문이 들었다. '이분은 분명 치과도 잘되고, 돈도 많이 벌 텐데 왜 이렇게까지 열정적으로 세미나를 할까? 세미나로 떼돈을 벌 것도 아닌데, 왜 이런 수고를 감수하실까?' 그런 의문이 머릿속을 떠나지 않았다.

세미나 마지막 날, 모두가 지친 몸을 이끌고 간 회식 자리에서 그분이 말씀하셨다.

"내 동기들 중 돈 많이 번 친구들도 있고, 워라밸을 잘 챙기는 친구들도 있어. 그런데 나는 이게 좋아. 여러분들을 성장시키고, 그 과정에서 보람을 느끼는 게 나한테는 가장 큰 기쁨이야. 이렇게 함께

술 한잔하면서 시간을 나누는 게 나에겐 정말 행복해."

그때는 그냥 '아, 저분은 이런 삶을 좋아하는구나.'라고만 생각했다. 하지만 시간이 지나고 내가 개원을 하면서 그분의 말씀이 자꾸만 머릿속을 떠올랐다. 처음 개원했을 때, 나는 모든 어려움을 외부 탓으로 돌리고 싶었다. 경쟁 치과, 덤핑 진료, 정부의 규제, 때로는 환자나 직원들까지. 마치 파도에 휩쓸린 나룻배처럼, 나는 여기저기 떠밀리며 무엇을 탓해야 할지 찾았다. 그런데 그분의 말씀이 머릿속에 다시 떠올랐다.

'지금 당신이 힘들다면, 그건 사회 탓도, 환경 탓도, 직원이나 환자 탓도 아니야. 덤핑 치과 탓도 아니고, 당신이 진정으로 원하는 게 뭔지 알지 못해서 그런 거야.'

그 순간 나는 스스로에게 제대로 물어 본적이 없다는 걸 깨달았다. '내가 정말로 원하는 것이 뭐지?' 치과의사로서의 성공, 치과 경영에서의 안정만을 꿈꾸며, 정작 내 안의 세 자아가 무엇을 원하는지에 대해 깊이 생각하지 않았던 것이다. 그 질문에 대한 답을 찾을 때 비로소 세 자아가 충돌하는 이유를 알게 되었고, 나는 조금씩 균형을 잡아갔다.

이렇게 자아를 인식하고 조율하는 '메타인지'는 말처럼 쉬운 일이 아니다. 그러나 방법은 있다.

첫 번째는 명상이다. 명상은 마치 먼지가 쌓인 창문을 닦는 것과 같다. 평소에 자아를 바라보는 시야가 흐려져 있다면, 명상을 통해 그 흐려진 시야를 맑게 만들어줄 수 있다. 짧게는 10분에서 길게는

30분이라도, 고요한 상태에서 호흡에 집중하며 내 생각과 감정을 바라보는 연습을 하면, 내 안에 충돌하는 자아들을 더 명확히 볼 수 있게 된다.

두 번째는 운동이다. 운동은 단순히 육체를 단련하는 것처럼 보이지만, 사실 마음을 가다듬는 데도 큰 도움이 된다. 운동을 하다 보면 나의 한계와 마주하고, 그것을 넘어서려는 과정에서 메타인지를 강화할 수 있다. 특히 꾸준한 루틴을 가지고 운동을 하다 보면, 몸과 마음의 균형을 찾게 되는데, 그 과정에서 나 자신을 더 깊이 이해하게 된다.

세 번째는 글쓰기이다. 글쓰기는 자신과 대화하는 또 다른 방법이다. 내가 겪은 감정과 생각을 글로 표현하면서, 그 속에서 내 자아를 발견하는 순간들이 있다. 글을 쓰다 보면, 나는 나를 조금 더 객관적으로 바라볼 수 있게 되고, 그것이 곧 메타인지를 강화하는 데 큰 도움이 된다. 마치 자신이 주인공인 소설을 쓰듯, 내 인생의 갈등과 문제들을 차근차근 풀어나가는 과정을 통해 스스로를 더 잘 이해하게 된다.

넷째, 물어보기이다. 나 자신에게 자주 질문을 던져야 한다. '나는 지금 행복한가? 내가 정말 원하는 것이 무엇인가?' 때로는 타인에게 내 상태를 물어보는 것도 도움이 된다. 가까운 동료나 친구에게 '요즘 내가 어떤 것 같아?'라고 물어보는 것도 좋은 방법이다. 사람들은 자신을 가장 잘 안다고 생각하지만, 사실 타인의 눈에 비친 나의 모습에서 새로운 자각을 얻는 경우가 많다.

마지막으로 자신의 모습을 영상으로 찍어보기도 좋은 방법이다. 하루를 살아가는 나의 모습을 영상으로 찍어서 직접 보게 되면, 내가 미처 인식하지 못했던 내 습관, 표정, 그리고 말투를 객관적으로 바라볼 수 있다. 내가 어떤 상황에서 어떻게 반응하는지, 내가 생각하는 나와 실제 행동하는 내가 얼마나 다른지를 깨닫는 데 도움이 된다.

개원이라는 도전 속에서 우리는 이 모든 방법들을 통해 자신을 더 깊이 이해하고, 더 나은 방향으로 나아갈 수 있다. 세 자아가 충돌하고, 때로는 균형을 잡지 못할 때에도, 그 과정을 스스로 인식하고 받아들이는 메타인지의 힘이 있다면 우리는 다시 천천히 앞으로 나아갈 수 있다.

이 글을 쓰기까지 정말 많은 망설임이 있었다. 내가 유명한 사람도 아니고, 소위 대박 치과원장도 아니고, 유명한 연자도 아닐 뿐더러 학술적으로 큰 성과를 이룩한 사람도 아니다. 내 글이 강력한 설득력을 지니기에 너무나도 부족하다는 사실을 스스로가 가장 잘 알고 있다. 누군가는 나를 싫어할 수도 있고 비웃기도 할 것이며, 내 글을 보고 불쾌해 할 사람이 있을 수도 있다는 상상이 나를 움츠리게 한다.

그래도 펜을 들 결심을 한 이유는 솔직히 나 스스로를 구원하기 위한 목적이 크다. 인정중독에서 벗어나 당당하게 살고 싶은 절박한 마음을 담아 나의 성장을 위해 글을 썼다는 조금 부끄러운 사실을 고백한다. 그 와중에도 분명히 이 글이 누군가에게 단 1%라도 위로가 되고 도움이 될 거라는 확신은 있다. 나 혼자만 힘든 것 같고 어디서도 공감받지 못해 외롭고, 끝나지 않는 후회의 감옥에 갇힌 누군가에게 힘이 되길 간절히 바란다. 그리고 과한 책임감과 완벽주의 성향으로 누구도 탓하지 못하고 자책만 하는 누군가에게도 부디 힘이 되길 간절히 바란다.

이 책을 낼 수 있는 결정적인 역할을 한 인파워 신인순 대표님께 가장 감사합니다. 대표님의 행동력과 신념이 있었기에 좋은 책이 나올 수 있었습니다. 함께 집필한 원장님들께 감사합니다. 성실하게 스스로 성장하는 모습을 보여주며 제게 책을 쓰게 할 영감과 자극을 준 실장님, 감사합니다. 힘든 시기에 나를 믿고 따라와 주는 정성플러스치과 구성원들에게 미안함과 고마움이 가득합니다. 마감에 늦고 초보라 우왕좌왕하는 저를 잘 코칭해 주신 장치혁 작가님, 감사합니다. 그리고 나를 지탱해 주는 소중한 내 가족들, 혼자 육아 하면서 책쓰기를 이해해 준 고마운 아내, 세상 귀여운 6살 아들 연우, 정말 소중하고 사랑합니다.

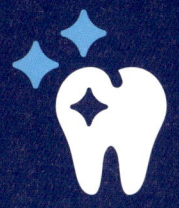

제6장

홀로, 그러나 함께 가는길 - 시스템의 힘

장명진 원장

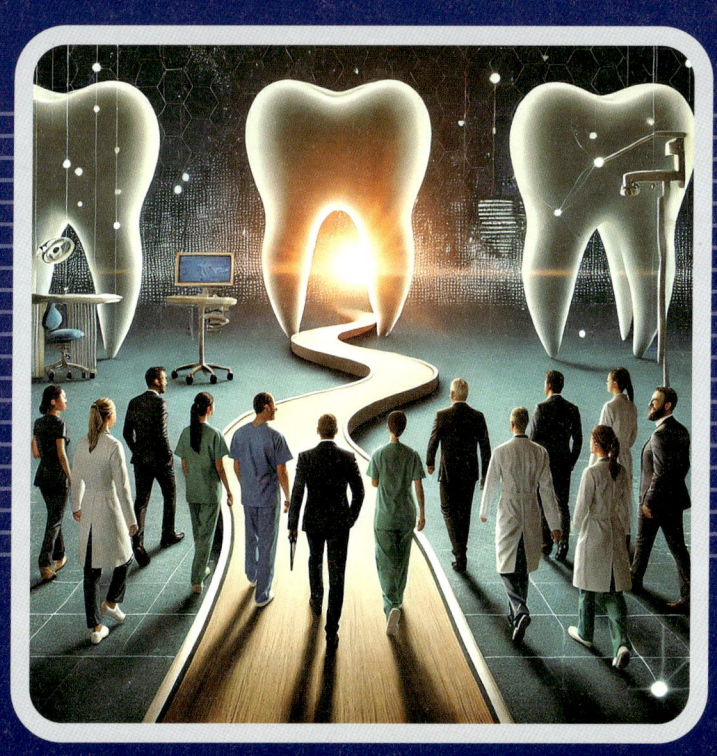

장명진 원장

구강외과전문의, 치의학박사. 성북이엔이치과 대표원장.

나는 종로구 계동에서 태어났다. 지금은 북촌으로 불리는 유서 깊은 동네, 오래된 골목의 정취와 스치던 바람 냄새가 아직도 생생하게 기억난다. 두 살 위의 누나와 나는 부모님의 사랑과 기대 속에서 사이좋게 성장했다. 부모님은 내가 사람들에게 믿음과 존경을 받는 '밝은 보배'가 되기를 바라며 이름을 지어주셨다. 그 뜻을 품고, 한평생 그 의미를 이루기 위해 노력하며 살아왔다.

중학교 시절, 집 근처 가회동 성당을 다니며 신앙을 접했다. 기도와 찬송이 흐르던 그곳은 내 마음을 다잡아 주었다. 그러나 고등학교 시절, 여름방학에 또 다른 선택을 했다. 머리와 눈썹을 밀고 수도의 길로 들어가겠다는 결심이었다. 출가였다. 세상과 떨어져 정진하며 살겠다는 다짐이었다. 하지만 현실은 나를 쉽게 놓아주지 않았다. 멀리서 느껴지는 부모님의 걱정이 나를 붙잡았고, 나는 다시 세상으로 돌아왔다. 그때 결심했다. 내게 주어진 삶의 자리에서 성실히 살아가겠다고.

지금은 천생연분으로 만난 아내와 자녀 둘과 함께 화목한 성가정을 이루며 살아가고 있다. 가족의 웃음소리가 집안 곳곳에 번진다. 가끔은 고등학교 시절의 출가 이야기가 가족들 사이에서 화제가 된다. 머리를 밀고 떠난 결심이 사실은 가출이 아니었냐는 농담 섞인 의심도 나온다. 아내와 아이들은 웃으며 지나치지만, 나는 문득 그 시절을 떠올린다. 그때의 선택이 무엇이었든, 나는 결국 이곳으로 돌아왔고, 지금은 사랑하는 이들과 함께하니 행복하다고 자신 있게 말할 수 있다.

〈우리의 사명〉

우리 치과의 사명은 국민 구강보건 향상을 책임지며, 매 진료마다 최선을 다해 모든 환자를 가족처럼 섬기는 성북구 최고의 치과가 되는 것이다.

〈우리의 비전〉

1. 매 순간 정성으로 환자를 섬기는 치과
2. 끊임없이 연구하고 성장하는 치과
3. 성북구 지역사회 구강보건 향상을 도모하는 치과

〈우리의 실천사항〉

1. 우리 치과는 성북구의 자부심이다.
2. 우리 직원 모두는 주인의식을 지닌다.
3. 우리 직원은 상호 신뢰와 소통을 통해 발전한다.
4. 우리 직원은 최상의 진료를 추구한다.
5. 우리 직원은 자기 개발에 최선을 다한다.

치위생과와의 인연의 시작

1996년, 나는 구강외과 수련을 마친 후 종합병원의 구강외과 과장으로서 첫발을 내디뎠다. 당시 30대의 젊고 열정적인 시기를 보내며 매일의 일상들이 새로운 도전의 연속이었다. 내 스스로 택했던 구강외과 전문의로 치과 내에서 나의 전공을 펼칠 수 있는 기회였고, 수련의 시절 이 길을 가고자 했던 꿈을 펼칠 수 있는 기회였다. 정신없이 바쁘게 입원환자들과 지내던 중 걸려온 한 통의 전화가 내 인생에 새로운 인연을 맺게 해주었다. 그 전화는 경복대학교 치위생과의 최은미 교수님에게서 걸려온 것이었다.

최 교수님은 1994년에 신설된 경복대학교 치위생과의 첫 3학년 학생들이 졸업을 앞두고 있었고, 이들을 실습할 치과를 찾고 있다고 하셨다. 당시 치위생과는 아직 지역사회에 자리잡지 못한 상태였고, 대부분의 개업 치과에서는 무자격자나 간호조무사가 주로 근무하고 있었다. 따라서 치위생과 학생들이 실습할 수 있는 종합병원이나 개인 치과의원을 찾는 일이 쉽지 않았다. 최 교수님의 간곡한 부탁을 받은 나는 고민 끝에 내가 근무하던 종합병원의 간호과장님과 상의하였고, 이미 간호학과 실습생 교육을 하고 있던 종합병원에서는 치위생과 실습생을 받는 데 별다른 이의 없이 도움을 주었다. 그렇게 해서 경복대학교 1회 졸업생이 되는 치위생과 3학년 학생들 실습을 시작하게 된 것이었다.

그 당시에는 치위생과 실습을 위한 적절한 교재도 없었고, 임상 실습에 대한 구체적인 기준조차 마련되지 않은 상태였다. 치과의 직원들과 상의하면서 한 달 정도의 실습기간 동안 기본적으로 가르쳐야 할 내용들과 경험시켜야 할 내용들을 정하였고, 실습을 진행, 반복하면서 점차 학생들에게 가르쳐야 할 구체적인 내용과 방식을 정하기 시작했다. 최 교수님의 권유로 1996년 가을 학기, 나는 경복대학교 치위생과 3학년 학생들에게 구강외과학을 가르치기 시작했다. 1회 졸업생들은 1997년 1월 치과위생사 면허시험을 앞두고 있었고, 학교에서도 교수님들이 모든 학생들이 국가고시에 합격할 수 있도록 최선을 다해 가르치고 있었다. 매주 목요일 구강외과학 수업을 준비하며 200여 명의 학생들이 국가고시시험 준비에 만전을 기할 수 있도록 최선을 다했다. 왕복 3시간의 출강이 쉽지는 않았지만, 젊은 시절의 그러한 노력은 값진 경험과 보람으로 돌아왔다.

치위생과 학생들의 실습은 학기 중뿐만 아니라 하계, 동계방학 중에도 이어졌다. 실습기간은 학년마다 조금씩 다르지만, 나는 가능한 한 많은 임상 경험을 제공하기 위해 노력했다. 실습생들은 종합병원에서 수술방 견학을 통해서 책에서만 보던 구강외과수술을 처음으로 직접 경험하게 했다. 나는 학생들에게 많은 수술을 참관시켜 그들이 이론으로 배운 것을 실제로 접할 수 있도록 했다. 이 경험은 학생들에게 큰 인상을 남겼고, 그들의 진로 선택에 중요한 영향을 미쳤다. 이를 통해 학생들은 자신이 어떤 분야의 치과위생사

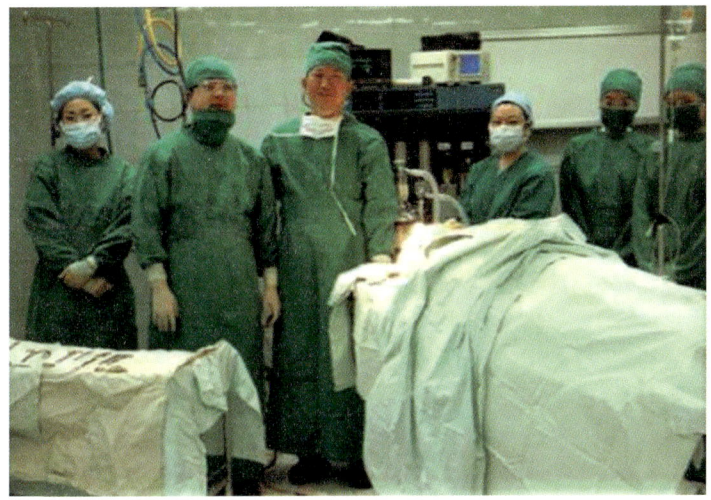

2003년 가을 어느날 실습나온 치위생과 학생들과 병원 수술방에서

가 되어야 할지 구체적으로 고민할 수 있는 기회를 제공하였었다.

그러나 실습생을 지도하는 과정이 항상 순탄했던 것은 아니었다. 어느 해에는 유독 자신감이 부족한 학생이 있었다. 그 학생은 부모님의 권유로 치위생과에 진학했으나, 학업에 흥미를 느끼지 못해 학교 생활에 어려움을 겪고 있었다. 그는 환자 앞에서 늘 긴장했고, 무엇이든 잘못될까 봐 두려워했다. 처음에는 나도 답답함을 느꼈지만, 그 학생을 포기할 수는 없었다. 나는 그 학생의 부족한 부분을 세심하게 짚어주었고, 작은 성공을 칭찬하며 자존감을 북돋아 주었다. 시간이 지나면서 그는 점차 자신감을 회복했고, 마침내 간단한 진료 준비와 치료를 혼자서 해냈을 때 그의 눈빛은 달라졌다. 그 학생은 졸업 후 차근차근 실력을 쌓아 지역사회에서 중요한 역할을 많은 치과위생사가 되었다. 이처럼 실습생들의 성장을 지켜보는 일은 나에게도 큰 의미로 다가왔다. 교육자로서 학생들의 성취를 함께 경험하는 것은 매우 보람찬 일이었다. 치과의사로서의 내 경력은 단순히 환자를 치료하는 데 그치지 않고, 치위생과 실습생들이 성장하는 과정을 도우며 나 자신도 함께 성장하는 과정이었다. 그들과 맺은 인연은 나의 치과의사 생활에 중요한 축이 되었고, 그들의 성공은 나에게 큰 보람과 기쁨을 주었다.

시간이 흘러, 실습생들은 졸업 후 각자의 길을 걸어갔다. 그들 중 많은 이들이 지역사회에서 치과위생사로 활동하며 치과계에 큰 역할과 기여를 하고 있다. 학생시절부터 공부에 관심에 많았던 분들은 학사, 석사, 박사과정을 거쳐 치위생과 교수로서 후배 양성에 헌신하고 있으며, 또 다른 학생들은 치과 관련 회사에 취업해 중요한 직무를 수행하거나 자신의 회사를 운영하는 사업가로 성장하는 경우도 있었다. 그들의 성장과 성공을 지켜보는 일은 나에게 개인적인 성취 이상의 큰 보람을 느끼게 하곤 한다.

경복대학교와의 인연은 이후 한림대학교, 경동대학교 치위생과로까지 이어졌으며, 내가 가르친 학생들이 대한민국 치과계에 긍정적인 영향을 미치고 있다는 사실은 큰 보람이 되었다. 치위생과 학생들과의 인연은 현재도 계속되고 있다. 나는 2007년 종합병원 치과 구강외과 과장 직을 마치고 개인 치과의원을 개업한 후에도 실습생들 지도를 계속해오고 있으며 그들의 성장을 돕고 있다. 실습생들에게 기술뿐만 아니라 윤리적 책임과 사명감의 중요성도 강조하고 있으며, 치과의사와 치과위생사가 협력하여 환자의 구강 건강을 지키는 중요성을 일깨워 주고 있다. 이 인연은 결코 끝나지 않을 것이다. 나는 앞으로도 실습생들과 함께하며 그들의 성장에 힘이 되어줄 것이고, 그들이 성공할 때마다 언제나 그 자리에 서서 그들을 응원할 것이다.

16년간의 공직 치과의사 생활을 마치고 개업의의 길로

    치과대학 졸업 후 종합병원 치과에서의 16년은 나에게 매우 뜻깊고 중요한 시간이었다. 치과대학 본과 4학년 여름방학 때 구강외과를 전공하기로 결심했고, 치과대학 졸업 후 서울의 한 종합병원 치과에서 구강외과 인턴과 레지던트 과정을 마쳤다. 이후 경기도의 종합병원 치과에서 구강외과 전문의로 일하며, 수술 중심의 치과 생활을 이어갔다. 나는 이 일이 적성에 맞았고, 무엇보다도 즐거웠다. 16년간 종합병원 치과에 근무하는 동안 내가 전공한 구강외과학 분야에서 충분한 경험을 쌓을 수 있었고, 병원의 의사 및 환자들과 맺은 인연은 내 삶의 궤적에 긍정적인 영향을 미쳤다. 그러나 주변 환경의 변화와 여러 상황을 고려하면서 점차 개업을 고민하기 시작했고, 결국 2007년 6월, 공직 치과의사 생활을 마무리하고 개인 치과의원을 개업했다.

    개업 당시, 종합병원 치과에서 함께 근무했던 다섯 명의 치과위생사가 나와 함께 새로운 도전을 시작했다. 우리는 서로에 대한 깊은 신뢰를 바탕으로 개업 초기부터 긴밀하게 협력하며 치과를 운영해 나갔다. 개업 초반, 우리는 근무시간 후에도 열심히 일하며 초보 개원의로서 부족한 부분을 채워갔다. 그러나 개업 후 10개월이 지나면서 다섯 명 중 네 명의 치과위생사가 이런저런 이유로 치과를 떠났고, 남은 한 명마저 곧 퇴사하게 되었다. 이때 나는 중요한 깨달음을 얻었다. 치과를 운영하는 것은 나 혼자만의 일이 아니라, 직원들과 함께 이루어 나가는 공동체적 과정이라는 것을 깨달았다. 그리고 봉급생활을 하는 종합병원의 과장과 직원의 관계가 아니라 내가 치과의 주인인 원장으로서 직원들과의 관계를 새롭게 형성하는 것이 치과 운영의 핵심이라는 점을 깨달았다.

종합병원에서의 내 역할은 엄밀히 말해 치과의 권위와 안정감 덕분에 자연스럽게 자리잡힌 것이었다. 치과의 명성과 체계는 내가 스스로 만든 것이 아니라, 치과가 오랜 기간 동안 쌓아온 것이었다. 치과에 근무하던 간호사나 치과위생사들도 그 틀 안에서 일했고, 환자들 역시 치과의 명성 덕분에 치과를 찾아왔다. 종합병원은 나뿐만 아니라 모든 직원에게 안정적인 울타리 역할을 했다. 그러나 개업 후 나는 단순한 치과의사가 아닌, 모든 운영과 책임을 지는 원장이 되었고, 직원들과의 관계 역시 크게 달라졌다. 나 스스로가 치과의 권위와 안정감을 만들어 가야만 했고, 직원들에게 새로운 방향을 제시해야만 했다. 하지만 개업 초기에는 이러한 방향 설정을 제대로 하지 못하였고, 치과 생활 중 인연을 맺은 다섯 명의 직원들이 떠나게 된 것은 지금 돌이켜 생각해 보면 어쩌면 당연한 결과였다.

떠난 직원들의 빈자리를 채우기 위해 새로운 직원들을 채용하면서, 나는 치과를 운영하는 경영인으로서 직원들과의 관계를 더욱 깊이 이해해야 할 필요성을 절감했다. 단순히 업무 관계를 넘어서, 치과를 함께 이끌어가는 동반자로서 그들과 소통해야만 했다. 그러나 현실은 생각보다 복잡했다. 직원들이 자주 들락날락 바뀌다 보니 새로 입사한 직원들이 조금 일찍 들어온 기존 직원들과 미묘한 긴장과 반목을 일으키며 사소한 갈등이 자주 발생했고, 그러한 갈등을 제때 해결하지 못하니 그로 인해 치과 운영에 혼란이 생기기 시작했다. 개업 후 약 3년간 수많은 직원이 들어오고 나가며, 치과 운영과 직원 관리 측면에서 수많은 시행착오를 겪게 되었다.

내가 종합병원 치과에 근무하던 시절, 주변의 선후배 개원 원장들은 직원 관리의 어려움을 많이 토로했지만, 나는 당시 그들의 말을 제대로 이해하지 못했었다. 종합병원 치과에서는 신규 치과위생사를 채용하는 데 어려움과 문제가 없었고, 어쩌다 결원이 생겨서 모집공고를 내면 매우 우수한 졸업생들이 지원서를 제출하며 경쟁을 벌였기 때문이다. 또한 종합병원 치과에 근무하던 치과위생사들은 대부분 매우 뛰어난 업무 능력을 발휘하며, 환자들로부터 좋은 평가를 받았다. 이런 환경에서 치과의사 생활을 하는 동안 나는 직원 관리의 어려움을 체감할 기회가 거의 없었다. 그러나 개업 후 상황은 완전히 달랐다.

직접 원장이 되어 치과를 운영해 보니, 직원들이 나의 방향을 따르지 않고 떠나기 시작했고, 이를 막기 위한 여러 방법들이 효과를 보지 못했다. 그것은 단지 월급을 다른 치과보다 조금 더 받고 덜 받고의 문제가 아니었다. 첫 3년 동안 나는 과거에는 우습게 생각했던 개업 원장들이 겪는 직원 관련 문제를 모두 경험했다.

예를 들면 자격증이 없는 가짜 치과위생사를 채용한 적도 있었는데, 그 사실을 수개월 동안 모르고 지냈었다. 집안환경이 어려워서 학교를 중퇴한 학생이 간호조무사가 되겠다고 학원비를 지원해 달라고 요청했기에 간호조무사 자격증을 취득할 때까지 학원가는 시간도 배려해 주고 학원비도 도움을 주었건만, 그 직원은 그 돈을 개인 용도로 사용하였고 학원을 다니지도 않고 놀러 다니다 걸려 해고한 적도 있었다. 경력직으로 채용한 어떤 직원은 타 치과에서 겪은 집단 동맹 사직을 우리 치과 직원들과 같이 시도하여 치과 직원들 사이에 분란을 일으키고 업무에 큰 혼란을 가져오기도 했다.

이처럼 직원들의 잦은 이직과 내부 갈등으로 인해 치과 운영은 점점 어려워졌고, 나는 깊은 무력감을 느끼기 시작했다. 직원 문제를 해결하기 위해 용하다는 직원관리 외부 전문가를 채용하기도 했으나, 그 전문가라는 분도 우리 치과의 발전을 위해 일하기보다는 관리료를 더 받아가려고 혈안이 된 장사꾼에 불과하였고, 결국 이 방법도 오래 지속되지 못했다. 이런 저런 일들을 3년 정도 겪다 보니 이 시점에서 나는 한 가지 중요한 교훈을 얻었다.

직원들은 단순히 일을 하는 부속품이 아니라, 각자의 생각과 감정을 지닌 사람들이었다. 그들은 나와 함께 치과를 이끌어가는 동료였으며, 그들의 마음과 노력이 치과의 성공에 중요한 역할을 했다. 직원 관리는 단순히 사람을 뽑고 월급을 주는 일이 아니라, 그들의 고민을 듣고 감정을 이해하며, 그들이 보람을 느낄 수 있도록 이끄는 과정이었다. 나는 이 교훈을 3년 동안의 시행착오를 통해 깨달았다. 이제는 새로운 돌파구가 필요했다. 나는 원장으로서, 치과 운영자로서 직원들과 함께 치과의 진정한 의미를 찾기 위한 새로운 여정을 시작해야만 했다. 서툴지만 그들과 함께 앞으로 나아갈 방법을 모색하는 것이 그 시작이었다.

새로운 길을 선택하다.

개업 이후 내가 마주한 가장 큰 고민은 대부분의 원장들이 치과를 운영하며 겪는 문제들과 크게 다르지 않았다. 치과의 외적인 성장과 안정화에 대한 고민은 나를 항상 짓눌렀고, 가장 중요한 직원 관리는 여전히 해결하기 어려운 복잡한 문제 중 하나였다. 치과 업무 외에도 가정에서의 상황 또한 쉽지 않았다. 개업 당시, 아이들은 어렸고 아내는 아이들의 양육과 교육에 전념해야 했던 시기였다. 내가 생계를 책임져야 했고, 경제적인 부담은 자연히 커졌다. 치과와 가정에서의 겹치는 책임감은 내 마음의 여유를 점점 앗아갔다.

이 어려운 시기에 나에게 큰 위로가 되었던 것은 종교 생활이었다. 어릴 때부터 성당을 다니며 신앙을 이어온 나는, 삶의 고비마다 성당에서 많은 평온과 위안을 얻었다. 우리 부부는 성당에서 결혼식을 올렸고, 주말마다 미사에 꾸준히 참석했다. 미사는 우리 가족에게 신앙적 약속이자 마음의 휴식이었다. 그러던 어느 날, 성당에서 친분이 있던 형님 부부가 나에게 좋은 제안을 했다. 그분들은 우리 부부에게 2박 3일간의 부부 피정에 다녀오라고 권유했다. 아이들을 잠시 맡기고 부부끼리 시간을 보내며 서로를 되돌아보는 기회를 가지라는 것이었다. 그렇게 우리 부부는 아이들을 맡기고 부부 피정에 참석했다.

짧은 2박 3일의 시간 동안 다양한 프로그램을 통해 깊은 성찰의 시간을 가질 수 있었다. 그 중에서도 가장 마음에 와닿았던 것은 부부 관계에서 서로를 이해하고 존중하는 것이 얼마나 중요한지에 대한 내용이었다. 두 사람이 만나 하나가 되어가는 과정에서, 서로의 다름을 인정하고 상대방의 이야기에 귀 기울이는 것이 얼마나 중요한지를 깨달았다. 상대방의 장점을 칭찬하고 단점은 포용하며 보듬어 주는 것이 부부 관계의 핵심임을 알게 되었다. 서로의 차이를 인정하고, 존중과 경청, 배려하는 것이 가장 중요한 덕목이라는 사실을 깊이 깨달은 순간이었다.

이 피정을 통해 얻은 깨달음은 비단 부부 관계에만 국한되지 않았다. 치과 운영에도 동일하게 적용될 수 있었다. 직원들 한 명, 한 명이 각기 다른 배경과 환경에서 자라 성격과 가치관이 다르다는 점을 나는 간과하고 있었다. 그들과 나의 차이를 인정하지 않고, 직원들이 나와 같은 사고와 삶의 방식으로 생각하고 행동하길 요구한 것이 나의 가장 큰 실수였음을 깨달았다. 개인 치과 경영은 생각보다 복잡했다. 나 자신도 완벽하지 않듯, 직원들 역시 각자의 장점과 단점을 가지고 있었다. 그동안 나는 직원들의 단점을 지적하는 데만 집중했지만, 피정 이후로는 치과를 성공적으로 운영하기 위해서는 직원들의 장점을 칭찬하고, 그들이 가진 능력을 최대한 발휘할 수 있는 환경을 만들어 주는 것이 중요하다는 사실을 깨달았다. 특히 직원들의 성격 유형을 파악하고, 그에 맞는 업무 배정을 통해 장점을 부각시키고 단점을 감출 수 있는 것이 치과 운영의 핵심임을 알게 되었다.

피정이 끝난 며칠 후, 친하게 지내던 형님이 치과 운영에 대한 나의 고민을 듣고 좋은 프로그램을 소개해 주셨다. 그것은 대학교에서 6개월간 진행되는 '최고 지도자 과정'이었다. 이 과정에서 나는 다양한 사회 각계각층의 리더들과 어울리며 직원 관리에 대한 여러 조언을 들을 수 있었다. 특히 대기업 대표들이 해준 직원 관리 노하우는 매우 인상적이었다. 어느 날, 나는 대기업 대표에게 "저는 작은 치과 하나 운영하는 것만으로도 머리가 아픕니다. 어떻게 거대한 기업을 운영하십니까?"라고 물었다. 그는 웃으며 "장 원장님, 치과에 인사 관리 시스템이 있습니까?"라고 반문했다. 그 말에 충격을 받았다. 작은 치과에 인사 관리 시스템이라니, 나는 생각조차 해본 적이 없었다. 머뭇거리며 "없습니다."라고 답하자, 그는 단호하게 말했다. "지금부터라도 장원장님 치과 나름의 인사 관리 시스템을 만드세요. 시간이 걸리겠지만, 치과의 체계적인 운영을 위해 꼭 필요한 작업입니다. 치과의 비전과 목표를 직원들과 함께 세우고, 공유하며 하나의 목표를 만들어 가는 것이 중요합니다."

처음에는 거창한 사명과 비전이 작은 동네 치과에 필요할까 하는 생각이 들었다. 그러나 시간이 지나면서 나는 체계적인 직원 관리와 치과의 사명과 비전 설정이 치과 운영에 얼마나 중요한지 깨닫게 되었다.

내가 입주해 있던 10층 건물은 대기업이 운영하는 백화점이었고, 나는 그곳의 직원 관리 시스템을 유심히 관찰하기 시작했다. 청소 관리 부서와 주차 관리 부서의 높은 이직률이 눈에 띄었고, 이들 부서의 인사 관리 방식을 살펴보았다. 특히 청소 관리 부서에서는 일을 버겁게 느끼는 직원들이 자주 그만두는 현상이 있었고, 이를 해결하기 위해 일정 기간 동안 아르바이트 형태로 근무한 후 성실성이 검증되면 정직원으로 채용하는 방식을 사용하고 있었다. 또, 부서 순환 근무를 통해 일의 부담을 나누는 시스템도 적용되고 있었다. 이러한 시스템 채용방식을 통해서 직원의 특성을 미리 파악하고 정직원으로 고용하는 시스템을 배우게 되었다. 이러한 관찰을 바탕으로 나는 필요한 인력을 미리 확보하고, 먼저 아르바이트 형태로 시작한 후 기존 직원들과의 화합 여부를 파악하는 인사 관리 방식을 우리 치과에도 도입하기로 했다. 이 방식은 시간이 걸리지만, 성실하고 역량 있는 인재를 선발할 수 있고 쉽게 그만두지 않는 장점이 있었다.

치과위생사는 매년 많은 졸업생이 배출되지만, 실제로 일하는 인원은 항상 부족한 것이 현실이다. 이에 나는 1996년부터 진행해 온 치위생과 실습생 관리에 주목했다. 우리 치과에서 실습한 학생 중 인성과 성품이 좋은 학생들을 주말 아르바이트로 채용하고, 이들이 졸업 후 정직원으로 자연스럽게 전환되는 시스템을 마련했다.

메이요 플로리다 클리닉(Mayo Clinic Florida)은 미국 플로리다주 잭슨빌(주소: 4500 San Pablo Road, Jacksonville, FL 32224)에 위치한 의료 단체로, 미국 내에서도 최고 수준의 의료 기관으로 평가받으며, 특히 환자 치료의 진보와 혁신적인 연구로 널리 알려져 있다. 메이요 클리닉은 '환자의 필요를 최우선으로 한다.'는 핵심 가치를 바탕으로, 응급 의료뿐만 아니라 체계적이고 구역화된 의료 서비스를 통해 환자 맞춤형 진료를 제공하는 것으로 알려져 있다. 또한 연구와 교육을 통해 의료 분야의 혁신을 추구하고 사회적 영향력을 확장하는 것을 치과의 비전으로 삼고 있다.

2011년 12월 18일, 미국을 방문하던 중 당시 치료방사선과에 근무하던 매형 김시용 박사의 안내로 플로리다 잭슨빌에 위치한 메이요 클리닉(Mayo Clinic)을 찾게 되어 병원 이

Mayo Clinic 방문(2011.12.18)
병원 출입구 게시글 'HOPE'

곳저곳을 둘러볼 기회를 가졌다. 세계적으로 암환자 치료로 명성을 얻고 있는 이 병원의 입구에는 'HOPE(희망)'라는 단어를 여러 나라의 언어로 적어 액자에 담아 출입구에 비치해 두었는데, 이를 통해 병원을 드나드는 모든 이들에게 희망의 메시지를 전달하고자 한 의도가 엿보였다.

또한 1층 현관에는 병원의 설립 역사와 비전을 간단히 소개하는 전시 공간이 마련되어 있어 누구나 병원의 설립 취지와 목표를 이해하고 공감할 수 있도록 배려한 점이 인상 깊었다. HOPE라는 단어를 병원 입구에 내건 이유는 암 환자들에게 현재의 어려움을 이겨내고 삶의 끈을 놓지 말라는 희망의 메시지를 전하려는 의도인 듯했다. 메이요 클리닉을 방문하고 돌아와 치과 직원들과 함께 치과의 방향성을 제시하는 사명과 비전을 세웠다. 그 결과는 다음과 같다.

〈우리의 사명〉
우리 치과의 사명은 국민 구강보건 향상을 책임지며, 매 진료마다 최선을 다해 모든 환자를 가족처럼 섬기는 성북구 최고의 치과가 되는 것이다.

〈우리의 비전〉
1. 매 순간 정성으로 환자를 섬기는 치과
2. 끊임없이 연구하고 성장하는 치과

3. 성북구 지역사회 구강보건 향상을 도모하는 치과

〈우리의 실천사항〉
1. 우리 치과는 성북구의 자부심이다.
2. 우리 직원 모두는 주인의식을 지닌다.
3. 우리 직원은 상호 신뢰와 소통을 통해 발전한다.
4. 우리 직원은 최상의 진료를 추구한다.
5. 우리 직원은 자기 개발에 최선을 다한다.

이러한 체계적인 직원 관리 시스템의 확립과 사명, 비전의 선포는 치과의 성장을 이끌었으며, 직원들도 더 큰 책임감을 가지고 치과 문화 확립에 기여하게 되었다. 이후 직원들의 이직도 거의 사라지게 되었다.

치과의 시스템을 갖추다.

우리 치과는 주말에도 근무를 해야 하는 특수한 환경 때문에, 주말 근무를 대체할 수 있는 방안을 모색해야 했다. 다른 치과들이 주말 근무를 거의 하지 않다 보니, 20대 젊은 직원들은 주중에 일하고 주말에는 친구들과 시간을 보내고 싶어 하는 것이 당연했다. 이를 만족시키기 위해 2007년 개업 당시부터 주 5일제를 도입했다. 직원들을 두 개의 조로 나누어 격주로 주말 근무를 하도록 했고, 당시 대부분의 치과는 주 5.5일제(주5일 근무와 토요일 오전 근무) 형태로 운영되고 있었다.

그러나 2011년 법적으로 모든 사업장에서 완전한 주 5일제가 시행되면서, 우리 치과도 새로운 근무 형태 변화를 도입해야 했다. 이에 따라 우리는 휴직 중이던 치과위생사와 우리 치과에서 실습을 마친 치위생과 학생들을 주말에 고정적으로 아르바이트로 고용하는 시스템을 도입했다. 이를 통해 실습생들은 졸업 후 정식 직원으로 채용될 기회를 얻었고, 휴직 중이던 경험 많은 치과위생사들에게도 다시 일할 수 있는 기회를 제공했다. 정직원들은 완전한 주 5일제를 시행하게 되었고, 아르바이트 직원 확보 덕분에 직원들이 유연한 근무 제도를 통해 원하는 시간에 휴일을 사용할 수 있게 되었다. 근무 연차가 오래된 직원들은 근무일수와 휴무를 본인의 희망에 따라 조정할 수 있는 체계도 마련되었다.

대기업 대표의 조언을 받아 직원 채용 시스템의 기본 과정을 구축한 후, 나는 직원들의 성격 유형과 장단점을 고려해 각자에게 맞는 임무를 부여했다. 이 시스템은 크게 네 단계로 나눌 수 있다.

첫 번째 단계는 직원들을 체계적으로 선발하는 과정이다. 구체적인 기준을 세우고 우리 치과에 적합한 인재를 확보하는 것이 중요했다.

두 번째 단계는 선발된 직원들과 치과의 비전과 미션을 공유하며 공동 목표를 설정하는 것이었다. 각자의 장점을 극대화하고 단점을 보완할 수 있는 환경을 조성했다.

세 번째 단계는 치과 업무의 단순화작업을 진행했다. 직원들의 이직률을 낮추기 위하여 각자의 특성에 맞는 업무를 부여하는 것이었다. 직원들이 치과에 장기간 안정적으로 남아 있게 되자, 각자의 성향에 맞춰 임무를 부여하며 업무를 단순화하는 방안을 도입했다. 예를 들어 카운터에서의 수납 업무는 직원들에게 큰 부담이 되었는데, 현금 거래를 줄이고 카드 수납을 원칙으로 하여 치료비의 일관성을 유지함으로써 업무 부담을 덜었다. 또한 카드 무이자 분할 결제를 통해 미수금 문제도 최소화했다.

치과에서 사용하는 임플란트 시스템도 복잡성을 줄이기 위해 조정했다. 초기에는 다섯 개의 임플란트 회사 시스템을 사용했지만, 직원들에게 혼란을 주었기 때문에 두 개로 줄였다가, 최종적으로 한 가지 시스템만을 사용하게 하여 환자 상담, 수술 준비 및 후처치, 보철 치료 과정의 복잡성을 크게 줄였다. 65세 이상 환자의 임플란트 보험 치료가 본격적으로 시행되면서 이 단순화된 시스템은 환자 관리와 보험 청구에서도 큰 도움이 되었다.

재료 관리와 기공물 작업도 간소화했다. 직원별로 치과 기구와 소모품 관리를 전담시키고, 각 구입처를 비교하여 최적의 가격으로 재료를 구입하도록 했다. 기공물 작업은 손재주가 뛰어난 치과위생사에게 맡겨 간단한 기공물은 원내에서 제작하고, 기공물 관리도 일원화하여 기공소와의 협력 역시 효율적으로 진행했다.

네 번째 단계는 진료의 최적화였다. 환자 스케줄을 2명의 원장

별로 세 가지 유형으로 나눠 관리했다.

> Type A 진료 매복 사랑니 발치나 임플란트 수술처럼 난이도가 높고 시간이 오래 걸리는 진료.
> Type B 진료 교정치료나 신경치료처럼 사전 준비가 필요한 진료.
> Type C 진료 스케일링이나 실런트, 불소도포 등 치과위생사가 단독으로 진행할 수 있는 진료

이러한 진료 유형에 따라 매일 아침 직원들과 스케줄을 상의하고 준비하여 전체 치료 시간과 대기 시간을 줄였다. 이를 통해 환자 만족도를 높이고, 직원들은 각자 최적화된 방식으로 업무에 기여할 수 있었다.

이 4단계 시스템을 통해 직원들은 자신의 장점을 최대한 발휘할 수 있었다. 예를 들어, 친화력이 좋은 실장은 환자 상담과 진료비 상담을 전담했고, 서류 작업에 능숙한 직원은 보험 관련 서류 및 청구를 맡았다. 손재주가 뛰어난 직원은 기공물 작업을, 공부를 좋아하는 직원은 실습생 지도를 전담했다. 아이디어가 뛰어난 직원은 근무 및 아르바이트 스케줄 관리 및 치과 행사 및 일정관리를 담당했다. 또한 유연 근무 제도도 도입했다. 예를 들어, 박사 논문을 준비하는 직원은 주말에만 근무하게 했고, 거리가 먼 직원은 한 달에 15일만 근무하도록 했다. 근속 연차에 따라 근무 일수를 조정하고,

추가 근무나 아르바이트를 통해 근무 시간을 보충할 수 있게 하여 직원들의 만족도를 높였다.

성과급 제도도 도입했다. 시간 외 초과 근무, 보험 청구, 구강검진 청구, 기공물 제작 등 다양한 업무에 대한 추가 보상을 제공해 직원들의 의욕을 북돋았다. 이러한 성과급 제도는 치과의 수익 증가에도 긍정적인 영향을 미쳤다. 이 시스템 덕분에 환자들은 자신이 선호하는 치과위생사에게 정기적으로 스케일링을 받는 등 만족도를 높였고, 직원들은 능력을 발휘할 수 있는 환경에서 공정한 보상을 받으면서 치과 운영도 더욱 안정적이고 성장하게 되었다.

나 자신을 알고 다스리는 방법들

"도대체 몇 번을 말해야 알아듣는 거야? 이게 그렇게 어려운 일이야?"

"죄송합니다, 원장님…. 다음에는 더 신경 쓰겠습니다."

나는 치과를 운영하며 항상 바쁜 일상을 보냈다. 환자를 돌보는 일은 매 순간 중요했고, 나는 완벽을 추구했다. 그 과정에서 나의 급한 성격 속에 감춰져 있던 분노와 짜증이 점점 더 자주 드러나기 시작했다. 처음에는 단순한 실수에 답답함을 느끼며 몇 마디 내뱉는 정도였지만, 어느 순간부터는 직원들에게 화를 내는 것이 일상처럼 되었다. 특히 환자가 많은 날에는 직원이 도구를 잘못 건네거나, 접수 직원이 환자 스케줄을 제대로 맞추지 못하면 나도 모르게 목소리가 커졌다. "이게 그렇게 어려운 일이야?"라는 말들로 인해 직원들의 얼굴에 어두운 그림자를 드리웠다.

시간이 지날수록 사소한 실수에도 화가 치밀어 올랐고, 나는 그것을 참지 못했다. 내가 기대하는 결과에 미치지 못할 때마다 감정은 제어할 수 없을 정도로 폭발했다. 심지어 환자들 앞에서도 소리를 지르는 경우가 있었다. 작은 실수를 지적하며 화를 낼 때, 환자들이 고개를 돌려 우리를 쳐다보는 것을 알면서도 멈추지 못했다. 직원들의 어깨는 움츠러들고, 그들의 눈빛에는 두려움이 가득했지만, 당시 나는 그들을 느끼거나 보지 못했다.

결국 갈등은 깊어졌다. 직원들은 나에게 다가오는 것을 꺼려했고, 나와 대화하려 하지 않았다. 원장실 문을 노크하는 것조차 주저했고, 어떤 직원은 내가 퇴근한 뒤 후배원장에게 와서 사소한 문제들을 건의하며 해결해 달라고 부탁하기도 했다. 한 직원은 내 앞에서 울음을 터뜨렸고, 나는 그저 차갑게 바라보며 "이건 감정적으로 대처할 문제가 아니야."라고 말했다. 그러나 실제로 감정적으로 대응하고 있었던 건 나 자신이었다는 사실을 깨닫지 못했다.

이런 상황이 계속되자, 몇몇 직원은 이직을 선택했다. 나는 그제야 그들이 떠나는 이유가 단순한 업무의 어려움 때문이 아니라는 것을 깨달았다. 하지만 그때조차 쉽게 변하지 않았다. 아침에 치과에 도착할 때마다 직원들의 얼굴에 서려 있는 긴장감은 나를 더 예민하게 만들었다. 직원들이 내가 무언가를 말하기도 전에 이미 방어적인 태도를 취할 때면, 다시금 불만과 화가 치밀어 올랐다.

악순환이 계속되었다. 나는 그 사실을 알면서도 멈추지 못했고, 직원들은 더 이상 나와 협력하려 하지 않았다. 그런 긴장감 속에서 최고지도자과정에서 함께하는 동료들과 3박 4일간 안동으로 워크숍을 떠나게 되었다. 그곳에서 안동 탈춤 공연을 보았고, 기념품 가게에서 나를 보고 웃고 있는 '하회탈'을 하나 구입했다. 치과 책상 앞에 그 탈을 걸어 두고 목이 아프도록 고개를 젖혀 바라보았다. 탈은 웃고 있었다. 그 웃음은 잔잔해 보였지만, 불편함이 스며 있었다. 그 속에 숨겨진 무언가가 보였다. 오래된 나무로 만들어진 탈 속에는 한 세상이 담겨 있었고, 그 표정은 단순한 웃음이 아니었다. 미묘하게 일그러진 입꼬리에는 세상의 조롱과 인내가 응축되어 있었다.

나는 매일 화가 치밀어 오를 때면 조용히 방에 들어와 그 탈을 바라보았다. 진료실 문을 열고 나가면 직원들이 있었고, 그들은 무언가를 잘못했을 수도, 그렇지 않았을 수도 있었다. 그러나 중요한 것은 내가 점점 화낼 이유를 찾는 것에 익숙해지고 있다는 사실이었다. 작은 실수나 지각, 혹은 무심한 말투까지도 내 속을 불타오르게 했다. 불길은 사소한 바람에도 잘 타올랐고, 나는 언제든지 폭발할 준비가 되어 있었다.

하지만 그때마다 웃고 있는 '하회탈'이 있었다. 그 탈은 나를 바라보았고, 나 역시 그 탈을 바라보았다. 탈은 여전히 웃고 있었다. 나는 속삭이듯 탈에게 물었다. "왜 웃는가?" 탈은 아무런 대답도 하지 않았다. 여전히 미묘한 웃음만을 유지할 뿐이었다. 나는 그 순간 내 안의 분노를 잠시 눌러 두었다. 그리고 다시 생각했다. 저 탈이 웃는 이유를. 탈의 웃음은 단순한 것이 아니었다. 그것은 세상에 대한 무력한 수용의 표정이었다. 세상의 권력자들과 위선자들을 바라보며 힘없이 웃는 사람들의 모습이었다. 그런 웃음을 입에 담고, 나는 다시 직원들 앞에 섰다. 그들에게 아무 말도 하지 않았다. 그저 진료를 계속했고, 실수를 지적하지 않았다. 대신 '다음에 잘하면 된다.'고 혼잣말을 했다. 그 순간 나는 깨달았다. 탈 속의 사람들도 그랬을 것이다. 그들은 소리 내어 화내지 않았다. 그저 웃음으로 표현했다. 그 웃음 속에 담긴 무언의 반항과 인내, 그것이 그들의 무기였을 것이다.

어느 날, 오랜 기간 치료를 받던 서예 대가이신 환자분이 치과를 찾았다. 치료가 완료된 날, 그분은 진료를 마치고 나가는 길에 나를 바라보며 한마디 던지셨다. "장 원장님, 얼굴에 화가 가득하시네요." 그 말은 생각보다 깊게 다가왔다. 잠깐 멈칫했지만 웃으며 넘기려던 그 순간, 그분은 정성스럽게 포장된 액자 하나를 건넸다. "이걸 드리려고 했습니다. 치과 생활에 교시로 삼으세요."

원장실로 들어와 포장을 풀어보니, '참을 인(忍)' 자가 힘차게 써 있었다. 칼날 같은 고통과 무게를 묵묵히 견디라는 의미였다. 칼날을 가슴에 품고도 흔들리지 말라는 뜻이었다. 내 얼굴에 감춰둔 화와 조급함이 그분의 눈에는 다 보였던 것이다. 긴 치료 기간 동안 나도 모르게 그분 앞에서 나의 급한 성격을 드러냈을 것이다. 이 사실을 깨닫자 얼굴이 뜨거워졌다.

치과라는 일은 사람을 정신적으로 갈가리 찢을 듯할 때도 있었다. 쉴 틈 없는 진료와 정신적인 피로는 나를 지치게 했고, 그 피로와 스트레스가 내 얼굴에 드러났나 보다. 그러나 이제 이 '참을 인(忍)' 액자가 내 벽에 걸린다. 그 글씨는 나를 내려놓게 하고, 얼굴에 서린 화를 덜어낼 것이다. 나는 그 액자를 원장실 책상 앞의 하회탈 옆에 걸었다. 이 문자는 내 마음에 묵직하게 자리 잡았고, 치과 안에서 나는 '참을 인(忍)'을 새기며 견디고 배우기 시작했다.

그 후, 나는 소리 내어 화를 내기보다는 참을 인을 마음속에 새기며 침묵 속에서 말을 삼키기 시작했다. 하회탈의 웃음은 단순한 웃음이 아니었다. 그것은 세상의 부조리를 말없이 견디는 사람들의

나 자신을 다스리는 책상머리 부적과 같은 각종 도구들

고된 웃음이었다. 그 웃음 속의 참을 인과 깊은 무게, 그것은 나에게 중요한 가르침이었다. 그리고 그 무게를 내 안에 두고 살아가기로 했다. 시간이 흐르면서, 나는 격노하여 소리 지르는 습관을 조금씩 버리게 되었다.

지속 발전가능한 성장을 위하여

나는 언제까지 치과를 운영할 것인가? 아침 출근길마다 스스로에게 묻곤 하는 질문이다. 내가 존경하는 치과의사이신 이모부께서는 현재 93세이신데, 87세까지 인사동에서 60년 가까이 치과를 운영하셨다. 술담배를 하지 않으며 검소한 생활과 타고난 건강 덕에 치과의사라는 직업을 평생의 업(業)으로 여기고 생활해 오신 것이다. 현역에 계실 때 가끔씩 찾아뵐 때마다 나에게 두 가지 당부 말씀을 해주셨다. 하나는, 개인 치과의원을 운영

이모부 홍우진 원장님 인사동 치과 방문(2017.5.17)

하는 치과의사는 평생 공부하고 새로운 지식과 기술을 연마하여 지역사회 주민들에게 도움이 되는 일꾼이 되라는 것이었다. 또 하나는 항상 겸손하며 거들먹거리지 말라는 당부였다. 환자분들을 대할 때 겸손과 헌신이 중요하다는 것을 나에게 강조하신 것이다.

내가 좋아하는 음악가 파블로 카잘스(Pablo Casals : 1876~1973)는 스페인의 작은 마을에서 태어나 일찍부터 음악의 세계에 발을 들였다. 그의 아버지에게서 음악을 배운 후, 13세에 바르셀로나 음악원에 들어가 본격적인 첼리스트의 길을 걸었다. 첼로는 그에게 단순한 악기가 아니었다. 그가 첼로를 연주할 때, 나무와 현은 새로운 생명을 얻었고, 사람들은 그의 연주에서 인간의 깊은 감정을 느꼈다. 카잘스는 첼로를 통해 인간의 슬픔과 기쁨, 고독과 희망을 동시에 표현했다. 바흐의 무반주 첼로 모음곡은 그의 손에서 다시 태어났으며, 전 세계 청중은 그의 연주에 매료되었다.

하지만 카잘스는 음악에만 머무르지 않았다. 그는 독재에 맞서 싸웠으며, 1939년 스페인 내전 후 프랑코 독재에 반대하며 스페인을 떠났다. 그의 말년은 전쟁과 폭력에 맞선 투쟁의 연속이었다. 1971년, 그는 유엔에서 '인류의 평화를 위한 기도'를 지휘하며 평화주의자로서의 신념을 세상에 알렸다. 1973년 96세의 나이로 세상을 떠났지만, 그의 첼로 소리는 여전히 살아 있다. 카잘스의 인생은 첼로와 함께한 끝없는 자유와 평화를 위한 기도였다. 그는 죽기 전까지 하루 2시간 이상 첼로 연습을 한 것으로 유명하다. 그의 삶에서 매일의 첼로 연습은 자신을 찾는 관객을 위한 평생의 업(業)이었다.

치과대학을 졸업하고 현재까지 나에게 주어진 소명과 직업인으로서, 지역사회에 개원한 치과의사로서 앞으로 은퇴하는 그날까지 지속가능한 성장발전을 위하여 해야 할 일들은 무엇일까를 크게 3가지로 정리해 보았다.

'화이부동(和而不同)': 조화 속의 독립성

치과에서 가장 중요한 관계는 원장과 직원 간의 관계다. 치과가 성장하고 지속 가능하기 위해서는 이 관계가 튼튼하고 건강해야 한다. 공자는 《논어》의 〈자로편〉에서 '화이부동(和而不同)'을 이야기했다. 이 말은 군자는 화합하되 같지 않다는 뜻으로, 서로 조화를 이루지만 각각의 독립성을 유지한다는 의미다. 이 개념은 조직 내에서 매우 중요하다.

치과의 원장은 종종 자신의 역할을 직원들과의 관계에서 중심을 잡는 것이라고 생각한다. 원장의 생각과 목표는 직원들에게 지시될 수 있지만, 그 지시는 강요가 아닌 조화 속에서 나와야 한다. 직원들에게 자기 생각을 잃지 않도록 하되, 함께하는 데 의미를 둔다. 공자가 말한 군자는 자신의 주관을 유지하면서도 다른 사람들과 화합하는 사람이다. 치과원장은 자신의 경험과 철학을 바탕으로 직원들을 이끌되, 그들이 자신의 생각과 목소리를 갖도록 격려해야 한다. 단순히 '시키는 대로 하는' 직원들은 진정한 의미에서 치과와 조화를 이룰 수 없다.

반대로, 직원들도 원장의 목표와 가치를 이해하고 공감하면서도 자신의 전문성을 살려 치과에서의 역할을 수행해야 한다. 이를 통해 조직은 구성원 간의 갈등 없이 조화로운 발전을 이루어 간다. 치과에서의 '화이부동'은 각자의 생각을 존중하면서도 모두가 같은 방향으로 나아가는 힘을 의미한다. 각기 다른 위치에 있는 사람들이 조화를 이루며 함께 성장하는 것, 그것이 진정한 화합이다.

'비전과 미션': 치과의 나아갈 방향

'비전'과 '미션'은 조직이 나아갈 방향을 제시하는 두 가지 중요한 축이다. 비전은 먼 미래를 바라보며 조직이 어떤 모습으로 성장하기를 원하는지 묻는 것이고, 미션은 그 비전을 실현하기 위해 지금 무엇을 해야 할지를 구체적으로 답하는 계획이다. 비전 없는 조직은 방향을 잃고 표류하며, 미션 없는 조직은 아무 성과도 이루지 못한 채 그저 움직이기만 할 뿐이다.

치과의 비전은 지역사회에서 어떤 역할을 하고 싶은지 묻는 것과 같다. 단순히 환자에게 치과 치료를 제공하는 것만이 목적이 되어서는 안 된다. 치과는 그 이상의 가치를 창출해야 한다. 예를 들어, 건강한 미소를 되찾게 하거나 환자가 안심하고 믿고 맡길 수 있는 치과가 되는 것 등이 비전이 될 수 있다. "지역사회에서 가장 신뢰받는 치과가 되겠다."는 비전은 치과가 나아갈 큰 방향을 제시한다.

미션은 이 비전을 어떻게 실현할지를 말한다. 환자와의 신뢰를 쌓기 위해 어떤 서비스를 제공할지, 진료 과정에서 어떤 방식을 취할지를 결정하는 것이다. 미션이 구체적이고 실현 가능해야만 직원들이 비전을 향해 나아갈 수 있다. 예를 들어, "환자와의 소통을 중요시하고, 꾸준한 기술 교육을 통해 최고의 진료를 제공하겠다."는 미션은 치과가 비전을 실현하기 위한 구체적인 방법이다. 미션은 실천적인 것이어야 한다. 치과는 외부적으로는 환자들에게, 내부적으로는 직원들에게 그 방향을 명확히 제시해야 한다. 직원들은 이 미션을 바탕으로 자신이 해야 할 일을 명확히 이해할 수 있으며, 그 안에서 자신의 역할을 찾아가게 된다. 치과의 비전과 미션은 구성원들이 한 방향으로 나아갈 수 있게 돕는 나침반이다. 원장 혼자만의 방향이 아닌, 모두가 함께 만들어 가는 목표여야 한다. 그러할 때 조직은 흔들림 없이 지속 성장할 수 있다.

'학이치도(學而知道)' : 배우고, 도를 깨우치다

치과가 지속적으로 성장하기 위해서는 교육이 필수적이다. 공자는 '학이치도(學而知道)', 즉 학문을 통해 도를 깨우친다고 했다. 치과도 마찬가지다. 원장과 직원 모두가 끊임없이 배우고, 그 배움을 통해 발전해야 한다. 치과는 단순히 진료를 제공하는 곳이 아니라, 지식을 쌓고 그 지식을 실천하는 곳이다. '학이치도'의 첫 번째 단계는 배움이다. 치과원장은 새로운 기술과 정보를 꾸준히 배워야 하며, 직원들에게도 그 배움을 전달해야 한다. 치과 기술은 나날이 발전하고 있으며, 새로운 진료 기법이 등장하고 환자들의 요구도 변화하고 있다. 원장 혼자만의 배움으로는 치과가 성장할 수 없다.

직원들도 함께 배워야 한다. 학문이 도(道)에 이르는 길이라고 했던 공자의 가르침처럼, 치과도 배움을 통해 성장의 길로 나아간다.

그러나 배움으로 끝나는 것이 아니라, 그 배움을 실제 진료에 적용하고 치과의 운영에 반영해야 한다. 직원들은 단순히 지시를 받는 위치가 아니라, 배운 것을 토대로 스스로 판단하고 행동할 수 있는 자율성을 가져야 한다. 치과의 시스템은 이렇게 구축된다. 계속해서 배움이 이루어지고, 그 배움이 치과의 발전으로 이어지는 선순환이 만들어진다.

'학이치도'의 과정은 치과의 지속적인 성장을 가능하게 한다. 직원들이 새로운 지식을 습득하고, 그것을 진료 과정에서 활용하면서 치과는 변화하고, 그 변화는 곧 성장으로 이어진다. 치과는 하나의 시스템으로 움직이며, 원장과 직원들이 함께 배우고 서로의 경험을 나누면서 그 배움이 환자들에게 돌아간다. 시스템을 통해서 치과는 마치 살아있는 조직처럼 발전해 나간다.

결론 : 조화와 배움으로 나아가는 길

지역사회 치과는 단순한 의료기관 이상의 의미를 지닌다. 그곳은 원장과 직원들이 함께 배워가며 성장하는 공동체다. '화이부동'의 정신으로 서로를 존중하고, '비전과 미션'을 통해 함께 나아갈 방향을 설정하며, '학이치도'의 과정을 통해 꾸준히 배우고 발전하는 곳이다. 이러한 세 가지 철학적 가르침은 치과의 성장을 이끄는 원동력이 된다.

　결국, 조화 속에서도 독립성을 유지하고, 함께 나아가되 각각의 역할을 존중하는 것이 중요하다. 치과의 비전과 미션은 이 모든 것을 실현하는 구체적인 계획이며, 끊임없이 배우고 성장하는 과정에서 치과는 그 방향으로 꾸준히 나아갈 수 있다. 공자의 철학은 먼 옛날의 이야기가 아니라 오늘날에도, 그리고 지역사회 작은 치과에서도 여전히 유효한 가르침이다.

　출근길 아침 공기가 서늘하게 내려앉은 지하철역 입구, '스케일링 무료'라고 적힌 전단지가 사람들 손에 건네지고 있었다. 치과원장의 얼굴엔 단순한 홍보를 넘어선 간절함과 결기가 서려 있었다. 그의 표정은 지나치던 나를 붙들었다. 의료인의 자리가 진료실 안에만 있다고 믿었던 나는, 잠시 걸음을 멈추고 그분의 행동을 유심히 바라보았다.

　치과를 새로 개원한다는 것. 그것은 단순히 치과를 열고 사업을 시작하는 일이 아니다. 그것은 생계를 넘어, 누군가의 건강을 짊어지고 첫발을 떼는 일이다. 그 첫걸음이, 아침 출근길 지하철역에서 전단지를 돌리는 모습이었다는 사실은 가슴 한편에 낯선 울림을 남겼다. 그들의 길은 높은 학문과 수련으로만 이루어진 줄 알았다. 그러나 치과의 문턱을 넘은 뒤부터는 전혀 다른 싸움이 기다리고 있었다. 현실은 치열했다. 삶을 일구기 위해 필사적으로 몸을 던지는 그들의 모습에서, 내가 미처 배우지 못했던 생존의 얼굴을 보았다.

그날 이후, 나는 인파워 닥터스 운영진으로 참여할 것을 결심했다. 처음에는 단순히 개원 초년 차 치과의사들에게 작은 힘이 되고 싶었다. 그러나 시간이 지나며 깨달았다. 이는 돕는 자와 도움받는 자의 관계가 아니라, 같은 의료인으로서 함께 살아가는 길이었다. 그 치과 원장의 모습은 한 사람의 이야기가 아니었다. 그것은 많은 의료인들이 견뎌야 하는 초라함이었고, 어리석음을 넘어선 몸부림이었다.

인파워 닥터스는 단순한 정보 플랫폼이 아니다. 그것은 서로의 손을 맞잡고 의료의 길을 함께 걷는 연대이다. 한 의료인의 꿈이 이뤄질 때, 또 다른 의료인의 길이 열리고, 그 길은 결국 환자들의 삶으로 이어진다. 우리는 서로 올바른 방향으로 돕고 도움을 받아야 한다. 이것은 단순한 배려가 아니다. 의료인으로서, 인간으로서 다시 한번 사명감을 되새기는 과정이다.

그날의 치과원장을 떠올린다. 그의 손에 쥔 전단지의 무게는 우리가 짊어져야 할 길의 한 단면이었다. 우리는 다짐해야 한다. 초라해지지 않기 위해 서로를 붙들어야 한다. 그래야만 그 초라한 몸부림이 사라질 수 있다.

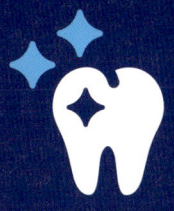

제7장

가장 좋은 마케팅은 '진정성'이다

문홍열 원장

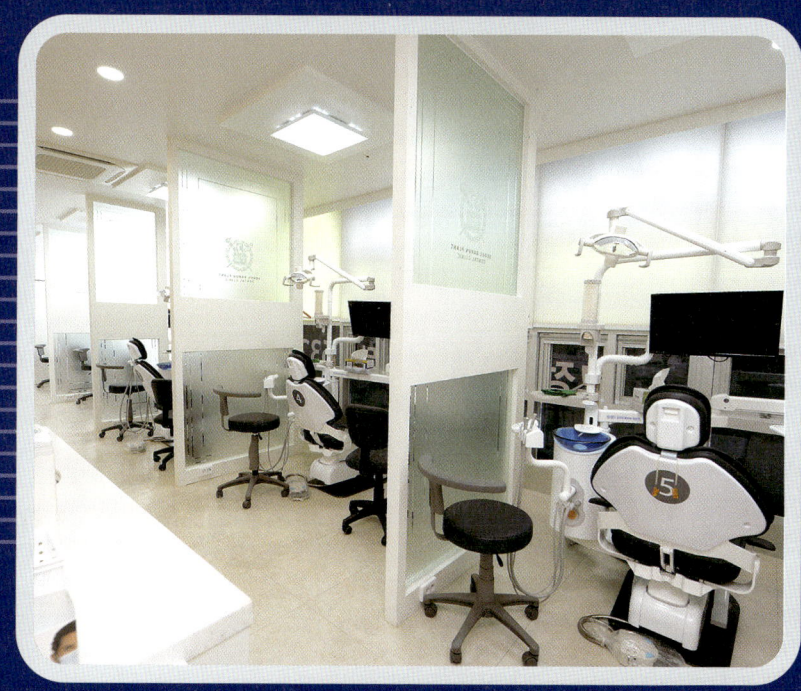

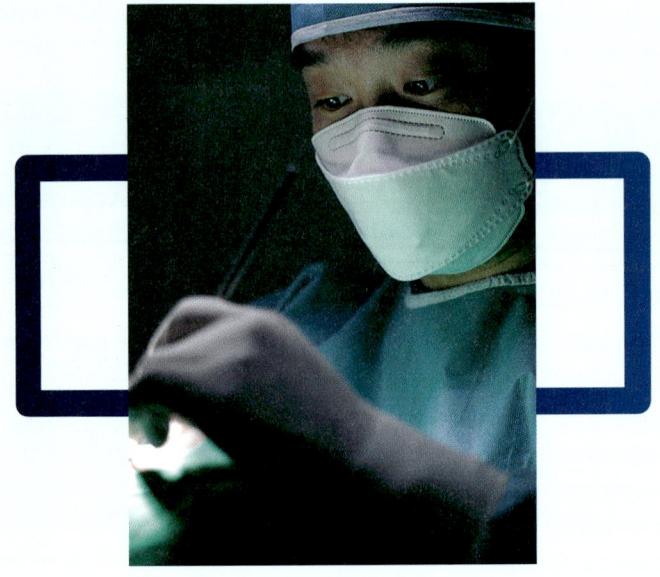

문홍열 원장

　　대구광역시에 개업하고 있는 통합치의학 전문의이다. 원광대학교 치과대학에 다니시던 치주과 전문의 외삼촌의 추천으로 치과대학 학부에 06학번으로 입학하게 되었다. 졸업 후 외삼촌 병원의 개업과 성장을 도우며, 열정적으로 진료하였고, 17년도에 대구에 내려와 개업을 하게 되었다. 친형도 치과의사로 같이 동업 형태의 개업을 하고 있으며, 진정성 있는 진료와 환자를 위한 마음을 최고로 생각하며 열심히 동네치과를 성장시키는 중이다.

진정성, 그 빛의 범위는 어디까지일까? 이것은 오랜 시간 동안 내 마음을 떠나지 않았던 질문이다. 세상에는 수많은 가치가 존재한다. 효율성, 혁신, 그리고 경쟁력. 그러나 그 모든 것들 속에서도 나는 '진정성'이라는 단어에 유독 마음이 끌렸다. 화려함은 언젠가 퇴색하고, 기술은 끊임없이 진화하지만, 진정성은 언제나 사람의 마음 깊숙이 자리 잡아 그 자체로 빛나는 힘을 가진다.

이러한 진정성의 가치를 내 삶과 일에 어떻게 녹여낼 수 있을지 고민했다. 그리고 결국, 내가 가장 잘 알고 사랑하는 치과라는 공간 속에서 그 답을 찾아보기로 했다. 우리 서바플(치과명 줄임말)은 단순히 치아를 치료하는 곳이 아니다. 아픈 이들의 고통을 덜어주고, 미소를 되찾게 해주는 곳이다. 이곳에서 구성원들이 환자들과 나누는 대화, 그들의 두려움을 이해하고, 믿음을 쌓아가는 순간들 속에, 진정성의 빛을 담아내고 싶었다.

경영 역시 마찬가지다. 치과 운영은 단순한 숫자 게임이 아니다. 직원 한 명 한 명의 목소리에 귀 기울이고, 환자 한 사람 한 사람의 이야기를 진심으로 듣는 것. 그 과정에서 '진정성'은 자연스럽게 나의 지침이 되었고, 모든 선택의 중심에 자리 잡았다.

이는 단순히 '솔직함'이나 '정직함'을 의미하지 않는다. 그것은 상대방의 입장에서 진심으로 공감하고, 진심으로 다가가려는 노력이며, 이를 위해 인내하는 과정까지 담겨 있는 의미이다.

자본주의라는 시스템과, AI 등의 발전으로 너무 빠르게 변하는 세상 속에서 때론 지쳐가기도 하지만, 이 또한 사람이 가진 특징이자, 매력이라고 생각할 수 있기에 도전하고 인내하는 하루하루를 보내 본다.

동네 치과의 성공 개원이라는 주제로 책을 쓰게 된 것도 이 때문이다. 예전에는 역세권, 치과가 일정 규모 이상 커질 수 있는 자리는 이미 정해져 있었다. 이 기존의 룰을 진정성이라는 가치로 극복할 수 있을까 하는 궁금증에서 시작한 작은 경영이 어떤 아름다운 비전을 만들어 낼 수 있을지 필자 또한 궁금하다.

이제, 그 여정의 첫 장을 열어 보자. 진정성이 얼마나 멀리, 그리고 얼마나 깊이 빛날 수 있는지, 그 끝없는 가능성을 탐험해 보자.

직원의 성장이 곧 치과의 성장이다

직원 A   원장님, 보험 청구는 제가 맡아서 처리할 테니 다른 진료에 집중하시는 게 어떠세요?

원장   내가 다 직접 해야 제대로 되는 것 같아서 그래. 괜히 실수하면 큰일 나잖아.

직원 A   저도 이미 여러 번 교육 받았고, 실수 없이 진행할 자신 있습니다. 맡겨 주시면 더 효율적으로 운영될 거예요.

동네에 개업 중인 지인 원장님이 어느 날 위와 같은 대화 내용을 들려 주며 "나는 보험 청구만큼은 절대 직원들에게 맡길 수 없어. 그러다 보니 매번 퇴근 시간이 늦어져서 너무 힘들어."라고 고민상담 전화를 했다. 치과에서 흔하게 벌어지는 일이다. 이 고민을 해결하려면 어떻게 접근해야 할까 하고 내 자신에게 질문을 던져본다.

수많은 사람을 만나고 대하는 치과의 영역에서, 성장과 발전은 단순히 원장 혼자만의 능력에만 의존할 수는 없다. 직원들의 성장이 곧 치과의 성장이며, 이는 곧 환자에게 제공되는 전반적인 서비스의 질 향상으로 이어진다.

이 관점에서 위의 대화를 되새겨 보면, 직원들이 할 수 있는 영역에 대한 믿음과 신뢰가 먼저 필요하다. 처음에는 실수가 있겠지만 본인이 잘 할 수 있다고 하는 일이라면 시행착오를 겪더라도 길게는 6개월, 짧게는 1개월이라도 맡겨 보는 것이 좋다.

이 신뢰 관계에서 시작된 자신감은 원장 개인의 여유 시간과 다른 일을 할 수 있는 일의 효율로 돌아올 것이며, 이 경험을 통해 그 직원 역시 개인적인 역량을 개발할 수 있다.

'직원의 성장이 곧 치과의 성장이다.'라는 주제는 단순한 경영 전략으로 해석하기보다는 치과라는 공동체가 함께 성장할 수 있는 길을 찾는 과정으로 보아야 한다. 치과는 원장과 직원이 함께 협력하여 운영되는 복합적인 공간이다. 그리고 그 협력의 중심에는 직원들의 전문성 향상이 있다. 원장이 혼자만의 능력으로 모두 해내기 힘들면서도 치과 경영에 큰 영향을 주는 실무 영역으로는 진료 보조, 상담, 보험 청구 등의 3가지 업무 영역이 있다. 직원들이 전문성을 갖추고 이 업무들을 책임진다면 치과는 더욱 효율적이고 체계적으로 운영될 수 있다.

위의 대화처럼 혼자만의 세상에서 빠져나오지 못하면, 어느 순간 명확한 한계점이 보일 것이다. 시간과 에너지는 한정직이기 때문에 원장에게 할당된 과중한 업무는 곧 환자들에게 제공되는 서비스의 질 저하로 이어질 수 있다.

앞에서 언급한 것처럼 직원들에게 전문성을 부여함으로써 효과적으로 운영할 수 있는 대표적 영역으로 상담, 진료 보조, 보험 청구 등의 업무를 들 수 있다. 각 업무는 단순하지 않기 때문에 직원에 역량에 따라 치과 운영에 미치는 영향 측면에서 매우 차이가 나게 된다. 이들 각각은 환자의 신뢰를 얻고, 시스템을 만들며, 매출을 증진시키는 데 기여하며, 이는 치과가 더욱 원활히 운영될 수 있도록 하는 중요한 요소가 된다. 이러한 업무에 대한 직원들의 능력을 상향시키고 이 상향된 능력을 바탕으로 책임감과 전문성을 가지고 각자의 일을 수행할 수 있도록 하는 것이 치과 발전 전략의 핵심이다. 자, 그렇다면 어떻게 직원들이 업무 능력을 갖추게 하고, 발전시킬 수 있을 것인가 구체적으로 이야기해 보겠다.

첫째로, 직원들이 성장하기 위한 방법 중 하나는 체계적인 교육과 훈련이다. 원장은 직원들이 맡은 업무를 단순히 지시하는 것이 아니라, 그들이 스스로 발전할 수 있는 환경을 제공해야 한다. 이 환경을 만드는 것 또한 시스템이다.

상담 스킬을 높이기 위한 커뮤니케이션 및 공감능력 훈련, 보험 청구의 복잡한 절차를 이해하고 처리할 수 있는 교육, 이를 통해 진료실에서 차팅 실수가 나오지 않게 하는 교육, 그리고 진료 보조 기술의 향상을 위한 진료별 실제적인 훈련 프로그램은 필수적이다. 이런 과정이 반복되고 꾸준히 지속될 때, 직원들은 자신감을 얻고, 업무의 효율성은 극대화된다.

필자의 치과의 성장과정에 따른 예를 들어 얘기해 보겠다.
총 인원 5명(실장, 데스크 코디, 진료실 2, 진료팀장)으로 시작하여 현재 31명(실장 4, 진료팀장 3, 진료실 20, 데스크 3, 매니저 1)의 구성원으로 성장하면서 그 과정에서 있었던 실제 예시이다.

먼저 진료 보조 기술 향상 영역의 예시이다. 진료실의 구성은 개업 초반 5명으로 시작했고, 실장 1명, 데스크 1명 제외, 진료실의 경우 10년 차, 4년 차, 2년 차 직원을 뽑았다. 여기에는 최대한 넓은 범위의 연차 포진을 구성하고, 진료 파트로 뽑은 직원들이 경험한 진료 범위, 얼마나 잘 할 수 있는지를 적어보게 했다. 각자가 할 수 있는 영역에 맞게 팀장에게 환자를 분배했고, 이 결과에 대한 피드백을 주며, 이를 통해 본인이 할 수 있는 영역에 자신감을 붙이도록 했다. 하지 못하는 영역에 대해서는 할 수 있는 윗년 차 선배가 붙어서 알려주도록 했다.

전체적으로 안 되고 모르는 부분에 대해서는 관련 세미나를 신청해 단체로 참석해 공부하였다. 그러면서 환자 풀이 늘어 손이 부족하기에 중간에 빈 연차 직원들을 뽑아 채워 나갔다.

이렇게 연차별 구성이 어느 정도 완성된 상황에서 1년 차를 매년 뽑아 위로 성장시키는 방향으로 직원 채용을 설계하였다. 이렇게 되면 진료 보조뿐 아니라, 후배들의 기술 향상을 위한 교육 및 실습까지 구성할 수 있게 된다.

특히, 1년 차, 2년 차, 3년 차까지는 80퍼센트 이상 형식적인 틀 속에서 교육이 이루어지는데, 대략적인 내용은 아래와 같다.

1년 차는 이론적인 내용 및 스케일링, 스캐너 사용법, 싱글 크라운 본 뜨기, 임시 치아 제작 기초 등의 실무적 부분을 구성하였고, 2년 차는 이론적인 내용 복습 및 다수 크라운 본 뜨기, 임시 치아 제작 기초 2, 교정 시작, 3년 차는 전악 케이스 몇 개, 틀니 및 부분틀니 복합 케이스, 교정 심화, 임시 치아 심화 등으로 실무적 부분을 구성하였다.

이렇게 3년 차까지 모든 임상 영역을 이론적으로 경험하도록 해 놓고, 4년 차부터는 본인이 집중하고 싶은 파트 2개를 정해서 임상 배치해서 실전 영역에서 깊이 있는 배움이 되도록 틀을 잡았다. 이 과정에서 위의 년차 멘토를 정해줌으로써 도움을 받을 수 있고, 질문을 할 수 있는 구조를 만들었다.

또한 문화 복지비를 급여 외 따로 설정하여 세미나 활용에 간접적으로 사용하실 수 있게 하며, 개인의 열정과 의지에 따라 세미나 비의 50퍼센트까지 자유롭게 지원하기도 한다. 그리고 중간에 부득이하게 이사, 결혼 및 육아 등으로 퇴사하는 빈 연차가 생기게 되면 비슷한 연차를 구인하되, 새로 들어온 직원들은 치과 매뉴얼에 따라 개인 공부 및 멘토링 시스템을 통해 적응하게 하였으며, 이 과정에서 모르는 부분들을 자유롭게 질문하도록 편한 분위기를 조성하였다. 그리고 전체 세미나를 통해, 모두가 알면 좋은 내용에 대한 이론적 설명과 케이스를 리뷰하고, 이해가 부족한 부분에 대해서 피드백을 하면서 진료 보조 기술 향상을 이루었다.

위에서 진료실 술기에 대한 기술 향상 방법에 대해 설명했다면, 다음은 진료실 보조기술 중 중요한 파트인 CS에 대해 언급해 보겠다.

진료 보조기술에서 CS는 매우 중요한 부분이다. CS를 위해서 개괄적으로 작성되어 있는 진료실 응대 메뉴얼, 데스크 응대 매뉴얼 파일을 나눠주고 읽어보게 한 후, 그 이상의 것에 대해서는 원장이 환자에게 하는 설명을 들음으로써 간접적으로 배울 수 있게 하였다. 실례로 CS 교육을 어디서 받았냐는 질문을 많이 받았는데(인파워 같은 좋은 컨설팅 업체도 있음), 개원 초반부터 몇 년간 CS 파트는 전문 교육을 한 적이 없으며, 대표 원장 둘이(형과 나) 하는 행동과 말투 등을 보고 배움으로써 자연스럽게 형성되었다. 물론 치과 확장과정에서 CS에 대한 외부 강의 교육도 시행하였으며, 지금은 진료실 직원분들도 연차별로 묶어 개별 팀 CS 강화를 시행하고 있다.

미래의 자신을 상상해 보고, 선배들에 대한 동경을 통해 스스로 체계적으로 성장할 수 있도록 열린 틀을 만들어 주는 게 핵심이다.

이 과정을 통해 성장한 직원의 역량이 치과에 반영될 수 있도록 급여 인상 및 인센티브로 보상한다. 또한 이렇게 성장한 인재가 오래 근무할 수 있는 환경을 만드는 데도 힘 쓰고 있다.

다음은 보험청구 영역의 예를 들어보겠다. 먼저 실장이 보험청구 자격증 1급까지 딸 수 있게 하였으며, 데스크는 필수로 3급, 2급까지도 따도록 계획을 짜주었다. 진료실은 3급 이상을 딸 수 있도록 매년 스터디 모임 인원을 모아 급수별로 교재를 지원해 주고, 자격을 따는 직원들에게 소정의 상품을 지급하도록 하였다.

이 보험청구의 영역이 3급 이상으로 갖춰지면, 보험 청구를 위한 차팅 실수가 줄어들고, 관리자(데스크 실장) 및 데스크 직원들의 검수 과정도 짧아지게 된다. 이는 보험 청구 금액의 자연스러운 상승이 이어짐으로써 매출 증진이 이루어지게 된다. 또한 줄어든 검수 시간만큼 데스크 선생님들이 환자 응대에 집중하게 되므로 CS 영역이 강화되고, 진료실과 데스크 간의 소통이 원활해져 관계도 좋아지게 되는 등의 긍정적인 효과를 가져오기도 한다.

세 번째 영역인 상담 영역을 얘기해 보겠다. 상담은 처음에는 실장만 담당하게 하였으며, 초반에는 환자를 동의를 얻는 데 집중하였다. 환자 수가 늘면서 팀장까지 상담에 투입되고, 요즘은 3년 차 이상 직원들이 체어사이드에서 간단한 상담을 하도록 하여 진료 효율을 상승시키고 있다. 이로 인해 왔다갔다 하는 동선이 짧아져 매출 상승이 이루어지게 된다. 상담에 관심있어 하는 6년 차 이상 직원들은 조금 복잡한 상담을 하게 하고, 이를 상담 일지에 적어 제출

보험 청구 세미나를 열심히 듣고 있는 선생님들과 강의중인 문봉열 원장님

하게 한 후 실장이 검토하고 알려주게 한다. 또한 외부 세미나를 통해 상담 스킬 등을 배우도록 했다. 이를 통해 개개인은 상담능력이 점점 좋아지고, 미래에는 각자가 팀장, 실장의 직책을 가질 수 있다는 희망을 갖게 한다. 이 또한 치과가 장기적으로 동반 성장하게 되는 원동력이 된다.

결국 치과의 성장 전략에서 원장이 집중해야 할 부분은 자신의 전문성을 확장하는 것만이 아니다. 직원들이 각자의 역할에서 전문가로 성장할 수 있도록 돕는 것이다. 직원들이 성장하면 자연스레 치과도 성장하게 되며, 이는 곧 환자들에 대한 더 나은 서비스로 이어지게 된다. '직원의 성장이 곧 치과의 성장이다.'라는 명제는 치과의 성장이 단순히 시간의 흐름에 맡겨두는 것이 아니라, 원장과 직원들이 함께 의도적으로 쌓아가는 결과물임을 말해준다.

원장이 주도하여 해마다 직원들에게 기회를 제공하고, 각자의 역할과 책임을 나누며, 이들이 성장할 수 있는 방향을 제시하는 것, 이것이 치과 경영의 핵심 전략이다.

앞에서 얘기한 예시처럼 원장이 모든 것을 할 수 없으니, 역할을 나누고 책임감을 부여한다. 그 후 꾸준히 직원들과의 소통을 진행한다. 그 과정에서 나누는 '미션 시트'는 직원들이 현재 무엇을 할 수 있고, 미래에는 어떤 방향으로 성장할 수 있을지를 명확히 인지하게 하는 중요한 도구다.

예를 들어, 어떤 직원은 환자 상담에서 두각을 나타낼 수 있다. 처음에는 기본적인 상담과 설명으로 시작하겠지만, 그 역할을 잘 수행하다 보면 점차 더 깊이 있는 치료 설명, 보험 관련 문의 응대 등으로 역할이 확장될 수 있다. 6년이 지나면 그 직원은 단순한 상담을 넘어서 환자와의 신뢰 관계를 구축하고, 환자의 마음을 읽고 치료에 대해 설명할 수 있는 전문적인 커뮤니케이터로 성장할 수 있다. 이러한 과정에서 환자들은 해당 직원의 전문성에 대해 신뢰를 가지게 되며, 치과는 환자들에게 더 나은 경험을 제공할 수 있게 된다.

특히 필자는 6년이라는 시간은 각 직원이 자신이 강점을 가진 영역을 발견하고, 이를 바탕으로 환자들에게 더 효과적으로 설명하고 케어할 수 있는 능력을 기르는 중요한 시기라고 생각한다. 이 연차가 되면, 원장은 직원들에게 단순히 '일'을 시키는 것이 아니라, 그들이 원하는 롤모델을 설정하고 그 방향으로 스스로 나아갈 수 있는 길을 제시해 주어야 한다. 이러한 롤모델은 직원에게는 미래의 지향점이자 더 나은 전문가로 성장할 수 있는 동기부여가 된다.

서울탑치과의 직원 성장 프로그램 사례

서울탑치과에서는 직원의 성장이 치과의 경쟁력 강화와 직접적으로 연결된다고 보고, 원장과 직원들이 함께 성장하는 문화를 만들어가고 있다. 특히 매년 원장이 직원들과 함께 다양한 세미나와 교육 프로그램에 참석하고 직접 기획에도 참여하여 직원들이 전문성을 키울 수 있는 기회를 적극적으로 제공하고 있다. 또한 강남 최전선에서 능력 있는 직원들과 함께 세미나를 진행하여 최신 치료 트렌드와 기법을 익히고, 환자와의 소통 방식 또한 더욱 세련되게 다듬을 수 있게 된다.

이런 기회를 통해 직원들은 더 높은 수준의 전문성과 자신감을 갖추게 되고, 환자에게도 긍정적인 영향을 미치게 된다. 환자들은 직원으로부터 전문적인 설명과 친절한 응대를 받으며 치과에 신뢰를 쌓게 되는데, 이 부분이 긍정적인 댓글로 확인할 수 있다. 이러한 과정은 치과의 성장으로 이어지는 선순환을 이룬다.

서울탑치과에서는 이처럼 직원들에게 배움의 기회를 지속적으로 제공하고, 다른 치과 구성원들에게도 세미나를 해주면서, 단기적인 성과보다 장기적인 관점에서 치과와 직원의 동반 성장을 추구하고 있다. 이 실례는 타 치과들에게도 좋은 본보기가 되고 있다.

권낙현 원장의 직원 관리 및 성장 전략 사례

권낙현 원장은 직원 관리와 성장을 치과 운영의 핵심으로 보고, 직원들이 업무에서 더 높은 성과를 낼 수 있도록 구체적인 전략을 마련하고 있다. 권 원장은 각 직원이 자신의 업무에서 최고 수준의 전문성을 발휘할 수 있도록, 지속적인 교육과 멘토링을 제공한다. 예를 들어, 본인이 속한 세미나 그룹에서 함께 강의를 들으면서 술기 측면에서 최상의 결과를 만들고, 이를 내부에 교육시킴으로써 전체적인 치료의 질 상승을 이뤄낸다. 또한 술기 외에도 진료 보조와 상담을 맡는 직원들은 환자 응대와 각종 문제 해결을 위한 실질적인 교육을 받으며, 매년 평가와 피드백을 통해 각자의 성과를 점검하고 발전할 수 있도록 방향성을 부여하고 있다. 권 원장은 미션 용지를 직원들에게 나누어 주며, 구체적인 목표와 함께 달성해야 할 세부 항목을 적어 줌으로써 업무 수행에 자신감을 갖게 해주는 동시에 성취감도 느낄 수 있도록 하고 있다.

권 원장은 직원들이 원장과의 관계에서 단순히 지시를 따르는 입장이 아니라, 치과의 중요한 구성원으로서 자신의 역할을 수행할 수 있도록 자율성을 부여한다. 또한 직무 특성에 맞춘 다양한 교육 기회를 제공하는데, 환자 상담에 능한 직원은 상담 업무에서, 진료 보조가 뛰어난 직원은 진료 지원 분야에서 각자의 강점을 살려 나갈 수 있도록 성장을 독려한다. 이로 인해 직원들은 자신이 치과에서 중요한 일원이라는 자부심을 가지게 되고, 이는 자연스럽게 업무에 대한 몰입과 성과로 이어지게 된다.

이러한 시스템에는 권낙현 원장의 고집스러운 진료 철학과 높은 수준의 진료가 바탕이 되므로, 이를 옆에서 지켜 본 직원들은 존경심마저 느끼게 된다. 이러한 직원 성장 전략은 단순히 '직원을 잘 관리하는 법'을 넘어서 스스로 마음이 움직여 열심히 따라오게 하는 원동력이 된다.

다른 치과의 예시에서도 알 수 있듯이, 직원들이 자신만의 강점을 찾아 그에 맞는 역할을 수행할 수 있도록 대화와 소통을 진행하고, 체계적인 교육 시스템을 갖추며 성장의 기회를 제공하는 것이 치과의 장기적인 발전을 위해서는 필수적이다. 이렇게 성장한 직원들은 시간이 지날수록 자신의 특화된 능력에 맞춰 환자들을 맞이하고, 그들의 필요에 맞는 맞춤형 케어를 제공할 수 있게 된다. 이를 통해 치과는 환자들이 신뢰하고 의지할 수 있는 곳으로 성장하게 된다. 즉, 직원들이 성장할수록 고객의 만족과 신뢰가 쌓이고, 이로 인해 치과의 성장도 자연스럽게 따라오게 되는 것이다.

피드백으로 스스로 움직이게 하는 리더십

자발적 동기를 유발하는 리더십, 그 핵심은 바로 '피드백'에 있다. 많은 이들은 피드백이 단순히 잘못된 부분을 지적하고 수정하는 과정이라고 생각한다. 그러나 오랜 경력을 가진 치과원장이라면, 피드백이 단순한 지적을 넘어서 직원들의 자발적 행동을 이끌어내는 도구임을 느낄 수 있을 것이다. 이 과정에서 중요한 것은 '직원의 강점'을 발견하고, 그들이 스스로 움직일 수 있도록 환경을 만들어 주는 것이다. 그만큼 직원에 대한 관심이 필요하다.

많은 원장들이 직원을 관리할 때 지시를 내리는 것에 그치고 사후 피드백을 놓치는 실수를 범한다. 자발적 동기를 이끌어내기 위해서는 지시 이후의 피드백이 필수적이다. 특히 직원이 잘하는 부분을 직접적으로 언급하고 그 부분에 더 많은 책임을 부여하면 직원은 자신이 신뢰받고 있음을 느끼게 된다.

예를 들어, 한 직원이 청결 관리에 뛰어나다면 그 부분에 더 많은 자율성을 부여할 수 있다. 또한 잘한 일에 대한 작은 보상 역시 큰 효과를 발휘한다. 보상은 반드시 금전적인 것이 아니어도 된다. 직원이 한 일을 인정하고 그 성과를 공개하며 적절한 방법으로 칭찬하는 것만으로도 동기를 부여할 수 있다.

강점에 초점을 맞춘 피드백은 단순한 관리 수단이 아니다. 이는 직원이 자신의 가치를 다시 한번 되돌아보게 하고, 자신이 조직에서 중요한 존재임을 느끼게 만든다. 직원이 더 나은 성과를 내도록 동기를 부여하는 첫 번째 단계는 바로 그들의 능력을 인정하고, 그들이 잘하는 부분을 끊임없이 강조하는 것이다.

외국의 리더십 연구에서도 자발적 동기를 이끌어 내는 방법으로 피드백의 중요성을 강조한다. 미국의 대형 의료기관에서는 직원 개개인의 성과에 맞춘 맞춤형 피드백을 제공하고, 이 피드백을 통해 직원이 스스로 목표를 설정하고 달성해 나갈 수 있도록 돕는다. 예를 들면 일본의 한 치과병원에서는 직원들이 자발적으로 교육 프로그램을 진행하도록 장려하고 있는데, 이를 통해 치과 전체의 서비스 질이 크게 향상된 사례가 있다.

본원의 얘기를 예로 들면, 7년을 함께한 직원이 사진을 잘 찍고 글을 잘 쓰는 등 블로그를 운영하는 데 재능이 있어, 치과 내 행사,

이벤트 등이 있을 때마다 사진을 찍고 글을 쓰는 역할을 맡기고 그 노력을 인정해서 급여를 조금 더 상향시켜 주었다. 또한 담당 연차보다 빠르게 교정 진료 팀장 직을 맡김으로써 성실성과 책임감, 열정이 보상받을 수 있음을 보여주었다. 이러한 결정은 이후 교정 팀 전체 매출 상승이라는 결과를 가져왔다. 또한 직원의 블로그를 보고 방문하는 환자도 늘고 있다.

연말 임금 협상 시 이런 부분들을 전체적으로 반영한다. 2인의 대표 체제인 본원에서는 임금 협상 전, 올 해 내가 잘했던 일, 그리고 내년에 하고 싶거나 배우고 싶은 일, 개인의 목표 등을 적어서 제출하게 하고, 이에 맞는 생각하는 급여를 적어내게 한 뒤 개별 면담을 시행하고 있다. 물론 인원이 늘어나기 시작하면 중간 관리자들과 이 업무를 분담해야 할 것으로 생각한다. 하지만 대화의 시간이 긍정적 방향으로 흘러갈수록 각 직원에게는 디테일한 피드백이 되고, 직원 각자가 치과 내에서의 자신의 역할와 가치를 인정하고 최상의 노력을 발휘함으로써 새로운 한 해를 열정적으로 살아가는 원동력이 되기도 한다.

결국 자발적 동기를 유발하는 리더십의 비결은 단순한 지시가 아니라, 직원들의 능력을 인정하고 그들이 자발적으로 행동할 수 있는 환경을 만들어주는 데 있다. 피드백은 그 환경을 구성하는 핵심 요소이며, 이를 통해 직원이 자신의 가치를 깨닫고, 더욱 적극적으로 치과에 기여할 수 있도록 도울 수 있다. 작은 보상과 지속적인 피드백을 통해 직원들은 자신이 중요한 존재임을 느끼고 자발적으로 행동하게 된다.

　일터를 자신의 전공을 발휘하는 공간으로 만드는 것은 그 자체로 자신의 자아를 실현하고 가치있는 인생를 만드는 데 매우 중요한 의미를 가진다. 단순히 업무를 수행하는 것을 넘어서 자신의 배움과 경험을 통해 환자에게 기여할 수 있는 기회를 얻을 수 있다면 자신의 가치를 재발견하고 행복을 느낄 수 있는 원동력이 된다. 특히 치과위생사로서 환자에게 봉사한다는 것은 재능 기부와도 같은 의미를 가진다. 이 과정에서 느껴지는 성취감과 자기 가치의 실현은 일반적인 직무 수행에서 얻을 수 있는 것과는 차원이 다르다.

　치과위생사로서 환자를 돌보는 일은 단순히 건강을 지키는 것만이 아니라, 환자의 삶에 치유와 행복을 제공하는 것과 같다. 이때 내가 가진 전문성을 활용하여 환자가 더 건강하고 행복한 삶을 살

정기적 세미나와 때를 맞춰 생일을 맞은 직원을 축하하는 행사

수 있도록 도울 수 있다면, 그 자체로 큰 보람을 느끼게 된다. 이러한 보람은 단순 급여의 액수나 명예로 환산할 수 없는, 마음 깊은 곳에서 느껴지는 기쁨과도 같다. 많은 사람들이 재능 기부를 통해 자아실현을 경험하듯이, 자신의 전공과 직업적 기술을 활용해 다른 사람에게 실질적인 도움을 주는 것은 스스로의 가치를 확인하는 중요한 일이다. 이는 AI와 로봇 기술이 발전한 자동화 시대에도 중요한 가치를 지닌다.

특히 치과위생사의 업무는 환자와의 신체적 접촉과 깊은 신뢰를 바탕으로 이루어진다. 환자가 마음을 열고 자신의 문제를 편하게 이야기할 수 있을 때 치과위생사는 그들의 불안과 걱정을 덜어줄 수 있는 존재가 된다. 그리고 그 과정에서 자신이 가진 전문 지식을 적용함으로써 환자가 건강을 되찾고, 더 나아가 자신감을 회복하는 모습을 보는 것은 큰 성취감을 준다. 이것은 단순한 치료를 넘어서 인생의 동반자로서의 역할을 수행하는 것과도 같다.

결국 내가 가진 전문성을 최대한 발휘하면서 업무를 진행하고, 그 활동이 다른 사람에게 실질적인 도움을 준다면 우리는 일에서 진정한 치유와 가치를 얻을 수 있다. 치과위생사로서 환자들에게 치유를 제공함과 동시에, 치과위생사 자신도 그 과정에서 행복과 보람을 찾는 것이다. 이는 단순한 직업 활동을 넘어서서 삶의 의미를 발견하는 여정이기도 하다. 치과 원장은 직원들이 이런 역할을 수행하고 보람을 찾아갈 수 있도록 이해하고 배려하며 서포트해줘야 한다.

평가와 보상 : 직원 성장을 위한 시스템

직원의 성장을 이끄는 평가와 보상 시스템은 단순히 성과를 측정하고 급여를 책정하는 도구가 아니다. 이는 직원들이 자신의 잠재력을 최대한 발휘하고, 스스로의 성장을 체감하며 더 나은 방향으로 나아갈 수 있도록 돕는 중요한 전략적 장치이다. 특히 치과와 같은 의료 현장에서 직원들이 지속적으로 발전하고 동기를 부여 받으려면 적절한 평가와 보상 체계가 필수적이다. 그 체계는 당장에 큰 경제적 이익을 주는 것은 아니지만 직원 스스로 성장을 체감할 수 있는 환경을 조성하고, 그 과정에서 얻는 작은 성취를 작게나마 보상함으로써 축하하며, 이를 통해 장기적인 성장의 기회를 제공해 주고자 함이다.

본원의 경우를 예를 들어 설명해 보겠다.
먼저, 직원들의 성장을 촉진하는 평가 시스템을 구축하기 위해서는 그들이 스스로 도전할 수 있는 다양한 작은 목표와 미션을 설정해야 한다. 예를 들어, 직원들에게 치과 보험 자격증을 취득하도록 장려하거나, 환자의 케이스를 정리하고 분석하여 블로그 또는 내부 보고서를 작성하는 등의 과제를 부여할 수 있다. 이러한 미션들은 직원들이 기존의 업무를 넘어서서 새로운 지식과 기술을 습득하게 도와주며 스스로 학습하는 습관을 기르는 데 큰 도움이 된다. 이러한 과정을 통해 직원들은 자신이 얼마나 더 발전할 수 있는지를 깨닫게 되고, 그에 따른 성취감을 느끼게 된다. 그럼으로써 적게는 경제적으로도 도움이 됨을 깨닫게 되고, 이런 과정들을 통해 성장하게 된다.

보상 체계는 이런 작은 도전과 성취를 인정해 주는 방식으로 운영되어야 한다. 예를 들어, 직원들이 개인적으로 관심을 가지고 있는 취미나 활동을 치과의 홍보나 운영에 기여할 수 있는 기회로 연결해 보상하는 방식이 있다. 만약 어떤 직원이 스포츠에 열정이 있다면, 그 직원이 스포츠 관련 행사에 참여하거나 팀원들과 함께 운동 모임을 조직하도록 지원할 수 있다. 그리고 그 과정에서 치과를 홍보하도록 하고 이 활동에 대해 식사비나 모임비를 지원할 수 있다. 이처럼 직원의 개인적인 관심사가 치과의 목표와 연결될 때, 직원은 더욱 동기 부여를 받게 되고, 이로 인해 치과 전체의 분위기도 긍정적으로 변화할 수 있다.

또한 직원의 취미나 자율적

방 탈출 게임 후 소규모 회식

건강을 위한 등산 모임 지원

인 봉사활동을 장려하는 것도 성장과 보상 시스템의 중요한 부분이 될 수 있다. 예를 들어, 동물을 사랑하는 직원이 유기견 보호소에서 자원봉사를 하거나, 환경 보호를 위한 캠페인에 참여한다면 치과는 그 활동에 필요한 최소한의 경비를 지원할 수 있다. 이는 직원들이 치과 외부에서 자율적으로 치과를 위해 활동할 수 있는 기회를 제공함과 동시에 치과가 그들의 성장과 사회적 책임감을 지지하고 있다는 메시지를 전달하는 역할도 한다. 이러한 작은 지원과 인정은 직원들에게 큰 동기부여가 되며, 자발적인 성장을 이끄는 데 효과적이다.

결국 직원의 성장을 촉진하고 그들의 잠재력을 끌어내는 평가와 보상 시스템은 그들이 스스로 도전하고 학습할 수 있도록 도와주며, 취미가 업무의 에너지로 연결되게 하는 장치이다. 이 시스템은 단순히 물질적 보상을 제공할 뿐만 아니라, 직원들이 자기 자신을 성장시키고 있다는 성취감을 느끼게 해주는 요소가 되며, 또한 마치 게임의 미션을 달성하는 듯한 즐거움을 주기도 한다. 그리고 이러한 성취가 치과의 발전과도 연결될 수 있도록, 직원들이 자신의 취미나 관심사를 통해 치과에 기여할 수 있는 기회를 제공하는 것이 중요하다.

손 편지로 이어지는 진심: 나갔던 직원이 다시 돌아오는 치과

진심을 전하는 방법 중에서 가장 마음을 깊이 있게 전달하는 것은 무엇일까? 필자는 손글씨로 전해지는 진심은 그 어떤 말보다 깊고 오래 남는다고 생각한다. 특히 이 진심이 조직 내에서 표현된다면, 그 조직은 단순한 직장이 아니라 '가족'과 같은 존재로 기억될 수 있다.

  치과병원에서 직원이 원장에게 직접 손글씨로 쓴 편지를 전한다는 것은 그만큼 진정성을 담아 자신의 마음을 표현하는 것이다. 이러한 따뜻한 문화는 단순히 직원과 원장 사이의 관계를 넘어서, 치과 전체의 조직 문화를 부드럽고 인간적으로 만들어 준다고 생각한다. 이처럼 진정성은 한 번 치과를 떠난 직원들조차도 다시 돌아오고 싶어 하게 만드는 힘이 있다.

  손 편지는 전자메일이나 문자 메시지가 줄 수 없는 감동을 준다. 원장 역시 이러한 편지를 받으며 직원의 사정과 감정을 이해하고 존중하며, 다시 그 직원이 돌아올 기회를 기꺼이 제공한다. 재입사 제도는 직원과 치과 사이의 신뢰를 상징하는 장치다. 특히 개인적인 이유로 어쩔 수 없이 회사를 떠났던 직원들에게 다시 한번 기회를 주는 것은 그들이 그동안 쌓아왔던 경험과 능력을 다시 조직에 기여할 수 있도록 돕는 기회가 된다. 삼성 등의 대기업에서도 재입사에 대한 부분을 시스템적으로 허락하고 있다.

  우리 치과의 예를 들어보겠다. 개인적 사정으로 인해 잠시 일을 그만둔 직원이 손 편지를 통해 원장에게 다시 일하고 싶다는 의사를 밝힌 후 재고용된 사례가 있다. 먼 곳으로의 이사 때문에 잠시 나가서 일을 쉬다 다른 치과에 취직했지만, 우리 치과의 환자를 위하는 마음, 분위기 등이 그리워 먼거리를 출퇴근하면서까지 다시 입사하고 싶다는 얘기를 편지로 전해왔다. 얼굴을 보고 얘기를 나누고 싶었기에 만나서 대화했고, 이 직원의 진심으로 인해 처음으로 치과 내에 1회에 한해서는(같이 일할 때 당시 성실히 일했던 분들에 한해) 재입사를 허용하는 규칙이 생겼다.

이처럼 없던 규칙이 생기게 한 원동력이 바로 손 편지였다. 이 직원의 정성스런 손 편지와 진심의 대화를 통해 다시 들어오게 되었고, 전보다 더 적극적이고 성실하게 업무에 임해서 큰 도움이 되었다. 이렇게 새로 생긴 규칙의 혜택을 다른 직원 또한 받고 있다. 개원 초반부터 열심히 잘 해주던 실장이 육아휴직으로 쉬게 되고, 재택근무로 일을 도왔지만 결국 퇴사했었는데, 이 규칙 이후로 다시 입사하게 되어 다시금 중요한 역할을 맡게 되었고, 꼭 필요했던 실장 한 사람(1회 퇴사)이 치과 확장과 동시에 같이 복귀하게 되면서 치과가 체계를 더 빠르게 갖추게 되었다. 열정과 과거의 경험을 존중하여 치과에 합류시킨 결과, 더 큰 애정을 가지고 일하고 있으며, 치과 전체의 분위기 역시 더욱 따뜻해졌다.

손 편지에 담긴 진심은 원장과 직원 사이에 특별한 유대감을 형성하는 데 큰 역할을 한다. 이 진심은 치과의 문화를 형성하는 데 기여한다. 떠나더라도 언제든지 다시 돌아올 수 있다는 생각은 단순한 고용 관계를 넘어서 '언제나 돌아올 수 있는 집'이라는 인식을 심어준다. 이러한 규정은 한 번 떠났던 직원들이 다시 치과에 돌아와 기여할 수 있는 기회를 열어주며, 치과 역시 이들에게 문을 활짝 열어놓고 있다.

또한 퇴사한 직원들이 놀러오면 간단한 간식을 나누고 그들과의 관계를 계속 이어가고 있다. 자녀들과 함께 방문하기도 하고 각종 경조사에 참석하기도 한다. 그들은 치과를 떠났을지라도 치과와의 인연은 계속되며 원장과 동료들은 그들을 가족처럼 항상 환영한다. 이러한 풍토는 직원들이 퇴사할 때조차 치과에 긍정적인 감정을 가지고 떠날 수 있게 만들고, 이후에도 언제든지 다시 돌아올 수 있는 기반이 된다.

결국 이 손 편지로 시작했던 진심은 그저 한 번의 인사로 끝나는 것이 아니었다. 치과와 직원들 사이에 이어지는 지속적인 관계의 상징이 되었다. 이러한 관계는 치과를 떠난 후에도 직원들이 다시 치과를 찾게 만들며, 그들의 재고용을 통해 치과는 더 풍부한 경험과 다양한 배경을 가진 인재들을 다시금 영입할 수 있게 된다. 또한 이러한 문화는 치과 전체의 분위기를 더욱 따뜻하고 인간적으로 만들어 모든 직원들이 자부심을 가지고 일할 수 있는 환경을 조성하는 데 기여한다.

손 편지를 통해 진심을 전달하는 일은 사람이기 때문에 생기는 한계를 인지하고 이를 극복해낼 수 있음을 깨닫는 계기가 되었다.

작은 치과를 키우는 마케팅의 비밀
(마케팅 전략, 브랜딩)

작은 치과를 성장시키기 위한 마케팅에는 단순한 광고나 홍보

이상의 것이 필요하다. 마케팅 전략은 단기적인 환자 유치에 그치지 않고, 장기적으로 치과의 성장을 이끌어 내는 체계적인 계획을 바탕으로 해야 한다. 특히 작은 치과가 지역 사회에서 자리잡기 위해서는 '브랜딩'이 필수적이다. 이는 단순히 치과 이름을 알리는 것뿐만 아니라, 지역 사회 내에서 치과의 정체성을 확립하고 환자들과의 신뢰를 쌓는 과정이기도 하다. 급하지 않게 하나하나 쌓아가되, 너무 느리지 않게 성장 계획을 세움으로써 목표에 서서히 다가가야 한다.

작은 치과의 마케팅 전략은 크게 두 가지 측면에서 이루어져야 한다. 첫 번째는 내부 마케팅이고, 두 번째는 외부 브랜딩이다. 내부 마케팅은 현재 치과를 찾는 환자들과의 관계를 돈독히 함과 동시에 일하고 있는 직원들의 신뢰를 얻는 영역이고, 외부 브랜딩은 지역 사회와의 소통을 통해 치과의 이름과 이미지를 온라인과 오프라인 상에 널리 알리는 과정이다.

내부 마케팅의 시작은 환자와의 관계 형성이다. 우선 환자들이 치과를 단순한 치료 공간이 아니라 개인적인 관심과 신뢰를 느낄 수 있는 장소로 인식하게 만드는 것이 중요하다. 예를 들어, 치과를 방문하는 환자들에게는 그들의 이름을 기억하고 그들이 겪고 있는 치아 문제에 대해 세심하게 상담해 주는 것이 기본이다. 이 때문에 시간이 걸리더라도 1차 상담은 원장들이 직접 하고 있다. 여기에서 한 걸음 더 나아가 치과 내에서 환자 교육 프로그램을 제공할 수 있다. 이를 통해 환자들은 자신의 구강 건강을 더욱 잘 관리할 수 있게 되고, 치과에 대한 신뢰도도 높아진다. 환자들이 볼 수 있는 치과 내부의 공간에 치과 기술 및 학업에 대한 내용들도 게시하며, 개별 환자들에게 맞춤형 관리 팁을 제공하는 등 치과 내에서의 경험이 환자들에게 깊이 각인될 수 있도록 만들어야 한다.

또한 내부 마케팅에서 중요한 또 다른 전략으로 환자 추천 프로그램을 들 수 있다. 기존에 다니던 분들이 환자를 소개했을 때에도 당연히 우리가 잘하고 있으니 당연하다는 자세보다 이 관심 자체가 굉장히 감사한 일임을 마음으로 인지해야 한다. 다시 말해 기존 환자가 새로운 환자를 소개할 때에는 시스템적으로 더 섬세하고 세밀한 관심 표현이 필요하다, 이를 통해 환자들이 자연스럽게 치과를 주변 사람들에게 추천하게 만들 수 있다. 환자 한 명이 가진 영향력은 작아 보일 수 있지만, 입소문 마케팅은 작은 치과가 지역 사회에서 자리잡는 데 강력한 무기가 될 수 있다.

외부 브랜딩의 오프라인적 영역은 지역 사회와의 관계 형성에 초점을 맞춘다. 작은 치과는 규모가 큰 치과와 비교했을 때 대규모 광고나 캠페인을 벌이기 어려운 경우가 많다. 그렇기 때문에 지역 사회와 함께 성장하는 전략을 택하는 것이 효과적이다. 예를 들어, 지역 내에서 열리는 이벤트나 축제에 치과가 직접 참여해 구강 건강 검진 부스를 운영할 수 있다. 만약 이런 행사에 여분의 인원을 배치하기가 힘들 경우, 원장 또는 경력직 직원 1인 규모로 참석 가능한 행사 위주로 움직여 봐도 좋다. 이러한 방식으로 치과는 지역 주민들에게 직접 다가가며 자연스럽게 치과의 이름을 알리고 신뢰를 쌓을 수 있다.

또한 지역 신문이나 커뮤니티 웹사이트를 통해 치과의 소식을 알리는 것도 좋은 방법이다. 치과가 새롭게 도입한 장비나 최신 치료 기술, 또는 원장의 전문성을 홍보하는 기사를 작성해 지역 주민들이 자연스럽게 치과의 성장과 발전을 인지하도록 할 수 있다. 치과가 발전하는 과정, 예를 들어 최신 치과 장비 도입, 인력 확충, 또는 원장이 새로운 자격증을 취득한 경우 등을 지역 사회에 적극적으로 알리면, 치과의 신뢰도와 인지도가 함께 상승할 것이다.

작은 치과의 성장을 위한 장비와 인력 확충 역시 외부 브랜딩의 중요한 요소다. 치과의 규모가 커질수록 더 많은 장비와 전문 인력이 필요하게 되는데, 이러한 확장을 외부에 어떻게 효과적으로 알리느냐가 관건이다. 치과의 공식 웹사이트나 SNS 채널을 적극 활용해 치과의 성장 과정을 시각적으로 보여주는 것이 중요하다. 치과에서 최신 장비를 도입했을 때, 그 장비의 활용 가능성과 이점에 대해 환자들에게 알리고, 새로운 인력이 채용되었을 때는 그들이 어떤 분야의 전문가인지 소개하는 콘텐츠를 게시할 수 있다. 이를 통해 환자들은 치과가 계속해서 발전하고 있으며, 더 나은 의료 서비스를 제공하고 있다는 확신을 가지게 된다.

예를 들어, 서울의 한 작은 치과는 SNS를 통해 치과의 발전 상황을 꾸준히 알리며, 환자들과 소통하는 전략을 택했다. 새로운 치과 장비가 들어올 때마다 환자들에게 그 장비의 장점을 쉽게 설명하는 게시글을 올렸고, 원장이 학회에서 발표를 하거나 교육을 받은 후 그 경험을 공유하며 전문성을 강조했다. 그 결과, 이 치과는 지역사회에서 빠르게 성장할 수 있었고, 신뢰를 바탕으로 환자들이 꾸준히 유입되었다.

우리 치과의 예를 들자면, 시간을 들여 선순환의 구조를 만드는 방식으로 진행했다. 내부 마케팅과, 외부 마케팅적인 부분을 나눠 자세히 설명해보겠다.

먼저 내부 마케팅의 경우를 살펴보자. 우리는 옆에서 보는 직원들의 입소문이 제일 크다고 결론지었다. 원장 본인이 환자에게 최선을 다하며, 진료를 꼼꼼하게 잘하고 술기적으로 완성도 있는 모습을 보면 직원들 사이에서도 좋은 이야기가 돌고 존경심 및 애사심이 생길 것이다. 이 부분은 치과의 브랜딩에 큰 도움이 된다. 또한 이러한 결과물을 주제로 해서 케이스 북을 만들어 대기실 및 상담실에 배치하여 환자분들도 지속적으로 보도록 해놓는다. 이 또한 미래의 고객이 될 내 환자에게 입소문의 원동력이 될 수 있다. 컴퓨터 화면 보호기나 케이스에도 최신 장비, 원장의 연구 활동 등을 주기적으로 노출시켜 이를 통해 브랜드 인지도의 상승을 이뤄낼 수 있다.

다음은 외부 마케팅이다. 외부 마케팅은 크게 오프라인 마케팅과 온라인 마케팅으로 나눈다.

먼저 오프라인 마케팅의 경우 구강교육, 강연 등의 행사를 예로 들 수 있다. 시설마다 구강교육이 있어서 적극적으로 참여하였고, 외국인 상담 등의 행사에도 참여하였다. 처음에는 시간을 2시간 정도 비워 원장 1인이 대표로 참석하였다. 현재는 인력 충원과 더불어 치과도 성장하면서, 노인복지회관의 구강 건강 교육 등 원장이 직접 참석하는 행사에 최소 1명을 동행하고, 결혼 장려 행사처럼 1일 동안 부스를 설치하는 행사의 경우에는 내부 인원 2명을 배치하는 등 조금 더 적극적인 참여가 가능해졌다. 이 오프라인 강의 등의 행사를 이용하고 지역사회에서 다양한 분들을 만나고, 지역사회의 작고 큰 행사에 참여할 수 있는 계기를 만들며 관계를 진작해 나가야 한다. 이 관계가 확장되면 결국 소개와 기획으로 이어지게 된다.

온라인 마케팅을 예를 들자면, 가장 큰 요소인 SNS는 처음에 원장 본인이 직접 블로그 글을 쓰고 관리했으며, 내부에서 돌아가면서 치과에서 일어나는 작거나 큰 이벤트를 페이스북, 인스타그램 등에 올리면서 관리했다. 블로그의 경우에는 단순한 정보 전달의 측면도 있지만, 환자분들께 도움이 될 만한 가시적인 케이스에 대한 설명이 주를 이루었으며, 인스타그램, 페이스북 등은 가볍게 접근하여 일상의 이런저런 일을 올렸다. 이 작업을 위해 내부 구성원들에게 적절히 업무를 분배함으로써 효율적으로 시간을 사용할 수 있게 되었고, 때로는 외부 마케팅 업체의 도움을 받기도 하였다. 이러한 SNS 관리를 위해 예전에는 하루 2시간을 개인 시간으로 썼다면, 지금은 하루 20분만 써도 될 수 있도록 시스템화하여 관리하고 있다. 또한 기존에 관심을 갖지 않던 채널인 유튜브, 스레드, 인스타그램 릴스 등 다양한 채널을 모니터링하고 공부를 하고 있다.

결국 작은 치과가 성장하기 위해서는 내부 마케팅을 통해 환자와의 깊은 관계를 형성하고, 외부 브랜딩을 통해 지역 사회와의 연결을 강화하는 것이 중요하다. 이러한 전략은 치과의 성장을 자연스럽게 이끌어 내고, 장기적으로는 치과의 경쟁력을 높이는 데 큰 도움이 될 것이다.

이 과정에서 치과의 본질이 무엇인지 다시 한번 깊이 생각해 보아야 하며, 내가 성장하고자 하는 이유와 목표에 대해서도 매 순간 재정비하고, 그에 맞게 새롭게 분석하고 계획할 필요가 있다.

서울에서 출퇴근하는 대구 동네 치과의 CS 매니저

어느날 갑자기 친분이 있는 교수님을 통해 치과에 위생사 두 분이 방문한다는 얘기를 들었다. 서울에서 오시는 분들이기에 친절히 응대하고, 지금까지의 치과를 만든 과정들, 그리고 치과 의료 전반에 대한 내용을 주제로 가볍게 대화한 적이 있다. 이 인연이 2년 후 CS 매니저라는 포지션을 만들게 되는 계기가 되었고, 이 매니저는 서울에서 대구까지 출퇴근 하는 상징적인 역할을 해주게 되었.

서울에서 대구까지 통근하는 치과 CS 매니저의 이야기는 단순한 직장의 매력을 넘어 직원들이 먼 거리를 마다하지 않고 일하고 싶은 조직 문화를 어떻게 구축할 수 있는지를 잘 보여주게 되었다. 작은 치과일지라도 치과의 문화를 어떻게 형성하느냐에 따라 직원들은 자신의 삶과 경력에서 중요한 가치를 발견할 수 있고, 그 결과 거리와 시간이라는 물리적 제약을 넘어서도록 동기를 부여할 수 있다.

그렇다면 이런 거리와 시간을 넘어선 자발적 동기부여는 어떻게 이루어 질 수 있을까? 먼저 우리 치과가 가지고 있는 지속적인 발전 가능성이 중요하다. 적극적인 직원들은 자신의 일터가 정체되어 있지 않고, 끊임없이 발전하고 새로운 기회를 제공하는 곳이기를 바란다. 치과병원이 단순히 일만 하는 곳이 아니라, 직원들이 스스로 성장할 수 있는 환경을 제공하는 조직임을 보여준다. CS 매니저가 서울에서 대구까지 통근하면서까지 이 치과에서 일하기를 원한 이유도 바로 여기에 있다. 치과는 정기적으로 직원들과의 열린 대화를 통해 새로운 도전 과제와 직무 기회를 제시하고, 이 과정이 치과에 도움이 되는 것을 확인하면서 스스로 긍정적 자신감을 얻게 된다.

우리 치과에서는 없던 CS 매니저라는 포지션을 새로 만들었는데, 이 CS 매니저라는 포지션을 통해 단순한 고객 응대 업무를 넘어 치과의 서비스 품질을 전반적으로 개선하는 프로젝트를 맡을 수 있도록 장려했다. 이처럼 도전적인 직책을 제공하는 것은 직원들에게 스스로의 경력과 역량을 한 단계 더 발전시킬 수 있도록 동기를 부여하게 된다.

또한 우리 치과는 상대적으로 덜 급한 환경을 제공하여 직원들이 적응하고 잘 성장할 수 있도록 여유를 준다. 대부분의 직장에서는 빠르게 성과를 내야 한다는 압박감을 느끼기 쉽지만, 본원의 경우 직원들이 서두르지 않고 자신이 맡은 역할에 적응할 시간을 충분히 주고 있다. 이를 통해 직원들은 더 나은 성과를 내기 위해 자신을 갈고 닦을 수 있는 기회를 얻게 되고, 자연스럽게 자신이 맡은 일에 더 큰 애정을 가지게 된다.

이 안정적인 환경과 도전적인 과제 덕분에 CS 매니저는 먼 거리의 통근에도 불구하고, 일을 할 때마다 새로운 활력을 얻고 쫓기거나 불안해 하지 않으며 자신의 일을 더욱 완벽하게 해내려는 마음을 가지게 되었다.

안정적인 것과는 반대로 스스로 깨닫기를 원하기도 한다. 어떻게 해야 그 역할이 성공에 이를 수 있는지 나름의 계획을 세우고 어느 정도 결과를 예측해 알고 있으면서도, 직원 스스로가 그 역할을 창조적으로 수행할 수 있도록 격려한다. 이 방법은 장기적으로 직원의 내면적 성장을 이루며, 어떤 상황에 놓여도 극복할 수 있도록 내적으로 강화하는 부수적인 이점도 있다.

이와 같은 조직 문화는 그 자체로도 매우 강력한 브랜딩 요소가 된다. 직원들이 충성심을 가지고 자발적으로 도전하고 싶은 마음이 들게끔 만드는 치과는 미래의 직원이 될 수 있는 예비 직원들에게도 매력적으로 다가갈 수밖에 없다. 서울에서 대구까지 통근하는 직원이 있다는 사실만으로도 치과는 사람들에게 '이곳은 그만큼 일할 가치가 있는 곳'이라는 인식을 심어줄 수 있다. 또한 이러한 조직 문화는 단지 업무 능력을 향상시키는 데 그치지 않고, 직원들 스스로가 치과의 성장과 발전에 기여하고 있다는 자부심을 느끼게 한다. 이러한 자부심은 직원들의 일상에 활기를 불어넣고, 이로 인해 치과의 이미지도 자연스럽게 개선된다.

결국 직원의 만족과 조직의 매력은 단순히 급여나 복지에서 오는 것이 아니다. 직원들이 스스로 도전하고, 자신의 가치를 발견하며, 장기적인 성장 가능성을 체감할 수 있는 조직 문화가 조성되었을 때, 그 조직은 직원들에게 특별한 의미를 지닌다. 서울에서 대구까지 통근하는 CS 매니저의 이야기는 치과병원이 직원들에게 제공하는 안정적이고 도전적인 환경이 그들에게 어떻게 동기를 부여하고, 심지어 먼 거리에서도 치과를 향한 애정을 지속하게 만드는지에 대한 훌륭한 예시가 된다고 자부한다.

이처럼 열린 대화를 통해 도전적인 직책을 제공하고 안정적인 환경을 조성함하는 것은 직원들이 스스로 자신의 경력을 발전시키고 그 과정에서 치과와 함께 성장할 수 있도록 해주는 최고의 방안이다. 당연히 이 자체가 치과 브랜딩의 한 요소로서도 역할을 할 수 있다.

가장 좋은 마케팅은 '진심/진정성'이다

지금 대한민국을 포함하여 전 세계는 대 경쟁의 시대이다. 모든 분야에서 과포화 상태로 매우 심한 경쟁이 이루어지고 있으며, 이 영향으로 마케팅 영역이 크게 발전해 왔다. 하나의 아이템을 잘 표현하고 알리기 위해 수많은 마케팅 채널과 방법들이 생겨났는데, 요즘은 이러한 정보의 홍수 속에서 어떤 마케팅이 효과가 있고, 진짜인지에 대해 구분하는 것도 힘들 정도이다.

과연 그렇다면 마케팅의 핵심은 무엇일까? 많은 이들은 '광고', '홍보', 또는 '소셜 미디어 캠페인' 등을 떠올리지만, 10년 이상 경력의 치과원장이 내린 결론은 다르다. 그가 말하는 가장 강력한 마케팅 전략은 바로 '진심'이다. 이는 환자나 직원 모두에게 형식적인 방식이 아닌, 진정으로 마음에서 우러나오는 진심을 담아 다가가는 것이다. 진심에서 출발하는 마케팅은 사람들의 마음에 닿고, 그것이 치과의 브랜드 가치를 서서히, 그러나 확실히 쌓아 올린다.

이 철학은 환자들에게만 해당하는 것이 아니다. 직원들과의 관계에서도 진심은 결정적인 역할을 한다. 앞서 언급된 CS 매니저가 서울에서 대구까지 통근하며 일하는 이유 역시, 단순한 직무나 급여 때문이 아니라, 치과가 직원들을 진정으로 배려하고 존중하는 데서 비롯된 것이다. CS 매니저가 자신이 일하고 있는 치과병원에 대해 강한 애정을 갖고 먼 거리를 매일 오가는 것은 치과가 제공하는 진심 어린 환경 덕분이다. 직원 개개인의 상황을 이해하고, 그들이 겪는 개인적인 일, 예를 들어 출산이나 육아와 같은 문제에 대해서도 따뜻하고 적극적으로 대처하는 치과의 태도는 형식적인 복지 정책을 넘어서는 감동을 준다. 이런 진심이 자연스럽게 내부 마케팅으로 이어진다.

환자를 대하는 진심 역시 마찬가지다. 환자들이 치과를 선택하는 이유는 단순히 치료를 받기 위해서만이 아니다. 그들은 자신을 진정으로 돌봐주고, 자신의 건강을 마음 깊이 생각하는 의료진을 찾는다. 진정한 치과 브랜드는 이러한 환자와의 신뢰를 기반으로 형성된다. 이를 위해서는 진심에서 나오는 세심한 배려와 소통이 필수적이다. 예를 들어, 환자가 긴장하거나 두려워할 때, 단순히 치료 과정을 설명하는 것을 넘어서 그들의 감정에 공감하고 이해해 주는 모습은 진심을 보여주는 가장 큰 방법이다. 그래서 본원에서는 원장들이 가장 중요시 하는 첫번째가 '최대한 덜아픈 마취'다. 단순 통증 조절에 집중하는 것이 아니라 가장 기본이 되는 환자에 대한 배려라는 의미에서다. 치과의 브랜드는 이러한 작은 진심들이 모여 만들어진다. 그리고 이 과정에서 환자들은 단순한 치료 경험이 아니라 감동을 얻게 된다.

이러한 진심 어린 경영 철학은 시간이 지날수록 그 가치가 커진다. 처음에는 그 효과가 즉각적으로 드러나지 않을 수 있지만, 시간이 지남에 따라 환자들과 직원들은 진심을 느끼고, 이는 곧 치과의 지속적인 성공으로 이어진다. 특히 진심에서 우러나오는 마케팅은 지역 사회와의 유대감을 강화하는 데도 큰 힘을 발휘한다. 예를 들어, 치과가 지역 행사에 참여하거나 봉사 활동을 지원할 때 단순한 마케팅의 일환으로 이루어지는 것이 아니라, 진정으로 지역 사회에 기여하고자 하는 마음을 담는다면, 지역 주민들은 그 치과에 대해 깊은 신뢰감을 갖게 될 것이다.

이러한 예는 직원들의 출산과 육아 지원과 같은 복지 정책에서도 나타난다. 치과는 단순히 법적인 의무를 다하는 것을 넘어서, 직원들이 진정으로 자신을 존중받고 있다고 느끼도록 환경을 조성해야 한다. 한 직원이 출산 후 복직을 고려하고 있다고 가정해 보자. 단순히 규정된 기간의 육아 휴직을 제공하는 것을 넘어서 그 직원이 돌아왔을 때 안정적으로 적응할 수 있도록 배려하고 다양한 지원을 치과에서 제공한다면 그 직원은 치과에 크나 큰 애정을 가지게 될 것이다. 진심은 결국 형식적인 제도를 넘어서는 사람과 사람 사이에서 발휘되는 힘이다.

AI가 엄청난 속도로 발전하고 향후 몇 년 안에 없어질 일자리가 80%나 된다는 얘기가 나오고 있다. 이러한 상황에서 살아가야 하는 사람에게 진정성이란 결국 단순하게 기계적으로 대응하는 것이 아니라 마음 깊은 곳에서 우러나오는 것임을 인지하여야 한다. 필자는 이것이야말로 변화하는 세상 속에서 살아남을 수 있는 궁극적인 핵심 키워드라고 생각한다.

다시 돌아와서 결국, 마케팅의 핵심은 진심에서 출발해야 한다. 진심은 사람들의 마음을 움직이고, 그들의 신뢰를 얻는 가장 강력한 도구다. 환자와 직원, 그리고 지역 사회에 대한 진심 어린 배려는 치과의 브랜드 가치를 점차적으로 높여가며, 그 과정에서 치과는 단순한 치과가 아닌 삶의 동반자로서 또 보금자리로서 자리매김할 수 있다. 이는 지역사회에서, 나아가 변화하는 세상 속에서 길게 살아남을 수 있는 원동력이 될 것이다.

지역사회를 기반으로 성장하는 치과 전략

치과를 개업하고 운영하면서 치과의 성장을 좌우하는 여러 요인들을 고려하게 되었다. 그 중에서 첫 번째로 꼽을 수 있는 것이 목, 즉 치과의 위치이다. 어느 지역에 위치하느냐가 치과의 성장에 제일 중요한 요소인데, 이는 그 물리적 위치를 넘어서 지역과의 연관성까지 확장해 볼 수 있다. 지역 사회와의 긴밀한 연계와 네트워킹을 통해 치과가 성장할 수 있다는 전략은 단순한 의료 서비스 제공을 넘어서 개업 초반부터 그 지역과 함께하는 사회적 역할을 인식하는 데서 출발한다. 치과는 단지 치아 문제를 해결하는 공간이 아니라 지역 사회의 건강을 책임지고, 그 안에서 다양한 직업과 직종을 가진 사람들과 소통하는 장으로서 자리매김할 수 있다. 치과가 지역사회에서 성장하고, 이를 통해 브랜드를 확립하는 과정은 그 자체로도 매우 다면적인 의미를 갖는다. 치과를 운영하고 성장하는 과정에서 일자리 창출, 세금 수입에 기여, 지역 경제 활성화 등 작은 사업체로서의 역할을 하게 된다.

지역사회 성장 전략의 핵심은 치과가 지역의 일원으로서 인식되고, 지역 주민들과 상호작용을 통해 신뢰를 쌓는 데 있다. 치과가 성장을 통해 직원 수와 연매출이 증가하면서 하나의 작은 사업체로 성장할 때, 이 치과는 단지 의료 서비스를 제공하는 공간을 넘어 지역사회의 중요한 경제적 일원이 된다. 이 과정에서 지역 주민들에게 양질의 일자리를 제공하고, 지역 경제에 기여하는 것은 치과의 사회적 역할을 한층 더 확장시키는 방법이다. 예를 들어, 치과에서 의료진뿐만 아니라 행정, 고객 서비스, 청소 등 다양한 직무를 창출하는 것으로도 지역사회에 긍정적인 영향을 미칠 수 있다.

또한 여기서 중요한 것은 단순한 경제적 기여를 넘어, 지역사회와의 연결이다. 치과가 지역사회 내에서 신뢰를 쌓기 위해서는 지역 행사에 참여하고, 다양한 커뮤니티와의 연계를 통해 치과의 이미지를 확립할 필요가 있다. 이 과정에서 단순한 치과 모임이나 의료 관련 회의를 넘어 다양한 직업과 전문 분야에 있는 사람들과 네트워킹할 수 있는 기회를 찾는 것이 중요하다.

필자의 예를 들면, 지역 내에서 큰 역할을 하는 중견 기업 2세와 친분을 유지하며 잘 지내고 있었고, 이분의 추천을 받아 지역 내 국제 행사에 참석하게 되었다. 이 행사에는 다양한 직군과 사업체의 대표님들이 오셨고, 시간이 지나면서 서로 친분이 생기게 되었다. 소규모 모임뿐만 아니라 공식적으로 치과의 이름을 걸고 대구에서 열리는 호주 대사관 행사나 스웨덴 영화제 같은 문화적·외교적 행사에도 소속되어 참여하게 되었다. 이런 공적인 행사에 참여함으로서 나 자신도 지역사회의 다양한 직업군과 소통하는 대표자로 인식하게 되며, 여기서의 나의 개인적 브랜딩이 치과의 브랜드 가치를 높이는 데 효과적인 요소로 작용하기도 한다.

이러한 전략은 장기적으로 치과 브랜딩에도 중요한 영향을 미친다. 같은 직업군의 치과의사들끼리만 모여 교류하는 것이 아니라, 지역사회의 더 넓은 영역에서 다양한 전문가들과 어울리며 함께 성장할 수 있는 기회를 만들어 나가는 것이다. 예를 들어, 중소기업을 대상으로 한 자선 행사에 치과병원이 대표로 참여한다면, 이는 단순히 치과 홍보를 넘어 지역사회에 선한 영향력을 끼치며 신뢰를 쌓고, 치과병원의 좋은 이미지를 지역사회에 인식시키는 계기가 될 수 있다. 이는 단순한 마케팅 이상의 효과를 가져온다. 지역사회에서 활발하게 활동하는 치과는 그 자체로 브랜드 가치가 상승하고 입소문이 퍼지며, 지역 주민들이 신뢰하고 찾는 치과로 자리잡을 수 있게 된다.

또한 본원의 경우 지역 상공회의소 임원들과의 관계 형성을 통해 지역의 중소·중견기업들과의 네트워크를 확장하고 기업체와 협력하며, 좋은 진료로 보답함으로써 환자층과 인지도를 넓히는 데 성공했다. 또한 다양한 친분이 깊은 요식업 대표님들과도 네트워크를 형성하여 봉사의 기회를 만드는 등 좋은 브랜드 이미지를 정착시키는 데 성공했다. 이러한 과정을 통해 지역 내에서 치과병원의 인지도가 상승하게 되었다.

또한 치과 근거리에 있는 도움이 필요한 시설 및 기관 등에 매년 봉사 및 기부를 하는 등 좋은 일에 동참하였는데, 이 또한 선한 영향력으로 치과의 진정성 있는 인지도 상승에 큰 역할을 하였다.

지역 행사에 협력하는 것은 치과의 성장을 도모하는 데 매우 중요한 역할을 하기도 한다. 가을철에 동 단위 김장 봉사 활동에 참여하여 작은 기부도 하고, 주민분들과 소통하며, 간접적으로 봉사할 수 있는 시간을 가질 수도 있다. 이처럼 치과병원이 지역의 축제나 문화 행사에 참여해 지역 주민들과 자연스럽게 소통하는 것은 특히 작은 치과 의원이 지역 내에서 장기간 견고하게 입지를 다지고 성장하는 데 필수적인 전략이다.

결국 치과병원은 지역사회에서 성장 목표에 합당한 다양한 네트워킹을 통해 성장할 수 있게 된다. 단순한 의료기관으로서의 역할을 넘어서 지역 사회와 함께 발전하는 치과로 자리매김할 때, 장기적으로 견고한 성장을 이룰 수 있다. 이러한 성장은 단순히 환자 수나 매출 증가에 그치지 않고, 지역 주민들과의 신뢰를 바탕으로 한 지속 가능한 성장으로 이어질 것이다.

잘 하고 있는 건지, 다른 문제는 없는지 등 생각이 많아지던 요즘, 인파워 신인순 대표님의 연락으로 책을 쓰게 되었습니다. 책을 통해 독자분들에게 간접적으로나마 지식과 정보를 전달해 드려야 한다는 생각에 처음에는 부담이 컸습니다. 저 또한 항상 조언을 구하고 싶고, 의지하고 싶고, 때론 혼자 묵묵히 걸어가야 하는 대표의 길을 가고 있기에 제가 걸어온 길이 맞는지, 책을 쓰기 전에 의문을 가지기도 하였습니다.

"인생을 쌓아간다, 진정성의 가치를 빛내자."는 좌우명으로, 적지 않은 기간 앞만 보고 달려온 저에게 많은 대화와 마음의 공감을 주신 함께한 원장님들과 대표님께 감사의 인사를 전해봅니다.

이 책을 읽으면서 마음의 도움을 받을 독자분들에게도 감사드립니다. 저 또한 다른 저자 원장님들의 경험과 제가 그동안 겪어온 과정을 다시 돌아보면서, 다시 한번 성장에 대한 에너지를 받고, 잘

하고 있고, 잘 할 수 있다는 용기를 얻게 됩니다.

    항상 바쁘게 노력만 할 줄 아는 저를 응원해주는 와이프와, 이 글 속 내용의 많은 부분을 차지하는 스토리와 좋은 기억을 주신 저희 선생님들께 무한한 감사를 전하고 싶습니다.

    빠르게 변화하고 있고 방향을 잡기 어려운 시대에, 본질의 마음이 글로써 전달되기를 바라봅니다.

제8장

원장님들의 고민을 함께 나누다

신인순 대표

신인순 대표

'의료 종사자들에게 비전을 제시하고 교육을 통해 그들의 성장과 성공을 돕는다'는 미션 아래, 병원 경영 컨설팅과 온·오프라인으로 교육을 진행하고 있다. 처음 치과 건강보험 강의로 시작해 CS, 상담, 병원 경영 등으로 활동 범위를 넓혀가며, 2018년 인파워 병원컨설팅 그룹을 창립했다. 코로나 위기의 한가운데에서도 업계 최초로 모든 강의를 온라인으로 전환하는 혁신을 이루었으며, 컨설팅을 통해 병원 경영에서 가장 중요하고 필요한 요소는 '조직 문화'와 '리더십'이라는 확신을 갖고, 이를 알리는 데 힘쓰고 있다.

현재 인파워는 30명의 강사와 컨설턴트, 그리고 4명의 온라인 캠퍼스 운영팀이 함께하며 치과계의 상향 평준화와 행복한 조직 문화를 만들어 가는 것을 돕고 있다. 2023년 중반에는 〈인파워 닥터스〉를 런칭해 병원 경영을 돕고 특히 원장의 실행력을 높이는 프로그램으로 큰 호응을 얻으며 현재 270여 명의 회원이 함께하고 있다.

주변에서는 필자를 두고 빠른 실행력과 타인의 강점을 발견하는 탁월한 능력을 가진 사람이라고 평가한다. 이러한 이야기를 겸허한 마음으로 받아들이며, 앞으로도 선한 영향력과 실행력을 발휘해 '원장이 존경받고, 직원이 존중받는 병원'이 될수 있게 돕고, 행복하게 일하며 함께 성장하는 일터가 될 수 있게 함께할 계획이다.

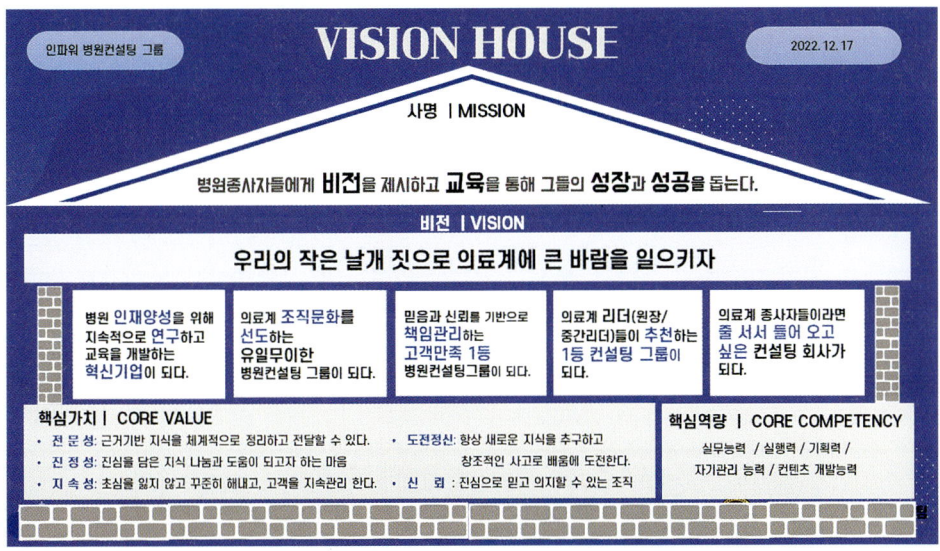

주변에 혹시 괜찮은 직원 없나요?

원장 대표님~! 부탁이 있습니다. 주변에 괜찮은 직원 없나요? 실장을 뽑아야 하는데, 괜찮은 사람이 없네요.

컨설턴트 아~! 맞아요. 요즘 채용 너무 힘들죠? 혹시 원장님이 생각하시는 괜찮은 직원의 기준이 뭔가요?

원장 네? 음…. 일 잘하고, 친절하고, 대표님이 추천해 주시는 분이라면….

컨설턴트 혹시 채용공고문이나 인재상 같은 거 있으면 보내주시겠어요?

원장 아~! 덴**에 공고문 올린 거 링크 걸어 드릴게요.

채용 공고문을 봐도 그 병원이 어떤 철학을 가지고 어떤 직원을 채용할 것인지 알 수가 없었다. 다른 치과와 차별화되는 요소 또한 찾아볼 수가 없었다. 심지어 조금 규모 있는 병원에서는 채용 공고문을 디자인을 해서 공고 란에 올리기도 하는데, 그냥 빼곡히 글자만 적혀 있는 채용 공고문이었다. 내가 구직자라 해도 별로 매력을 느낄 것 같지 않은 채용 공고문이었다.

컨설턴트 혹시 이 글 쓰는 데 얼마나 많은 에너지를 쓰셨어요? 혹시 비용은 얼마를 투자하셨어요?

원장 에너지요? 실은 직원이 써서…. 저는 에너지를 별로 쓰지 않았습니다. 비용은 정가가 정해져 있어서 그렇게 많이 쓰진 않았는데…. 투자라고 물어보신 건가요? 투자라고 생각해 본 적이 없는데….

컨설턴트 그렇군요. 맞아요. 다른 원장님들도 다 비슷하게 말씀하세요. 그럼 혹시 새로운 환자(신환)를 유치하기 위해서 한 달에 얼마 정도 예산을 쓰시나요?

원장 음…. 무슨 얘기인지 알 것 같긴 한데, 신환 유치와 직원 채용을 같은 맥락으로 보라는 얘기인가요?

컨설턴트 그렇게 인정하고 싶지 않으시죠? 하지만 맞아요. 제가 그런 의도로 말씀드린 거 맞습니다. 직원도 원장님의 내부 고객이라고 볼 수 있어요. 원장님이 만족시켜야 할 고객은 환자뿐 아니라 내부 고객 즉 직원도 포함됩니다.

원장 내부 고객이요? 그럴 듯 하긴 한데요, 다른 곳도 정말 대표님이 말씀하신 것처럼 직원 채용을 외부 마케팅하는 것처럼 신경 쓰는 병원이 있을까요?

대화의 끝에서 원장은 조금 혼란스러운 듯 보였다. 하지만 인식 전환은 필요하다. 원장님들은 병원을 경영하면서 수많은 직원들이 입사하고 퇴사하는 반복적인 과정을 경험하게 된다. 직원 입/퇴사의 경험이 쌓여서 이제 채용과 퇴사에 익숙하다고 말하는 원장님도 있지만, 여전히 채용과 퇴사 과정에서 어려움을 호소하는 원장님들을 더 많이 만나게 되는 것 같다. 그 원장님들 중 일부 원장님들은 직원들에게 최선을 다해 잘 대해준다고 생각하지만, 직원들이 그 노력을 알아주지 않는 것 같아 서운함을 느끼는 경우가 있는 것 같다. 동시에 현재 근무하고 있는 직원들이 병원을 떠날까 봐 걱정도 되며, 만약 그런 상황이 생길 경우 새로운 직원을 구해야 하는 과정이 부담스럽고 걱정된다고 말씀하시는 경우도 있다. 충분히 공감되는 부분이다.

하지만 직원이 자주 바뀌는 상황은 병원 입장에서도, 환자 입장에서도 그리 바람직하지 않다. 오랜 시간 함께 일하던 기존 직원들과 원장님도 힘들고, 또한 익숙한 직원이 아닌 새로운 직원을 만나는 환자에게도 심리적 안전감을 주지 못하는 경우가 많다. 그로 인해 직원도 환자도 이탈할 2차적 가능성이 있으니 기존 직원들이 이탈하지 않도록 직원 관리에 더 많은 노력을 기울여야 한다.

사실 기존 직원에게 신경을 쓴다 하더라도 현실은 언제나 이상과는 거리가 있기 마련이다. 다양한 이유로 인해 퇴사 직원이 발생하면 병원 입장에서는 새로 채용을 시작해야 한다. 구인 광고 사이트에 글을 올리고, 여러 루트를 통해 이력서를 기다리지만 어떤 경우는 지원조차 없을 때도 있다. 채용에 지친 원장님들과 대화를 하면서 "과연 직원 채용을 위해 얼마나 많은 시간과 정성 그리고 비용을 투자하셨나요?"라고 물어보면 대부분 "투자라고 생각해 본 적이 없다."는 대답이 돌아온다. 그래서 그런지 채용에 대한 새로운 관점을 제시하면 의아해하시곤 한다.

채용은 언제 어느 순간에 우리가 해결해야 할 과제가 될지 알 수 없다. 그렇기 때문에 우리 병원이 오고 싶은 병원이 될 수 있도록 미리 만들어 두어야 한다. 예를 들어 우리가 즐겁게 일하는 모습, 학습하고 성장하는 모습, 봉사활동을 하는 모습 등 다양한 우리 병원의 문화를 외부에 노출시켜야 한다. 그래야 우리와 비슷한 사람이 관심있게 보고 오고 싶다는 마음을 잠재적으로 가지게 된다. 예전에는 블로그가 다였다면 지금은 SNS를 많이 활용하라고 한다. 인스타그램, 스레드, 페이스북 등 우리 병원의 문화를 하나씩 하나씩 업로드하면 그것이 축적되어 문화로 보이게 된다. 실제 채용을 도와드리면서 면접자에게 자주 묻는 질문 중 하나가 있다.

"우리 병원을 지원한 가장 큰 이유가 무엇인가요?"

이때 "SNS를 살펴보니 병원 분위기가 좋아보여서요.", "이 병원에 오면 성장할 수 있을 것 같아서요."라는 대답을 가장 많이 듣게 된다.

채용에 관한 자문 외에도 경영과 관련된 다양한 부분을 말씀드리면 원장님들께 돌아오는 질문들이 있다. "다른 병원들도 보통 그렇게 하나요?" 이 업을 하면서 원장님께 정말 자주 듣는 질문이다. "다른 병원도~.", "보통~ 다른 병원은~.", "평균적으로~." 어찌 보면 당연히 궁금할 만하다.

하지만 내 병원은 내가 경영하는 공간이다. 그래서 병원의 성공적인 경영을 위해서는 다른 병원이 기준이 아니라 우리 병원이 기준이 되어야 한다. 그렇기 때문에 채용이야말로 '나와 하루 8시간을 함께할 파트너야. 나와 방향과 성향이 잘 맞는 사람이 들어와야 해.'라는 마음으로 적극적으로 채용에 힘쓸 필요가 있다. '인사가 만사다.'라는 말이 왜 그렇게 강조되는지 깊이 새겨볼 필요가 있다. 이 말은 단순한 격언이 아니라 병원 경영의 중심을 이루는 중요한 메시시나.

환자를 유치하기 위해 병원에서 고객 분석을 진행하고 전략을 세우듯, 직원 채용에서도 내부 고객인 직원들에 대해 깊이 고민해 볼 필요가 있다. 우선은 우리 병원이 어떤 인재를 필요로 하는지, 명확한 기준이 있어야 한다. 예를 들어 인재상을 문서화한다거나 핵심 습관을 만든다거나 할 수 있다. 그리고 채용하려는 직원이 수행할 직무에 대해 어느 정도 정의를 내려야 한다. 그것이 선행되고 그런 직원을 뽑기 위해 우리는 어떤 노력을 해야 할지 논의하고 행동으로 옮겨야 한다.

가인지컨설팅그룹 김경민 대표님의 강의에서 "채용은 마케팅이다."라는 말을 처음 들었을 때 굉장히 충격적이었다. 필자 역시 채용을 마케팅이라고 생각했던 적이 단 한 번도 없었으며, 채용을 위해 그렇게까지 에너지를 들이지 않아도 된다고 생각했기 때문이다. 하지만 강의를 들은 후 채용은 단순히 사람을 뽑는 것에서 끝나는 것이 아니라, 병원과 같은 비전과 문화를 공유할 사람을 찾는 과정이라는 점을 깨닫게 되었고, 꾸준하게 시간과 에너지를 써야 하며, 필요로 하는 순간에 적극적으로 구인을 위한 마케팅을 해야 하다는 것을 알게 되었다.

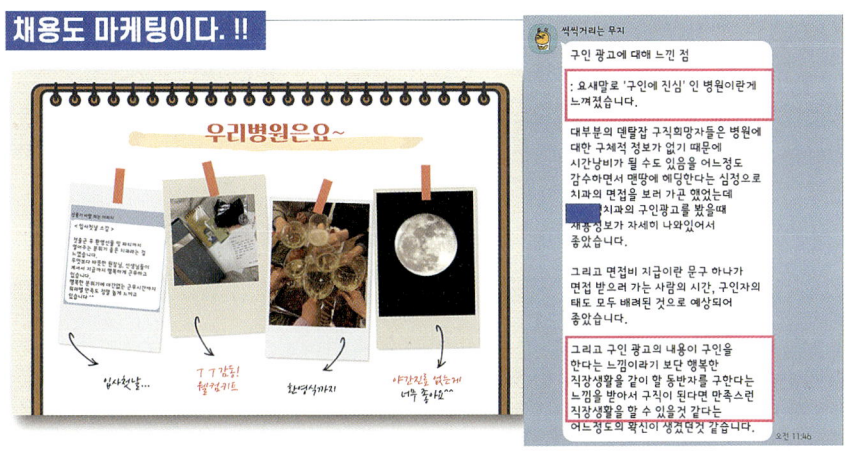

이 인사이트를 얻고 바로 필자는 치과의료 분야의 직원 채용에 적용하기 시작했다. SNS나 블로그, 온라인 플랫폼 등을 통해 병원의 조직 문화와 비전을 알리고, 직원들이 일하고 싶어 하는 환경을 적극적으로 보여주기 시작한 것이다. 이렇게 병원의 분위기와 강점을 지속적으로 노출함으로써 병원의 문화에 어울리는 인재들이 자발적으로 관심을 갖고 지원하게 되었다. 또한 채용 공고문에도 온갖 정성을 들였고. 그 병원의 문화가 스며들 수 있게 스토리텔링 기법을 활용하기도 했다. 또 면접을 보러 왔을 때에 환영 배너와 함께 마치 VIP 환자를 대하듯 환대했다. 결과는 놀라웠다. 마치 고객 유치의 성과처럼 채용에서도 긍정적인 결과가 나타난 것이다. 그러한 대접을 받은 직원들은 하나같이 감동했다는 피드백과 함께 일하고 싶다는 말을 전했다. 그뿐만 아니라 이 과정을 함께 만들어 간 기존 직원들도 즐거워하고 보람을 느꼈다는 피드백도 들을 수 있었다.

결국 직원 채용 과정에서 우리가 할 일은 병원이 어떤 사람을 필요로 하는지 명확히 정하고, 그 기준에 따라 구체적인 직무와 병원의 문화를 적극적으로 알리는 것이다. 채용을 단순한 사람을 뽑는 것에서 그치는 것이 아니라 병원의 내일을 함께할 '농료'를 찾는 일이라고 여길 때, 그저 구인 광고를 올리는 것에서 한 발 더 나아가 채용 자체를 '경영의 일부'로 받아들여야 한다.

"채용도 마케팅이다."

직원들이 내 마음 같지 않아요.
(리더십, 피드백)

원장 직원들이 내 마음 같지 않아요. (한숨)

컨설턴트 그럼요, 내 마음 같을 수 없죠. 심지어 같이 사는 가족도 내 마음 같지 않은데, 직원들이 내 마음같이 일해 주길 바라는 건 원장님의 욕심입니다. (웃음) 혹시 무슨 일이 있었나요

원장 큰일이 있었던 건 아닌데, 요즘은 자꾸 마음에 안 드는 게 보이네요. (고개를 저으며)

컨설턴트 그럴 때가 있죠. 그 맘에 안 드는 직원의 말과 행동, 심지어 사소한 것들까지 다 부정적으로 보일 때가 있습니다. 그래서 직원을 볼 때 부정적인 마음이 든다면, 잠시 힐링의 시간을 보내

는 것도 방법입니다. 혹시 원장님도 '내가 돈을 주는데 왜 저렇게 밖에 못할까?'라는 생각을 가끔 하시지 않나요?

(원장님은 잠시 멈칫하더니 고개를 끄덕였다.)

원장 맞아요. 그런 거 같아요~ 내가 생각하는 돈의 가치에 비해, 직원들이 일을 덜 한다는 생각이 자꾸 드는 것 같네요. 왜 이렇게 제가 직원들이 맘에 안 들게 느껴지는지 알 것 같기도 하네요. 하지만 그게 다는 아니고요.

컨설턴트 그럼요. 당연히 그러시겠죠. 그런데, 원장님 말고 다른 원장님들이 가끔 얘기하셔서 한번 여쭤본 겁니다. (웃음) 아까도 말씀드렸지만, 직원들의 행동이 내 마음 같지 않은 게 당연한 겁니다. 원장님은 그동안 엘리트 코스를 밟아오며 항상 인정받아 오셨잖아요. 가족들도, 학교에서도, 사회에서도 그런데 원장님들이 만나는 직원분들은 원장님과 살아온 환경도 배경도 다 다릅니다. 다름을 인정하기까지 시간이 좀 걸리겠지만, 인정해야 합니다. 이제 병원을 운영하며 경영의 세계에 뛰어드신 거잖아요, 경영은 혼자 하는 것이 아니라 사람으로 하여금 성과를 내게 하는 거라고 합니다. 이제는 그동안 받았던 칭찬과 인정보다 환자의 고충과 직원들의 고충, 불만 등 다양한 사건사고들이 원장님을 힘들게 할 겁니다. 그걸 또 잘해야 한다는 부담감에 어깨가 더 무겁고 힘들 거고요.

원장 (웃으며) 뭐 이렇게 잘 아세요. 맞아요 다 맞는 얘기네요. 요즘 환자들의 불만도 늘어나고 하니 제가 좀 예민해진 것 같아요.

컨설턴트 네. 그러실 수 있을 것 같아요. 원장님, 그럴수록 더 중심을 잘 잡아야 합니다. 혹시 직원들한테 뭔가 안 되는 부분에 대해서는 피드백을 해 주시고 있을까요?

원장 아니요. 뭐라고 하면 잔소리한다고 할까 봐, 또 나간다고 할까 봐 그냥 적당히 참고 있는데, 계속 신경 쓰여서 스트레스가 좀 심해진 거 같아요. 어떻게 풀어나가야 할지 실타래가 많이 엉켜 있는 느낌입니다.

컨설턴트 그렇군요. 정말 힘드시겠어요. 공감을 많이 해드리고 싶은데, 직업상 계속 문제 해결에만 초점이 맞춰지네요. 죄송해요.

원장 아. 아닙니다. 이렇게 이야기를 들어주는 것만으로도 감사해요.

컨설턴트 그렇게 이해해 주시니 감사해요. 그럼 컨설턴트로 말씀을 좀 드려도 될까요? 한 걸음 뒤로 물러서서 우리 병원을 한번 보세요. 병원도 하나의 사업체이고 조직입니다. 조직에는 리더가 있고, 그 리더가 조직의 방향성을 잡고 리더가 가는 방향대로 따라가게 됩니다. 그만큼 리더의 역할이 중요한 거예요. 원장님이 생각할 때 직원들의 행동이나 태도가 뭔가 원장님이 생각하는 기준, 즉 병원이 지향하는 방향성에서 벗어난다면 반드시 피드백을 해 주셔야 합니다. 착한 리더가 아니라 옳은 방향으로 갈 수 있게 해주는 좋은 리더가 되어야 합니다.

병원 경영은 단순히 진료를 잘하는 것 이상의 리더십을 요구한다. 의사로서 전문 지식과 경험을 쌓아왔던 원장님들이 경영하면서 느끼는 좌절과 스트레스는 당연한 부분이다. 직원들이 내 마음 같지 않다고 느끼는 것은 리더로서 흔히 마주하는 감정이다. 하지만 중요한 건 그때 어떻게 대응하느냐에 달려 있다.

직원들의 행동이 마음에 들지 않을 때, 그 불만을 억누르고 혼자 고민하기보다는 적절한 피드백을 주고 대화를 나누는 것이 중요하다. 이때 핵심은 비난이 아니라 문제를 해결할 수 있는 방향으로 대화를 이끄는 것이다. 직원들이 잘하는 부분은 인정하고, 부족한 부분은 함께 개선할 방법을 찾는 것이 리더의 역할이다.

피터 드러커는 "유능한 리더는 사랑받고 칭찬받는 사람이 아니다. 그를 따른 사람들이 올바른 일을 하도록 하는 사람이다. 리더는 인기가 아니라, 성과다."라고 말했다. 즉 리더의 역할은 단순히 직원들에게 좋은 사람이 되는 것이 아니라, 그들과 함께 병원의 성과를 이끌어 내는 것이다. 때로는 불편한 진실을 직면하고, 적절한 피드백을 통해 성장할 수 있는 기회를 주는 것이야말로 리더로서의 진정한 의무다.

추가적으로, 조직의 성공은 리더의 마음가짐과 태도에 큰 영향을 받는다. 리더는 직원들이 자율적으로 일할 수 있는 환경을 조성하고, 그들이 성과를 낼 수 있도록 돕는 역할을 해야 한다. 이를 위해서는 리더 스스로가 먼저 성장하고 변화해야 하며, 직원들을 존중하는 마음을 가져야 한다. 직원들이 원장님의 마음과 똑같을 수는 없지만, 그 차이를 인정하고 조화롭게 병원의 목표를 이끌어 나가는 것이 중요하다. 이 과정에서 리더로서의 역할은 성과를 만들어 내는 것이며, 그 성과는 병원 전체의 성장으로 이어진다.

또한 병원 경영에서 직원들과의 관계는 중요한 요소다. 직원들이 원장님의 기대에 부응하지 않는다고 느낄 때, 그들을 비난하기보다는 그 차이가 왜 생기는지를 이해하는 것이 중요하다. 사실 직원들은 각기 다른 배경과 경험을 가지고 있기 때문에 원장님과 동일한 방식으로 생각하거나 행동할 수 없다. 이 차이를 인정하는 것이 첫걸음이다.

리더십의 핵심은 직원들을 원장님이 원하는 방향으로 자연스럽게 이끌어 가는 능력이다. 직원을 내 마음같이 만들 수는 없지만, 그들의 잠재력을 최대한 발휘할 수 있는 환경을 제공하는 것은 리더로서 할 수 있는 일이다. 직원들이 스스로 동기를 부여하고, 자율

적으로 문제를 해결할 수 있도록 지원해 주는 것이 중요하다.

그러나 이것은 단순한 감정적 지지에서 그치지 않는다. 실질적인 행동 변화는 명확한 피드백과 기대치 설정에서 비롯된다. 직원들이 무엇을 잘못하고 있는지 구체적으로 알려주고, 그들이 발전할 수 있는 기회를 제공해야 한다. 단순히 문제를 지적하는 것이 아니라, 그 해결책까지 함께 고민하고 제시하는 리더가 필요하다. 이는 직원들에게 성장을 위한 도전 과제를 주는 것이며, 그 도전이 결국 병원 전체의 성장으로 이어지게 된다.

원장님의 경영 철학 중 하나가 '우리 병원은 설명을 잘해주는 병원이다.'라는 부분이 있다고 하자. 예를 들어, 직원이 환자의 발치 후 "밥은 언제 먹을 수 있어요?"라는 질문에 "거즈 빼고 드세요."라고 대답했다면, 환자의 질문에는 답했지만 원장님은 좀 더 자세히 설명해 줬으면 좋겠다는 생각을 가질 수 있다. 그런데 그 순간에 바로 말을 하기가 어려운 상황일 때, 피드백을 어떻게 주면 좋을지 잠시 공유하고자 한다.

"○○○ 선생님, 아까 ◇◇◇ 님이 발치 후 언제 밥을 먹을 수 있냐고 물어봤을 때, '거즈 빼고 드세요.'라고 답하는 걸 들었어요 (사실). 선생님이 대답을 잘못한 건 아니에요. 그런데 조금 아쉬움이 있어서 피드백 좀 해도 될까요? 혼내는 게 아니라 피드백이에요 (피드백임을 밝힘). 우리 병원이 설명을 잘하는 병원이라는 슬로건을 내걸고 있는 만큼, 지금보다 조금만 더 자세히 설명해 줬으면 어땠을까 하는 아쉬움이 남았어요 (나의 감정). 우리는 하루에도 여러 명의 발치 환자를 보지만, 환자들은 난생처음 발치를 했을 수도 있잖아요. 마취도, 발치도, 거즈를 물고 있는 것도 모두 어색하고 새로운 경험일 수 있죠(이유). 아까 그분은 마취도 처음이고 발치도 처음이신 분이셨잖아요(사실). 그래서 이런 경우에는 마취가 언제쯤 풀리고, 식사도 부드러운 음식으로 드시라고까지 언급하면서 좀 더 자세히 설명해 주면 좋을 것 같아요. 앞으로 그렇게 해 주실 수 있을까요?(요청)."

이처럼 (본 것/들은 것) 사실(Fact) - 나의 감정(Emotion) - 이유(Because) - 요청(Suggestion)의 구조로 피드백 하는 방법을 연습해 보는 것을 추천한다. 피드백이 하는 사람도 듣는 사람에게도 쉬운 일은 아니다. 하지만 서로가 같은 공간에서 일을 하면서 상대방으로 하여금 스트레스도 받지 말아야 하며, 상처도 받지 말아야 한다. 사람과 사람이 만나 생활을 하다 보면, 갈등은 항상 있을 수 있으나 현명하게 잘 이겨내는 것이 중요하다. 그래서 필자는 위와 같이 피드백을 해보라고 적극 권하며 쉽게 기억할 수 있도록 앞 글자를 따서 FEBS(교정적 피드백)을 하라고 말한다.

마지막으로, 원장은 병원의 리더로서 직원들에게 명확한 목표와 방향을 제시해야 한다. 직원들이 스스로 주도적으로 일할 수 있는 환경을 만드는 동시에, 그들이 어떤 방향으로 나아가야 하는지 명확하게 알려주는 것은 리더로서의 책임이다. 이를 통해 직원들은 자신들이 병원의 성과에 기여하고 있다는 자부심을 느끼게 되고, 그 결과 병원 전체의 질적 성장이 이루어질 것이다.

리더십은 단순히 지시하는 것이 아니라, 함께 소통하고 성장하는 과정이다. 원장이 직원들을 신뢰하고, 그들에게 자율성을 부여하며, 성과를 위한 명확한 기준을 제시하는 것이 병원 경영의 성공 비결일 것이다. 그러니 직원들이 내 마음 같지 않다는 생각이 들 때마다, 그들과 함께 어떻게 더 나은 성과를 이끌어낼 수 있을지 고민해 보는 것이 좋다. 그런 노력이 결국 병원을 성장시키는 힘이 될 것이다.《세이노의 가르침》에 자주 언급하는 문구 중 하나인 "세상에 저절로 이루어지는 일은 없다."를 기억하고 리더는 끊임없이 노력해야 한다.

다른 치과에서는 환자관리 어떻게 하나요?

치과 경영 강의에서 자주 듣는 말 중 하나는 "잘되는 치과는 환자관리를 잘하는 치과다."라는 말이다. 이 짧은 문장은 단순해 보이지만, 성공적인 치과 운영의 핵심을 담고 있다. 하지만 이를 실제로 어떻게 실천할 것인지는 고민거리가 될 수밖에 없다. 최근 개원한 지 1년 된 치과원장님과 상담을 진행하며 이런 주제를 나누게 되었다.

원장 개원 초라 조금 무리하게 마케팅을 해서 신환 유치는 했는데, 이젠 구환 관리도 해야 할 것 같은데 어떻게 해야 하나요?
컨설턴트 지금은 어떻게 하고 있어요?

원장 실장님이 알아서 하는 것 같긴 한데, 사실 저도 잘 모르겠어요. 다른 병원은 어떻게 하나요?

컨설턴트 환자 관리방법은 다양하게 접근할 수 있습니다. 대표적으로 리콜, 해피콜, 소개 환자 관리, 예약관리, 상담 후 미내원 환자 관리, 고객 만족 관리 등이 있습니다. 원장님이 제일 궁금한 건 어떤 부분인가요?

원장 아, 저는 리콜만 생각했는데, 더 많군요. 다 궁금하긴 해요.

컨설턴트 맞아요. 다른 원장님들도 '환자 관리' 하면 리콜만 떠올립니다. 사실 리콜만 잘해도 구환 관리는 잘 하고 있는 겁니다. 그런데 리콜로 환자를 부르는 데서 끝내면 안 됩니다. 리콜을 통해 환자에게 어떤 의료 서비스를 제공할지 고민해야 하고, 나아가 그들이 다른 환자들을 소개할 수 있도록 고객 만족 경영까지 함께 가야 해야 합니다.

원장 그렇군요. 그런데 이걸 체계적으로 하려면 어디서부터 시작해야 할지 모르겠어요.

컨설턴트 체계적으로 하려면 제일 먼저 해야 할 건 고객을 세분화하는 작업이에요. 그리고 그들에게 어떤 의료 서비스를 제공할지 전략을 세워야 하고, 그에 맞춰 리콜을 하고, 환자가 병원에 방문했을 때 어떻게 관리할지도 설계해야 합니다.

이런 질문은 이 원장님만 하는 것이 아니라 사실 많은 원장님들이 자주 하는 질문이다. 환자 관리는 개원 초기부터 체계적인 프로그램으로 설계해야 한다. 갑작스럽게 시작하려 한다면 시행착오를 겪을 수밖에 없다. 기본적으로 고객 만족 경영(Customer Satisfaction Management, CSM)과 환자 경험 관리(Patient Experience Management, PEM)를 제대로 구현하면, 환자들은 단순히 치아 치료를 위해 치과를 찾는 걸 넘어서 '이 치과가 좋아서' 방문하게 될 것이다.

고객 만족 경영(CSM)은 단순히 미소를 짓고 친절하게 응대하는 걸 넘어서, 환자 중심의 철학을 치과 전반에 적용하는 걸 말한다. 예를 들어, 치과 대기실에서 첫 대면한 직원의 모습과 태도, 대기실의 환경과 병원의 분위기는 환자가 병원을 경험하는 첫 접점으로 매우 중요한 역할을 한다. 대기실에서 편안한 분위기를 조성하고, 친절하고 자세한 안내를 제공하는 것만으로도 환자의 불안한 마음이 한결 편안해질 수 있다.

환자 경험 관리(PEM)는 치료 과정, 치료 후 관리, 다음 방문 준비 등 모든 과정을 포함한다. 특히 치과 방문이 처음인 환자들에게는 치과 자체가 두려운 경험일 수 있기 때문에, 좋은 경험을 제공하기 위한 노력이 중요하다.

상급병원이긴 하지만 국내에서도 환자 경험을 개선하기 위해 다양한 노력을 기울이는 치과 사례들이 있다. 서울아산병원에서는 환자의 수술 전 불안감을 줄이기 위해 주치의가 직접 환자의 어깨를 두드리며 수술 과정을 간단한 동영상으로 설명하고, 수술 동의서를 작성하며 환자를 안심시키는 방식을 도입했다. 또한 수술 전 대기실을 한옥 스타일로 개조해 환자에게 안정감을 제공하고, 대기 시간을 줄이기 위한 프로세스를 개선해 환자 경험을 크게 향상시켰다.

명지병원은 '환자 제일주의'를 기반으로 진료 시스템을 환자 중심으로 개편했다. 어린이 응급실은 놀이동산처럼 꾸며져 있고, 정신과 병동은 휴양지의 펜션처럼 조성되었다. 암 통합치유센터는 환자의 취향에 따라 조명 색깔, 음악, 사진을 선택할 수 있는 시스템을 도입해 세심한 배려를 보여주었다.

이런 환경적 개선은 심리적 안전감을 주는 중요한 역할을 한다. 물론 1차 의료기관에서 동일하게 구현하기 어려울 수 있지만, 사람과 사람의 관계에서 심리적 안전감을 주는 방식으로도 충분히 효과를 얻을 수 있다.

AI와 디지털 기술이 발달하는 시대지만, 우리의 고객은 여전히

'사람'이라는 사실을 잊지 말아야 한다. 그렇기 때문에 감성에 터치하는 노력이 가장 중요하다.

환자 관리의 시스템적 측면에서도 중요한 요소는 리콜, 해피콜, 소개 환자 관리, 예약 관리, 상담 후 미내원 환자 관리다. 리콜은 단순히 정기검진과 미내원 환자를 내원하게 만드는 걸 넘어서, 환자와의 진심 어린 소통이 담겨야 한다. 예를 들어, "지난번 치료는 괜찮으셨어요? 추가로 불편한 점은 없으신지요? 정기적으로 검진을 받으셔야 현재 상태를 잘 유지할 수 있습니다."와 같은 메시지를 전달하며 환자의 상태를 챙기고 검진 필요성을 어필해야 한다.

해피콜은 치료가 끝난 후나, 신환이 첫 방문하기 전, 또는 수술 전에 환자에게 약 중단, 수술 시간, 비용 등을 안내하는 전화를 말한다. 특히 신환이 병원에 방문하기 전 병원의 안내 전화를 받는 것만으로도 병원에 대한 신뢰와 호감도가 크게 상승한다.

소개환자 관리는 신규 환자(신환)를 유치하는 비용이 기존 환자의 소개를 통해 환자를 창출하는 비용보다 훨씬 높다는 연구 결과가 다수 존재한다. 예를 들어, 한 연구에 따르면 신규 고객 1명을 확보하는 데 드는 비용이 기존 고객 한 명을 유지하는 비용보다 다섯 배나 더 많다고 한다. 그리고 신규 고객을 확보하는 데 드는 비용이 기존 고객을 유지하는 비용보다 5배에서 25배 더 많다는 연구 결과는 하버드 비즈니스 리뷰(Harvard Business Review)에서 발표되었다(출처: Somoon Blog).

그렇기 때문에 소개환자가 왔을 때는 워킹 신환이나 인터넷을 보고 온 환자들보다 더 신경을 써야 한다. 예를 들어, 소개 예약 환자를 위해 특별한 환영 메시지를 입구 쪽에 블랙보드나 배너로 세워 놓는다면 환자들은 특별한 대접을 받고 있다고 느끼게 된다. 또한 작은 기념품, 칫솔이나 최근엔 구강 유산균이나 비타민을 제공하는 곳도 있다. 또한 소개해 주신 환자에게도 감사 메시지와 혜택을 제공하면 소개해 주신 분도 기분 좋게 또 다른 분을 소개해 줄 가능성이 높아진다.

예약 관리는 치과의 이미지와 직결된다. 예약 시간이 너무 늦거나 지연되면 환자 만족도가 급격히 떨어진다. 철저한 예약 관리가 기본이다. 또한 예약 관리는 매출과도 직결되기 때문에 군사지도처럼 전략적으로 예약 스케줄을 관리해야 한다.

예약 후 미내원 환자가 발생하면 10분 이내에 전화를 하고, 전화를 받지 않거나 응답이 없을 경우 당일 저녁, 다음 날, 일주일 후 등 병원의 시스템에 따라 지속적으로 관리해 최대한 예약 미스가 없도록 해야 한다.

상담 후 바로 치료나 예약을 하지 않은 환자에게는 "3일 후 또는 일주일 후 다시 연락드리겠다."라고 안내한 뒤 반드시 그 시간에 맞춰 연락한다. 환자에게는 "○○○ 님, 지난 상담 이후 어떻게 지내셨나요? 불편한 점은 없으신가요? 가족들과 상의를 좀 해보신다고 하셨는데, 상의는 해보셨어요? 어떤 점이 고민이신가요? 제가 도와드릴 수 있는 부분은 도와드리겠습니다."처럼 도움을 주려는 진심과 걱정이 담긴 태도로 접근해야 한다.

물론 이 과정에서 매몰차게 거절당하거나 전화를 거부 받는 일이 생기기도 한다. 이런 경험으로 마음에 상처를 받거나 심한 경우 콜포비아(call phobia)에 시달리는 경우도 있다. 그만큼 쉽지 않은 일이지만, 모든 환자가 그런 건 아니다. 오히려 전화를 감사히 여기는 환자들이 더 많기 때문에 긍정적인 마음가짐을 갖도록 하자.

결론적으로 구환 관리가 병원의 가장 중요한 자산이라는 점을 명심해야 한다. 환자 관리는 단순한 시스템을 넘어, 환자와 신뢰를 쌓는 과정이자 병원이 환자와 함께 성장하는 여정이다. 우리 병원만의 프로토콜을 구축해 환자도 직원도 함께 웃을 수 있는 시스템을 만들어야 한다.

이번 달 다른 치과 매출은 어떤가요?
(경영전략)

원장 이번 달 다른 치과 매출은 어떤가요?

컨설턴트 지난달에 비해 다른 치과들도 표면적으로 보이는 전체 매출은 조금 떨어져 보입니다. 하지만 조금 더 자세히 들여다봤을 때는 떨어진 치과도 있고 오른 치과도 있습니다. 우리 치과가 중요하지 사실 다른 치과는 중요하지 않습니다. (웃음)

원장 맞는 말씀입니다. 그래도 다행이네요. 우리 병원만 떨어진 게 아니라서요.

컨설턴트 그렇지 않습니다. 원장님. 우리 병원는 매출이 떨어지지 않았어요. 떨어진 것처럼 느끼실 수 있으나 사실은 매출이 올랐습니다.

원장 무슨 말씀이세요? 지난 달에 비해 200만 원 이상 떨어진 거 같은데~.

컨설턴트 전체 매출만 보고 판단하셔서 그렇게 느끼실 수 있습니다. 그러나 진료일수를 기준으로 매출액을 보시면 떨어진 게 아닙니다. 이번 달 진료일수는 22일입니다. 그런데 지난달은 26일이었죠. 매출을 진료일수로 나눴을 때, 하루 평균 매출이 어떻게 변화했느냐 입니다. 하루 단위로 매출을 계산해 보면, 지난달보다 이번 달이 많이는 아니지만 일 매출 ○○만 원 가까이 더 좋은 성과를 올린 셈입니다. 단순히 전체 매출 결과값만 가지고 얘기를 하면 이렇게 오류를 범할 수 있습니다. 원장님도 직원 선생님들도 이번 달 정말 애쓰셨잖아요.

원장 그렇군요. 매출이 단순히 줄었다고만 생각했는데, 오히려 우리 병원이 잘 해왔군요.

컨설턴트 그럼요. 실제 열심히 하셨잖아요. 하지만 여기서 짚고 넘어갈 부분은 있습니다. 매출이 오른 것을 일회성 성과로 생각하면 안 됩니다. 중요한 것은 이번 성과가 어떻게 해서 이런 결과가 나왔는지, 그리고 어떻게 재현할 수 있을지를 분석하는 것입니다. 특히, 지난 달에 치과 건강보험을 중심으로 집중했고 진료실 선생님들의 체어사이드 상담 부분에 집중을 했잖아요. 그래서 우리는 치과건강보험 청구와 진료실 체어사이드 상담 동의율과 동의 금액 등 구체적으로 어디에서 성과가 있었는지 분석해 봐야 합니다.

원장 그러니까요. 선생님들도 열심히 하고 저도 나름대로 신경을 많이 썼는데, 매출이 줄어든 기분이라 조금 아쉽긴 하더라고요. 어떻게 분석하나요?

컨설턴트 우선 가장 쉬운 것은 보험 청구 프로그램을 통해 항목별로 현황 분석을 하는 것입니다. 항목별로 보다 보면, 특정 항목에서 기대 이상의 성과가 있었을 가능성이 큽니다. 예를 들어, 보험 임플란트와 틀니 환자가 많았거나 치주치료를 많이 진행하여 치주치료 청구가 많이 늘었을 수 있습니다. 이 부분은 청구 프로그램에서 제공하는 데이터를 통해서도 충분히 볼 수 있습니다. 또한 특정 항목에서 미진한 성과를 보인 항목도 찾아야 합니다. 그래서 그 이유도 분석해야 다음에 개선할 수 있겠죠. 보험 청구는 원장님이 가장 중요한 역할을 합니다. 원장님의 진료가 이뤄져야 청구를 할 수 있기 때문에 그렇습니다. 우선 청구 프로그램에서 먼저 볼 수 있는 것은 보고, 다른 것은 제가 좀 더 데이터를 분석해서 전체적이 추세와 추이 변동 사항 체크해 보고 다시 피드백 드리겠습니다.

위 사례는 수원에 있는 A치과 원장님과 9월 말에 나눴던 대화다. 컨설팅을 시작한 지 4개월 차이고 3개월 동안 지속적으로 성과가 올라가다가 9월에 매출액이 조금 떨어진 상황이었다. 하지만 이는 진료일수는 생각하지 않고 결과물만 가지고 보았을 때의 상황이었고, 실제 일 매출액은 지난달 대비 일 ○○만 원 정도 더 오른 상황으로 전혀 걱정할 상황은 아니었다. 그래서 성과측정은 반드시 필요하다. 병원이 지속적인 성장을 하기 위해서는 성과의 원인을 정확히 분석하고 그 지식을 팀 내에서 공유하는 과정이 필수적이다.

그런데 생각보다 많은 치과에서 경영 회의를 진행하지 않는 경우가 많다. 회의를 진행한다 해도 위 사례처럼 최종 매출 결과치만을 놓고 단순히 '잘했다,' 못했다'를 평가하는 경우가 있다. 문제는 감에 의존한 이러한 평가가 병원의 성장을 가로막는다는 점이다. "측정하지 않으면 관리할 수 없고, 관리할 수 없으면 개선할 수 없다."는 피터 드러커의 말처럼, 경영에서 데이터는 필수적이다. 데이터를 제대로 입력하지 않고, 측정 관리하지 않는다면, 병원이 발전할 기회를 놓치게 되는 것이다.

병원 경영에서 데이터는 그저 수치에 불과한 것이 아니라, 의사결정의 중요한 근거다. 그러나 많은 병원에서는 수많은 환자 정보를 전자차트에 기록해 놓기만 하고, 그것을 제대로 활용하지 못하는 경우가 많다. 이는 무척 안타까운 일이다. 사실 더 안타까운 것은 전자 차트를 쓰고 있음에도 불구하고 종이 차트 쓰듯 차팅을 하고 보험 청구용으로만 쓰는 것이다. 환자의 진료 기록, 치료 과정, 방문 경로, 그리고 환자의 소개로 연결된 환자 수, 동의 금액까지 모두 중요한 경영 지표다. 그럼에도 불구하고, 이러한 데이터를 체계적으

로 분석하지 못하고 놓치는 병원이 많다. 실제 경영분석을 하러 치과를 방문해서 경영 데이터를 열었을 때 입력된 정보가 너무 없어 아쉬웠던 적이 한두 번이 아니다.

　매출 성과는 단순한 운이나 일회성 이벤트의 결과가 아니다. 결국 매출은 환자 수, 치료 전환율, 그리고 환자 1인당 평균 진료 금액인 객단가에 의해 결정된다. 여기서 중요한 점은, 이 세 가지 요소 모두 철저한 데이터 분석을 통해 개선될 수 있다는 것이다. 예를 들어, 신환 내원 경로가 무엇인지, 그 환자들이 어떻게 병원을 찾아왔는지 파악하면, 병원의 홍보나 마케팅 전략을 효과적으로 개선할 수 있다. 혹은 소개로 온 환자 수가 증가 추세를 보이면, 환자 만족도도 증가하고 있을 가능성이 있다. 반대로 소개환자가 줄어들고 있다면 환자 만족도가 떨어졌을 가능성도 있기 때문에 내부를 다시 한번 점검하여 고객만족 요소를 올리기 위해 교육이나 전략회의를 할 수 있다. 또 치료 전환율이 낮다면, 치료 상담 과정에서 환자에게 주는 정보나 상담 방법에 문제가 없는지 검토해야 한다. 반대로 체어사이드 상담에서 레진이나 인레이 치료와 같은 특정 항목에서 높은 성과가 있었다면, 해당 진료를 담당했던 직원들과 구체적인 상담 과정과 그들의 노하우를 서로 공유하는 기회를 가져야 한다. 이를 통해 성공적인 상담과 치료의 방식을 전 직원이 공유하여 병원 전체가 상향 평준화될 수 있다.

일반 기업에서는 고객 데이터를 수집하기 위해 다양한 방법을 사용한다. 회원가입 유도, 설문조사, 구독 등 고객과의 접점을 늘리기 위해 애를 쓴다. 그러나 병원은 환자가 접수하는 순간부터 이미 많은 중요한 데이터를 자연스럽게 얻고 있다. 환자의 나이, 성별, 치료 경로, 예약 패턴 등은 물론이고, 그들이 어떤 치료를 선호하고 어떤 경로로 병원을 방문하게 되었는지까지 알 수 있는 정보다. 하지만 이러한 데이터를 그저 쌓아 두기만 하고, 전략적으로 활용하지 않으면 병원은 성장할 수 없다.

따라서 병원의 성과를 지속적으로 향상시키기 위해서는 그저 매출 결과치만 보는 것이 아니라, 그 매출이 어떻게 만들어졌는지,

환자의 유입 경로와 행동 패턴, 치료 전환율, 환자 1인당 평균 진료 금액 등 다양한 데이터 분석이 필수다. 이러한 데이터를 놓치지 말고, 병원 경영에 적극적으로 활용할 수 있는 체계를 만들어야 한다. 이는 병원 성장을 위한 강력한 무기가 될 것이다.

병원의 지속적 성과는 단기간에 만들어지지 않는다. 일회성 성과는 누구나 낼 수 있지만, 그 성과를 재현하고 장기적인 성장으로 이어가는 것이 바로 경영자의 역할이다. 이를 위해서는 성과의 원인을 지속적으로 분석하고, 그에 맞는 전략을 세우며, 전 직원이 같은 방향을 바라보고 행동할 수 있도록 경영자가 중심을 잡고 이끌어 가야 한다.

인센티브는 어떻게 주는 게 좋을까요?

연말이 되거나 최고 매출을 달성하게 되면 많은 원장님들이 직원들 보상에 대한 고민을 하고 질문을 한다.

"이번 달 최고 매출을 찍었는데, 인센티브를 줘야 할까요?"

이 말에는 원장의 성향에 따라 다양한 의미가 숨겨져 있다. 실제 어떤 원장은 "매출이 적게 나온 달은 직원들 월급을 깎을 순 없잖아요. 그런데 많이 나왔다고 인센티브를 꼭 줘야 하나요?"라고 묻기도 한다. 경영자의 입장에서 보면 틀린 말도 아니다. 그리고 이 원장도 그런 의도에서 말한 것도 아니다. 반면 이런 직원도 있다.

"매출이 많이 나오면, 우리는 힘들고 원장님만 좋은 거잖아요." 직원 입장에서 보면 이 또한 틀린 말이 아니다.

원장이 존경받고 직원들이 존중받을 수 있게 돕기 위해 이 업을 선택했고 실제 그런 병원들이 많아지면서 이 일을 하길 잘했다고 생각할 때도 많다. 하지만 대화 중 저렇게 말하는 원장과 직원들을 만나면 사실 아직도 좀 힘들다. 하지만 컨설턴트로서 내가 화가 난다고 내 감정에 의해 일을 할 수 없기에 대문자 T스럽게 문제에 접근하는 편이다.

컨설턴트 목표를 설정하고 달성한 성과인가요?

원장 아니요, 따로 목표는 없었지만, 이번 달에 다들 고생해서 최고 매출을 찍었어요.

컨설턴트 그렇군요. 그럼 다음 달에도 최고 매출을 찍으면 인센티브를 또 주실 생각이 있으세요?

원장 음…. 그래서 그 기준을 어떻게 잡아야 할지 고민이에요. 열심히 했으니 그만큼 보상을 주는 게 맞는 것 같은데, 기준이 없으니 막연하네요.

컨설턴트 맞습니다. 선생님들이 고생한 부분에 대해 원장님이 보상을 주고 싶은 마음은 분명 직원들에게도 고마운 일이 될 겁니다. 인센티브를 받으면 직원들도 기뻐할 거고, 다음 달에도 동기부여가 되어 더 좋은 성과를 낼 가능성이 높죠. 하지만 문제가 있습니다. 만약 일정한 기준이 없이 주어진다면, 직원들이 일의 의미보다 인센티브에만 집중하게 될 수 있습니다. 그러면 어느 순간부터는 인센티브가 당연하게 느껴지고, 원장님도 인센티브를 줄 때마다 부담을 느끼실 가능성이 큽니다.

원장 네. 그런 문제에 대해 들었던 것 같아요. 인센티브가 당연한 보상처럼 여겨지면 원래 주는 의미도 퇴색된다고 그래서 저도 사실 고민이에요. 그 외에 인센티브의 단점도 많이 들었거든요.

컨설턴트 단점이라기보다는 인센티브를 금전적으로 주는 것은 직원들이 열심히 일한 것에 대한 보상으로 매우 긍정적인 일입니다. 다만 명확한 기준과 명목이 필요합니다. 그러면 직원들도 당연하게 느끼기보다는 그 명목에 감사를 느끼고 기준에 공정함을 느낄 것입니다. 또한 원장님도 막연하게 만 생각했던 그 부담감이 좀 덜어지실 겁니다.

원장 그럼 그 기준을 어떻게 잡으면 좋을까요?

컨설턴트 사실 병원마다 다를 수 있어서, 제가 정답을 딱 말씀드리기는 어렵습니다. 다만 참고할 만한 최근에 적용한 병원의 사례를 말씀드릴게요. 일단 많은 병원이 연간 목표 매출액을 설정하고, 그것을 월별로 나누어 관리하는 방식으로 인센티브를 운영합니다. 월별로 나눌 때는 지난 3년간의 매출 추이를 분석해서 월별 가중치를 두는 것도 좋은 방법입니다. 예를 들어, 7~8월 방학 시즌에 매출이 높다면 그에 맞게 목표를 더 높게 잡을 수 있겠죠. 이렇게 세운 목표를 넘겼을 때, 매출 기여도에 따라 차등으로 인센티브를 지급하는 방식입니다.

원장 그렇군요. 가중치를 주는 건 생각지 못했습니다. 그럼 그에 맞게 좀 더 명확한 기준을 잡아야겠네요. 혹시 금전적인 보상 말고 다른 보상은 어떨까요?

인센티브는 병원 경영에서 직원들에게 동기를 부여하고 성과를 끌어올리는 강력한 도구로 평가된다. 직원들은 자신들의 노력이 적절히 보상받고 있다고 느낄 때 업무에 더 큰 열정을 갖게 되고, 이를 통해 병원 전체의 성과가 자연스럽게 향상된다. 그러나 이러한 인센티브가 장기적으로 효과가 나려면, 그 장단점을 충분히 이해하고 체계적으로 운영하는 것이 무엇보다 중요하다.

우선 인센티브가 가지는 장점은 명확하다. 직원들이 성과에 대해 직접적인 보상을 받으면 만족감과 성취감이 높아진다. 이러한 감정은 병원의 전반적인 분위기를 긍정적으로 변화시키며, 팀워크 역시 한층 강화될 수 있다. 목표를 달성할 때마다 부여되는 인센티브는 직원들로 하여금 일에 대한 성취감을 느끼게 하며, 그 성취감이 곧 다음 목표를 향한 또 다른 동기부여로 작용한다. 특히 명확한 목표와 보상 체계가 뒷받침된다면 직원들은 더욱 높은 성과를 위해 노력하게 되고, 이를 통해 병원도 자연스럽게 성장하게 된다.

하지만 인센티브 운영에는 주의해야 할 몇 가지 단점도 존재한다. 가장 큰 위험은 보상 기준이 불분명할 때 발생할 수 있다. 명확한 기준 없이 주어지는 인센티브는 시간이 지남에 따라 직원들이 당연하게 받아들이기 쉽다. 이렇게 되면 인센티브를 받지 못할 경우 직원들이 불만을 품거나 실망할 가능성이 높아진다. 또한 인센티브 자체에만 집중하게 되는 상황도 경계해야 한다. 직원들이 본래의 환자 중심 사고보다는 보상에만 주의를 기울이게 되면, 최악의 경우 환자를 돌봄의 대상이 아닌 보상을 얻기 위한 수단으로 여기는 상황까지 이르게 될 수 있다. 이는 병원의 본래 가치와 목표를 흐리게 하며, 경영의 방향성에도 부정적인 영향을 미칠 수 있다.

이처럼 인센티브의 효과를 극대화하면서도 단점을 최소화하려면 체계적인 보상 방안이 필요하다. 첫째, 연간 매출 목표를 설정하고 이를 월별로 나누어 관리하며, 성과에 따라 보상을 차등 분배하는 방식이 효과적이다. 목표 설정을 할 때 병원 규모에 따라 다르지만, 직원들 일부가 참여하는 것을 추천한다. 그래야 그 목표가 어떻게 나왔고, 내가 병원 경영에 참여하고 있음을 느끼게 된다. 그때 직원들은 소속감을 느끼고 함께 그 목표를 이루고자 더 열심히 움직이게 된다. 이렇게 했을 때 인센티브를 단순한 금전적 보상 이상의 의미로 인식하게 된다. 이를 통해 직원들은 병원의 성과를 위해 자발적으로 노력하게 된다는 것이다.

둘째, 금전적 보상에만 의존하지 않고 다양한 비금전적 보상을 제공하는 것이 좋은 방법이 될 수 있다. 예를 들어, 성과가 좋은 직원들에게는 회식 또는 선물을 제공하거나 추가 휴가를 부여하는 방식으로 그들의 성과를 인정할 수 있다. 이러한 비금전적 보상은 금전적 부담을 줄이면서도 직원들에게 신선한 동기를 부여하는 긍정적인 역할을 한다. 특히 회식이나 선물은 직원들 간의 유대감을 높이는 효과가 있어 팀워크 향상에도 기여할 수 있다.

　무엇보다 중요한 것은 원장님의 인정과 감사의 마음을 담아 보상을 전달하는 것이다. "돈을 주었으니 만족할 것이다."라는 생각은 결코 금물이다. 직원들이 병원 경영에서 중요한 존재라는 사실을 인정하고, 고마움을 진심으로 표현하는 것은 그 어떤 보상보다도 큰 힘을 발휘한다. 이때 원장님은 일회성 보상에 그치지 않고, 직원 개개인이 느끼는 가치를 더 높이는 데 중점을 둬야 한다. 직원들이 인정받는다는 느낌을 받을 때, 그들은 병원에 대한 소속감과 자부심을 가지고 더욱 열정적으로 일할 수 있다.

　결론적으로 인센티브는 병원 경영에서 매우 유용한 도구지만, 이를 장기간에 걸쳐 효과적으로 운영하려면 명확한 목표 설정과 공정한 기준이 필수적이다. 장기적인 관점에서 인센티브를 체계적으로 관리하고, 직원들이 성과에 대한 긍정적인 피드백을 받을 수 있는 환경을 조성하면 병원 전체의 성과와 성장에도 긍정적인 영향을 미치게 된다.

조직문화 같은 거 말고, 바로 성과 낼 수 있는 거부터 해주세요.
(조직문화, 성과 창출)

원장　요즘 병원이 왜 이렇게 매출도 안 나오고, 직원들도 내 맘 같지 않고 뭔가 마음에 안 들고 답답하네요. 변화가 필요하긴 한데, 어디서부터 시작해야 할지 감이 안 와요.

컨설턴트 그렇죠. 답답한 마음 충분히 이해합니다. 원장님뿐만 아니라 저를 찾는 원장님들 중 다수가 그렇게 말씀하세요. 근본적인 해결이 되지 않으면 사실 계속 도돌이표입니다. 사실 제일 중요한 것이 원장님의 경영철학이 직원들에게 전달이 되어 원장님과 직원들이 같이 방향을 보고 나아가야 합니다. 그러기 위해서는 조직문화가 잘 잡혀 있어야 해요.

원장 조직문화요? 그런 뜬구름 잡는 얘기 말고, 저는 당장 성과부터 내야 합니다.

컨설턴트 네, 빠른 성과를 원하시는 건 알지만, 그 성과를 유지하려면 결국엔 조직문화가 뒷받침되어야 해요. 일단, 알겠습니다. 원장님.

원장 그럼 바로 성과를 낼 수 있는 방법은 없나요? 매출부터 올려야겠어요.

컨설턴트 매출을 올리는 방법은 여러 가지가 있습니다. 새로운 환자를 유치하는 마케팅도 있고, 환자 한 명당 진료가치를 높이는 방법도 있죠. 그런데 중요한 건, 이 모든 방법이 직원들의 협력 없이는 힘들다는 겁니다.

원장 맞아요, 직원들이 내 마음 같지 않아서 문제예요. 어떻게 해야 다들 열심히 움직일까요?

컨설턴트 직원들이 원장님 마음처럼 움직이길 기대하기는 어렵습니다. 그들이 스스로 동기를 부여할 수 있도록 환경을 만들어야 해요.

원장 직원들이 자발적으로 움직일 수 있게요? 그게 가능할까요?

컨설턴트 가능합니다. 다만 시간이 걸릴 수도 있습니다. 그리고 직원들 중에 움직이지 않는 분들도 있을 겁니다. 사람이 바뀌는 게 쉽진 않거든요. 하지만, 제가 도와드리겠습니다. 우선 직원들과 원장님이 소통부터 시작하셔야 해요. 병원의 목표를 공유하고, 왜 그런 목표를 잡았는지 얘기해 주시고, 그 목표에 직원들이 어떻게 기여할 수 있는지 설명하셔야 합니다.

원장 제가요? 말은 쉬운데, 실천이 어렵네요. 직원들이 지금은 그다지 의욕이 없어 보이거든요.

컨설턴트 네. 원장님이 이 병원의 리더이자 경영자입니다. 당연히 하셔야 할 일입니다. 사실 직원들이 의욕을 가지려면, 보상 시스템도 중요합니다. 금전적 보상뿐만 아니라, 인정과 칭찬도 큰 역할을 합니다. 지금 당장 금전적 보상을 줘서 움직이게 하기보다는 원장님의 방향성, 목표, 비전을 공유하고 진심으로 함께해 주고 선생님들의 공감을 먼저 받는 것이 중요합니다.

원장 그럼, 해야죠. 그런데 지금까지 한 번도 이런 얘기를 해본 적이 없어서 사실 직원들이 어떻게 생각할지 걱정이네요. 컨설팅에 대한 부분도 얘기를 해야겠지요?

컨설턴트 그럼요. 컨설팅에 대한 부분도 얘기해 주셔야 합니다. '컨설팅을 한다'고 했을 때 직원들도 은근 긴장하고 '우리가 못해서 그런가?'라고 속상해할 수 있습니다. 하지만 그런 것이 아니라 지금 상황이 이렇고, 그래서 진단도 받고 앞으로 우리가 더욱 성장하기 위해 방향성을 잡는 데 도움을 받을 예정이다. '배울 거 잘 배워서 앞으로 잘 해보자!' 함께 성장했으면 좋겠다는 원장님의 마음 그대로 전해주세요.

원장 네. 근데, 경영이 정말 어렵네요. 개원할 때는 진료만 잘 하면 될 줄 알았는데, 신경 쓸 게 한두 가지가 아니네요. 그럼 잘 부탁합니다. 이왕 하기로 한 거 잘 해보고 싶네요. 우선 직원들한테 얘기할 거 적어볼게요. 한번 봐주세요.

컨설턴트 맞아요. 그렇지만 이제 잘 되실 겁니다. 제일 중요한 건 원장님의 굳건한 의지와 일관성입니다. 그게 직원들에게 고스란히 전해지기 때문에 잠깐 변하면 안 되고, 계속 유지해 주세요. 그럼 저는 진단 준비해서 다음 주에 다시 오겠습니다.

"빠르게 성과 낼 수 있는 방법이 있나요?" 이 말은 경영 컨설팅을 진행할 때 자주 듣는 이야기다. 빠른 성과를 원하고 당장 매출 상승을 기대하는 원장님들의 마음은 충분히 이해된다. 하지만 여기에는 간과하고 있는 중요한 요소가 있다. 눈에 보이는 빠른 성과는 당장의 문제 해결을 위해 필요하지만, 진정으로 지속 가능한 성장은 결국 '사람'에 의해 이루어진다는 사실이다. 그래서 바로 성과를 내는 방법도 중요하지만, 그 성과를 유지하고 병원을 성장시킬 수 있는 힘은 결국 조직문화에서 비롯된다.

단기적인 성과 창출은 대개 두 가지 방식으로 이루어진다. 첫 번째는 매출을 증가시키는 방법이고, 두 번째는 비용을 절감하는 것이다. 이를 실현하기 위해선 병원의 진료 프로세스와 운영 방식을 면밀히 분석해야 하며, 각각의 치과가 처한 시장 상황과 경쟁 구도에 맞춘 맞춤형 전략을 도출해야 한다. 예를 들어, 매출 증대를 위해서는 새로운 환자를 유치하거나 기존 환자의 재방문율을 높이는 방법, 환자 한 명당 진료의 가치를 높이는 전략 등이 있다. 하지만 각 병원의 상황에 따라 어떤 전략이 가장 효과적인지 판단하는 것은 섬세한 분석이 필요하다.

얼마 전에 만났던 인천 검단의 원장님도 빠른 성과를 원했다. 내가 치과신문 〈덴탈아리랑〉에 조직문화 칼럼을 쓰고 있어서 그런지 "조직문화 같은 거 말고, 바로 성과 낼 수 있는 거부터 해주세요."라고 말씀하셨다. 이는 원장님들 사이에서 매우 보편적인 요구다. 당장의 매출 성과가 시급한 상황에서, 긴 시간에 걸쳐 조직문화를 변화시키는 것은 멀게 느껴지기 마련이다. 그래서 처음에는 새로운 환자 유입을 위한 마케팅 전략이나, 치과건강보험 시스템, 또는 치료 동의율을 높이기 위한 상담 시스템 개선 같은 빠른 솔루션을 제안할 수밖에 없다.

하지만 이러한 전략들은 직원들의 협력 없이는 제대로 작동하지 않는다. 병원에서 어떤 시스템이 도입되든, 그것을 실행하는 사람은 결국 직원들이기 때문이다. 그래서 컨설팅 과정에서 우리는 직원들의 참여를 최대한 끌어내기 위해 노력한다. 처음에는 억지로

| 전체기사 | 뉴스 | 학술정보 | 업계 | 인포그래픽 | 임상 | 국제 | 오피니언 | 라

기사 (77건)

[신인순 대표의 조직문화 이야기] 38. 어떻게 직원평가를 구체화 할 수 있나요?
36호 칼럼을 접하신 원장님께서 '직원평가'에 대해 문의를 주셔서 조금 더 풀어드리고자 합니다. 직원평가는 치과의 성장과 개인의 발전을 목표로 하는 중요한 도구입니다. 그러
칼럼 | 신인순 대표 | 2024-11-14 14:32

[신인순 대표의 조직문화 이야기] 37. 원장의 리더십을 더 빛나게 하는 '권한위임'
"직원들이 MZ라서 그런가 너무 수동적입니다. 동기부여를 어떻게 해야 하나요? 직원들이 문제인 건지 제가 문제인 건지~"라는 말을 원장님들께 가끔 듣습니다. 그런 병원의 직
칼럼 | 신인순 대표 | 2024-10-31 12:14

[신인순 대표의 조직문화 이야기] 36. 직원 평가를 해야 할지? 말아야 할지?
연말이 다가오니 많은 원장님들께 '직원 평가'를 문의가 들어옵니다. 평가를 해야 할지, 하지 말아야 할지에 대한 결정이 쉽지 않으신 것 같습니다. 저는 늘 말씀드리지만, "어떤
칼럼 | 신인순 대표 | 2024-10-17 14:44

라도 일정 기간 동안 솔루션이 적용되면 효과는 나타난다. 하지만 더 중요한 것은 컨설팅이 끝난 이후에도 그 효과가 지속되느냐다.

 사실 우리 회사도 시행착오를 겪으며 여기까지 왔다. 초반에 라포(rapport) 없이, 왜 이렇게 해야 하는지 설명도 없이 성과를 내기 위한 시스템만 적용했던 많은 경우에는, 컨설팅 기간에는 성과가 나더라도 우리가 컨설팅을 마치고 돌아가면 직원들은 원래 상태로 돌아가고, 병원는 다시 정체기에 접어들었다. '왜 그럴까? 왜 지속하지 못하고 원래의 상태로 돌아갈까?'를 고민하며 속상해했던 시절이 있었다. 지금 와서 생각해 보면, 그것은 상호 간의 소통이 없었고, 그 병원에 뿌리내린 조직문화가 뒷받침되지 않았기 때문이다.

조직문화는 그저 기분 좋은 직장 분위기를 조성하거나 직원 복지의 문제만이 아니다. 지속적으로 성과를 내기 위해, 그리고 환자들이 신뢰할 수 있는 진료 환경을 만들기 위해서는 직원들이 스스로 움직일 수 있는 문화가 필수적이다. 올해 5월쯤 만난 또 다른 원장님의 경우 경영 컨설팅을 받기 전에는 병원의 성과가 제자리걸음이었지만, 경영 코칭과 조직문화 개선을 동시에 진행하면서 직원들이 자발적으로 움직이게 되었고, 그 결과 매출이 급격히 상승했다. 이를테면, 직원들이 스스로 환자들과 소통하고 더 나은 진료 서비스를 제공하기 위해 고민하기 시작한 것이다. 또한 목표가 명확하다 보니 그 목표를 달성하는 데 재미를 붙이기 시작했다. 이러한 변화는 단기간에 이루어지지 않지만, 일단 이루어지면 병원 전체의 운영 방식이 혁신된다.

해외 사례도 비슷한 사례가 있다. 미국의 유명한 병원인 메이요 클리닉(Mayo Clinic)은 매출 하락에 시달리며 수익 구조 개선이 필요했다. 처음에는 광고와 마케팅을 통해 새로운 환자를 유치하는 데 초점을 맞췄지만, 장기적으로는 직원들의 자율성을 높이고 팀워크를 강화하는 조직문화, 환자 경험 관리(Patient Experience Management)에 힘을 쏟았다. 그 결과, 단순히 환자 수를 늘리는 것 이상의 성과가 나타났다. 직원들이 스스로 문제를 파악하고 해결하면서 병원의 질적 성장이 이루어진 것이다.

따라서 빠른 성과를 내는 것도 중요하지만, 그 성과가 유지될 수 있는 기반을 마련하는 것이 더욱 중요하다. 병원의 장기적인 성과를 위해서는 결국 조직문화를 무시할 수 없다. 이 점을 원장님들께서는 꼭 기억하셨으면 한다. 직원들이 스스로 움직이고, 스스로 개선할 수 있는 환경을 조성하는 것이 병원의 진정한 성공을 이끄는 열쇠가 될 것이다.

2023년 인파워 닥터스 연간회원 모임에서 원장님들의 다양한 경영 스토리를 들으며 '와 너무 좋다. 다른 원장님들도 이런 이야기를 들으면 정말 좋겠다.'고 생각했다. 그러면서 '내년에는 원장님들의 이야기를 책으로 만들면 너무 좋겠다.'고 생각하며 가슴 설레었던 일이 이렇게 현실로 일어나고 있어 너무 감사하고 행복합니다. 함께 참여해 주신 원장님들 진심으로 감사드립니다.

〈인파워 닥터스〉 사업계획서를 들고 처음으로 찾아가 자문을 구했는데, 용기를 주신 성북 이엔이치과 장명진 원장님, 알프스치과와 같이 조직문화가 좋은 병원장님이 인파워 닥터스에서 강의를 하며 세상을 이롭게 해야 한다고 제안했을 때 흔쾌히 받아 주신 박경아 원장님, 인파워에서 처음으로 진행한 제1회 경영스쿨에서 처음 뵈었지만, 대화를 나누면 나눌수록 같은 방향으로 가고 있음을 느끼고 운영진 제안을 했을 때 받아 주신 원주치과 김영욱 원장님,

인파워 창립부터 지금까지 경영 고문을 해주시는 안병민 대표님, 그리고 인파워가 가인지 경영을 더 잘 할 수 있게 늘 인사이트를 주시는 가인지컨설팅 김경민 대표님께도 감사드립니다.

그리고 제가 성격이 급해서 하고자 한 일은 속도를 내서 진행하는 바람에 정말 힘들고 벅찬 일도 많았을 텐데도 불구하고 제 옆에서 가장 밀접하게 묵묵하게 함께해 주신 유지애 이사님, 황경미 이사님, 김혜정 이사님 그리고 많은 강사님들 정말 고생 많았고 고맙습니다.

마지막으로 말로 표현할 수 없을 만큼 감사한 우리 가족들, 늘 응원해 주고 사랑해 줘서 고맙고 사랑하고 또 사랑합니다.